鈴木基史 著
Motoshi Suzuki

グローバル・ガバナンス論講義
Lectures on Global Governance

東京大学出版会

LECTURES ON GLOBAL GOVERNANCE
Motoshi SUZUKI
University of Tokyo Press, 2017
ISBN978-4-13-032226-3

目　次

序　章　ガバナンスの意義 …………………………………… I

1　国家と統治　I

2　ウェストファリア秩序と政府なきガバナンス　2

3　本書の狙い　5

第1部　グローバル・ガバナンスの理論と歴史

第1章　ガバナンスの理想論と実証論 ………………… IO

1　グロチウスの国際法学とウェストファリア体系の萌芽　IO

2　ガバナンスの理想論　I3

（1）サンピエールの理想論（I3）／（2）ルソーの理想論（I5）／
（3）カントの理想論（I8）

3　ガバナンスの実証論　20

（1）ヴァッテルの国際法学と実証主義（20）／（2）リアリズム（23）
／（3）リベラリズム（28）／（4）コンストラクティビズム（33）

4　理想論と実証論の対話　37

第2章　1815年体制のガバナンス ………………………… 39

1　1815年体制とは何か　39

2　理想への接近と外交　4I

（1）ガバナンスの法とルール（4I）／（2）会議外交と国際介入
（45）／（3）自由航行とプロイセン（49）／（4）奴隷貿易禁止とイ
ギリス（50）

3　大国間調整のガバナンス　52

i

第3章　1919年体制のガバナンス ……………………54

1　1919年体制とは何か　54

2　理想への接近と外交　58

(1) ガバナンスの法とルール (58)／(2) 貿易と委任統治 (63)／
(3) 少数民族保護と難民救援 (65)

3　政治取引と国際機関　69

第4章　1945年体制のガバナンス ……………………72

1　1945年体制とは何か　72

2　理想への接近と外交　74

(1) ガバナンスの法とルール (74)／(2) 二極勢力均衡と冷戦
(79)／(3) 国連平和維持活動 (83)／(4) 人権ガバナンス (85)／
(5) 難民ガバナンス (87)／(6) 経済ガバナンス (90)

3　国際制度と国際行政　94

第2部　グローバル・ガバナンスと制度

第5章　ガバナンスの制度と実証論 ……………………98

1　制度の意義　99

2　実証論の制度　100

(1) リアリズムの制度 (101)／(2) リベラリズムの制度 (102)／
(3) コンストラクティビズムの制度 (103)

3　制度の多義性と包括的分析　105

第6章　国際介入と大国間調整 ……………………108

1　権威の構造　109

(1) 主権平等原則と政府間主義の問題点 (109)／(2) 大国主義の
意義 (111)

2　国際介入の歴史　114

(1) 1815 年体制の大国間調整（114）／(2) 1919 年体制の大国間
調整（117）／(3) 1945 年体制の大国間調整（118）

3 大国間調整と「G ゼロ後の世界」　122

第 7 章　紛争解決と利益調整 ……………………………………124

1 調停の理論　127

2 情報伝達による調停　130

(1) 情報非対称性問題（130）／(2) ユーゴスラヴィア・アルバニ
ア紛争とコルフ島事件（131）

3 合意創造による調停　133

(1) 分割不可能性問題（133）／(2) オーランド諸島紛争とメーメ
ル紛争（134）

4 圧力をともなった調停　136

(1) コミットメント問題（136）／(2) 上シレジア紛争と満州事変
（137）

5 紛争解決の政治と法　139

第 8 章　国際貿易と政策調整 ……………………………………141

1 執行モデル　143

(1) 結果の論理（143）／(2) 執行モデルの諸制度（144）／
(3) 1945 年体制の貿易ガバナンス（146）

2 管理モデル　148

(1) 適切性の論理（148）／(2) 管理モデルの諸制度（149）

3 国際協定と法の支配　152

第 9 章　人権と認識共有 ……………………………………154

1 認識的制度の理論　155

(1) 認識と遵守（155）／(2) 正統性論（157）／(3) 脱国家的法プ
ロセス論（158）

目　次　iii

2　1945 年体制の認識的制度　160

　　(1) 人権規範の地域的拡大 (160)／(2) 認識と圧力の相互作用
　　(163)

3　認識的制度と自由主義諸国の盛衰　164

第 3 部　グローバル・ガバナンスの現在

第 10 章　人権ガバナンス ………………………………168

1　「保護する責任」　169

　　(1) 新しい戦争への対応 (169)／(2) 対抗規範としての人道的介
　　入 (173)／(3) 安保理の拒否権政治 (175)

2　人権ガバナンスの法制度化　176

3　難民ガバナンスの拡大と混迷　179

　　(1) 破綻国家と難民 (179)／(2) 一時避難の制度的原因 (180)／
　　(3) 国内避難の制度的原因 (182)

4　人権ガバナンスの可能性と限界　184

第 11 章　経済ガバナンス ………………………………186

1　新自由主義の貿易・通貨ガバナンス　187

　　(1) WTO と法の支配 (187)／(2) 通貨体制と市場 (193)

2　政治への回帰　198

　　(1) WTO から FTA へ (198)／(2) G7 から G20 へ (200)

3　制度の断片化と頑強性　204

第 12 章　環境ガバナンス ………………………………205

1　グローバル・コモンズとルール　208

　　(1) コモンズとフリーライド問題 (208)／(2) コモンズの保護と
　　気候変動の問題 (208)

2　京都メカニズムとその挫折　210

(1) 法と市場原理（210）／(2) 京都メカニズムの政治性と問題点（211）

　3　パリ協定の意義　　214

　　(1) 認識と緩やかなルール（214）／(2) パリ協定と脱国家的法プロセス（216）

　4　気候変動ガバナンスの転換　　218

終　章　グローバル・ガバナンスの将来……………………221

　1　グローバル・ガバナンスと外交　　221

　2　制度化の作用と反作用　　222

　3　カントの教訓　　224

参考文献　227

あとがき　239

索引（人名・事項）　243

序 章　ガバナンスの意義

1　国家と統治

　17 世紀のイギリスで，統治の意義を考えたロック（1632～1704年）は，政府が存在しない自然状態を次のように想像した．そこで人々は平等に暮らし，生命，健康，自由，財産の権利という自由権を享受していた．しかし，人々は互いに平等であるがために，かれらの共同生活を守るための犯罪の取り締まりや裁きを執り行うことができず，かえって自由権が脅かされるという不都合が生じた．そこで理性ある人々は社会契約を交わして政府を樹立し，自由権を保障する責任を政府に託すことを決めた．自由権の保障には，人々の行動を律する法を策定する立法，法を実施する行政，法で裁く司法の三権が必要であり，それぞれが分立し，互いの権力を制限することによって自由権をうまく保障できるだろう．このように考えたロックは，古代ギリシアの哲学者アリストテレスが構想した共同体国家と違い，自由権の保障という目的を託された国家を手段主義の観点から論じたのである（ロック 2010）．

　現実の統治にも興味を示していたロックは，当時のイギリスの絶対王政に不信感を抱き，国王派と議会派の対立のなかで議会派に与した．議会中心主義と非国教徒への寛容を説くホイッグ党の創始者シャフツベリ伯爵に仕えつつ，国王派に理論的根拠を与えていたフィルマーの王権神授説に対抗するため，政治・信教の自由を論じた『統治二論』（1690 年公刊）を著した．ところが，国王派が優勢になり，反逆罪に問われたシャフツベリ伯爵がオランダに亡命すると，ロックも追随し，名誉革命（1688～1689 年）が終了するまで亡命

生活を送った．その名誉革命によって，法律制定の議会権限および国民の請願権と人身の自由を盛り込んだ権利の章典がステュアート朝の下で認められ，部分的にも『統治二論』が実践に移された．

2 ウェストファリア秩序と政府なきガバナンス

人民の負託を得て建設された国家は，領域内の人民の権利と義務を管理するという統治を行う．そのために国家は領域内の主権を必要とする．イギリス以外の大陸ヨーロッパにおいて，国家の主権が公式に認められたのは，三十年戦争を終結させたウェストファリア平和（1648 年）であるとされる．それ以前の領域諸国家は，神聖ローマ帝国という覇権国がローマ・カトリック教会を通じて各領域国家に宗教的・外交的な影響力を振るっていたため，人民の自由を十分に保障する権限をもたなかった．ウェストファリア平和を機に，ロックが統治の基盤と考えた国家が主権と独立を確保して，互いに平等な立場で併存するようになった．

これらの主権国家が集合をなす国際体系は，主権平等の下で，並立的または分権的な体系であるということができる．これは，現代の国際連合憲章で謳われているように，主権平等，内政不干渉という原則に立脚し，世界憲法や世界政府をともなわないウェストファリア秩序（Westphalian order）であった．同秩序では必然的に国家統治に重心が置かれ，領域内を妥当範囲とする法やルールが制定され，国家は固有の歴史や文化を創造することを許された．たとえ国際的な法やルールが締結される場合でも，多様な価値をバランスよく包摂したものを形成することは困難であり，特定の価値に依拠することは対立を招くとして内政に深く立ち入るものは敬遠された．国家統治を行う際に，人民の間に一定の価値が共有されていることが条件となって憲法と政府が創設されるのと対照的に，国家間関係

では，宗教，言語，文化，慣習などが異なる国々の間に普遍的価値というものが共有され得るかどうか疑義があるなかで，世界憲法や世界政府を創設すると，それによって国々の主権や独立が脅かされるという懸念が強くあった．したがって，ウェストファリア秩序においては，立法，司法，行政を整備することによって国際統治を実践しようとする試み，いわゆる国内類推論（domestic analogy）は否定された．

こうした経緯で形成されたウェストファリア秩序であるが，主権をもった国々は，歴史を通じて，互いの行動を律する国際条約や規範を徐々に成立させるようになる．その過程で，規律の対象となる地理的範囲および政策的領域は拡大していく．とりわけ，重大な人権蹂躙や経済紛争などをともなった大戦争の後に，国際的規律の強化が図られていく．スペイン継承戦争の終結後のユトレヒト体制（1714 年体制）では，勢力均衡体系の確立が試みられ，ナポレオン戦争後のウィーン体制（1815 年体制）では，初めて条約によって勢力均衡の維持，絶対王政の保護，国際河川の自由航行権，奴隷貿易の禁止が約され，第一次世界大戦後のヴェルサイユ体制（1919 年体制）では，集団安全保障，紛争解決，委任統治，難民の救援などに関わるルールが定められ，第二次世界大戦後のサンフランシスコ体制（1945 年体制）では，集団安全保障，貿易の自由化，通貨の安定的交換，人権の保護，難民の救援，民族自決などが制度化された．体制ごとに政策領域は拡大し，参加国も増加した．

一般的に，世界政府を樹立せず，国々が主権を手放さないことを前提としても，国々の行動が一定のルールによって規律されているならば，そこに（世界）政府なきガバナンス（governance without government）が実現しているということができる．国際関係学者のコヘインとナイによれば，ガバナンスとは「集団の行動を律する公式および非公式の過程と制度」のことである．対照的に，政

府とは「公式の義務を構築して権威をもって行動する機関」である（Keohane and Nye 2000, 12）．ガバナンスは，公式および非公式の過程であるというように，集団の行動を規律・調整するためにさまざまな制度的工夫が施され，国家だけでなく，国際機関や民間団体が重要な役割を演じることもある．本書では，国際ガバナンスとは，国際的な公権力をもたない統治のことを指し，国内的な公権力をもって統治にあたる政府と区別する．また，グローバル・ガバナンスとは，地球上の大多数の国家と地域が参加することによって，ガバナンスの妥当範囲が世界的となっているものをいう．また，グローバルな規模に至らないが，多数の国と地域の参加を得て形成されているガバナンスを国際ガバナンスとする．

　21世紀初頭，国際ガバナンスがさらに一層深遠となっている政策領域が散見され，なかには名実ともにグローバルとなっているものもある．まず国際人権法の領域では，女性差別撤廃条約（2017年7月時点で締約国189カ国）や子どもの権利条約（196カ国）の制定に続き，国連人権理事会が設置され，人権関連義務の遵守に対する支援体制が整備されている．国連平和活動では，紛争当事国の同意を重視する従来型の平和維持活動（PKO）に加え，人道主義に立脚した新世代のPKOおよび平和構築活動も実行に移されるようになっている．国際人道法の領域では，集団殺害犯罪，人道に対する犯罪，戦争犯罪を管轄とする国際刑事裁判所（ICC）を設置するローマ規程（124カ国）や，戦争終了後も殺傷能力を残す対人地雷を禁止する条約（162カ国）が発効し，クラスター爆弾の禁止を目指す条約も採択されている．経済の領域では，残存する保護主義や重商主義を排除し，自由貿易を広範かつ強力に推進する世界貿易機関（WTO）法が実施され（164カ国），通貨交換や資本移動の自由化を図る通貨金融システムも強化されている．とくに地球環境問題において国際ガバナンスが活発化してきていることは注記に値す

る．とりわけ国々は，地球温暖化を促進する温室効果ガスの排出量を規制するパリ協定（197 カ国），オゾン層を破壊するフロンの生産・使用を段階的に制限し最終的に禁止することを定めたモントリオール議定書（197 カ国），森林伐採を規制する森林原則声明などを採択している．

　上述したいくつかの領域で，ガバナンスに関与する主体は主権国家に限られることがなくなり，国際機関や非政府組織（NGO）の影響力が増し，国際関係のダイナミズムを俯瞰する概念として，従来の政府間主義（intergovernmentalism）に加え，政府横断主義（transgovernmentalism），脱国家主義（transnationalism）も現実味を帯びている．これらの動きを勘案すると，主権平等・内政不干渉原則に制約されるとされた国際ガバナンス体系は大きな転換を遂げていることが分かる．

3　本書の狙い

　本書は，こうした国際ガバナンス体系を政治学の観点から考察することを目的とする．その過程で，とくに次の 4 点を重視する．

　第 1 に，ガバナンスと外交の関連に着目する．上記のように，ガバナンスの対象領域は国際の平和と安全だけでなく，人権，経済，環境などに拡大する一方，参加国も増加し，内政に関与する内容も包含するようになった．こうした国際ルールによって国々の行動を律するとなれば，ルールが主権に抵触する可能性がある．国々が主権を強く主張すれば，いかなるルールの受容も困難となり，国際ガバナンスは行き詰まる．そこで国際ガバナンスを構築するには，外交という国家間交渉を通じて国々の同意を得る必要がある．これに関連する外交の課題は，国際の平和，繁栄，人権保護を理想としたガバナンスの樹立に向けて交渉する一方で，国家の現実として，主

序章　ガバナンスの意義　　5

権を守りつつ国益を代表しなければならないという二重性を抱えるところにある．本書の第1部では，ガバナンスの理想と現実を映し出した国際関係諸理論を概観し，その後，ガバナンスと外交の関連性について歴史的に考察する．

　第2に，歴史的なガバナンス体系に組み込まれた制度に着目する．異なる政策領域では国々の目的や状況が異なるため，領域の特徴に応じて，特定の目的や状況に対応した適切な制度を選択してガバナンスを構築・実施しなければならない．それでは，どのような論理の下で，どのような制度が構築され，どのような結果をもたらしたのだろうか．本書の第2部では，19世紀と20世紀の国際ガバナンス体系に盛り込まれた代表的な制度について分析を行う．

　第3に，現代のガバナンスの態様に着目する．20世紀後半，東西冷戦が終結して東側の旧共産主義諸国が社会経済領域の国際ガバナンスに参加するようになり，それらのガバナンス体系は実質的にグローバルなものとなった．さらに，環境保護にも新たに規制体系が構築されるようになった．さらにまた，冷戦の終結で西側自由主義諸国の勝利が明白となったことから，自由主義の理念である人権，法の支配，市場原理が多くの領域で強化されるようになり，その結果として，ガバナンス体系の内側で自由主義を標榜する国々と非自由主義の国々との対立が発生するようにもなった．これらの点で現代のガバナンスは歴史的なものと本質的に異なる．本書の第3部では，グローバル化とともにガバナンス体系の断片化や非公式化が進むなかでのガバナンスの制度と問題について考える．

　最後に，本書は，上記のように実証的分析を重視する一方で，思想家やガバナンスの創設者が抱いた理想をガバナンスの重要な理念として考察する．前述したように，新たなガバナンス体系は人権蹂躙や経済紛争をともなった大戦争の後に現出してきたが，従前のものが最後のものとなるように平和，人権保護，経済協調を樹立し，

6　序章　ガバナンスの意義

持続させるという理想のもとで構築される。ところが，その試みにはさまざまな限界があって，ふたたび戦争，人権蹂躙，経済紛争を許してしまう。甚大な人災の再発は外交や政治の限界のみならず，人間の理性の限界をも知らしめることになる。だからといって，大規模人災を防ごうとした理想を軽視することも，過去の努力を適切に評価し，将来のガバナンス改革に寄与するうえで適切ではない。したがって，ガバナンスを考えるとき，理想と現実の間を行き来しながら，その成立，実施，帰結，変化を説明することが求められる。

　以上の4つの課題について考察を進めていくうえで本書は，国際関係学の理論を適用する。現代国際関係学では，精緻な分析を行うさまざまな実証主義の理論が構築され，その結果，緩やかにまとまった学問体系が形成されている。そのため，学問の道具箱のなかから適切な理論を探し出し，それを手がかりに深遠かつ精緻な考察を行うことが可能となっている。言い換えると，研究者が自分自身の主観や，各国の政治指導者が残した言辞のみに頼るのではなく，論理的に首尾一貫した思考の枠組みを用いることによって，過去や現在の国際ガバナンス体系の制度，効果，問題を客観的に分析・評価し，将来のガバナンス体系の構築に貢献できるようになっている。本書では，このような学問の道具箱をふんだんに利用しながら考察を進めたい。

第1部　グローバル・ガバナンスの理論と歴史

　グローバル・ガバナンスとは，理想と現実の交差の過程である．主権国家体系が定着した 18 世紀でも，すでにガバナンスの理想と現実をめぐる論争が繰り広げられていた．理想主義者のサンピエール，ルソー，カントが提唱するガバナンスは，諸国家が参加する共同体を建設し，国家間の調和，人民の権利（人権），法の支配を樹立しようとするものであった．その一方で，理想の実現に懐疑的で，現実の外交を直視しようとする実証主義者は，国家間関係の特徴を主権，政治，対立と捉えつつ，それに符合したガバナンス論を提示した．第1部では，第1章において中世ヨーロッパで繰り広げられたガバナンスの理想主義と実証主義の論争を概観し，第2〜4章ではそれらの所論を手がかりに，3つの歴史的ガバナンス体系を考察する．

第1章　ガバナンスの理想論と実証論

　国家に主権を与えたウェストファリア平和では，三十年戦争という カトリックとプロテスタントの間で戦われた凄惨な宗教戦争への 反省から，相互の領土を尊重し，内政への干渉を控えるという約束 が交わされた．神聖ローマ帝国がカトリック教会を通じて諸侯に影 響力を振うことを止め，ヨーロッパの諸国体系の帝国による支配 は終わりを告げた．その結果として，主権をもった諸国家が併存す る分権的な国際体系が出現した．この歴史の転換期では，ウェスト ファリア体系とよばれる国際体系を混乱に陥れることなく，平穏に 存立させることができるのかという疑問が生じた．こうした疑問を 背景にして，ウェストファリア体系における国際ガバナンスの可能 性と態様についての論争が巻き起こった．本章では，その論争のな かの代表的な考え方をとりあげ，理想論と実証論に分けて整理する．

1　グロチウスの国際法学とウェストファリア体系の萌芽

　オランダの法学者グロチウス（1583〜1645 年）は，ウェストフ ァリア平和以前に活躍した人物であったが，それ以降の近代国際体 系に重要な示唆を与える所説を残した．弁護士，オランダ王国司法 長官，ロッテルダム市長を歴任したグロチウスは，カルヴァン派と レモンストラント派というキリスト教の宗派対立に巻き込まれて亡 命を決意し，フランスの庇護を受けることになった．当時のブルボ ン朝のフランスは，ルイ 13 世と宰相リシュリュー枢機卿の治下に あり，スペイン・ハプスブルク朝に宣戦布告して三十年戦争に突入 していた．国内では，ルター派のプロテスタントに一定の信仰の自

由を認めたナントの勅令（1598 年）は適用されないとしてカルヴァン派のユグノーに対して弾圧を加えていた．こうした強権政治の背景には，「国家間の問題では，力を持つものこそ正義なのである．弱者は悪だと指弾されないよう振る舞うのが精一杯なのだ」とするリシュリュー卿の信念があった．このようなマキャヴェリズムの当時の風潮に対してグロチウスは，強者である君主でさえも自然法に縛られ，それによって正義は確保できると考え，こうした信念の下に『戦争と平和の法』（1625 年）をパリで執筆した．三十年戦争が続くなかで，宗教対立の解決がグロチウスの懸案となり，三十年戦争を終わらせた国家間交渉にもスウェーデン王国の大使として参加した．

　そもそも理性や道義は，人間の本性に内在する人間の権能（ius）である．その人間の理性や道義を，自然法という暗黙の規範で汲み上げることによって国家間で調和が保たれる．言い換えれば，自然法による秩序形成と，神学からの自然法の独立を説くグロチウスの国際法学は，国家間関係から宗教的縛りを解消したウェストファリア平和後の安定に期待をもたせた．また，人々がキリスト教に帰依し，人間の理性より神の権威に法の根拠を仰いでいた中世ヨーロッパでは，異教国に対する外交対応はキリスト教国に対するそれとは異なるのが通常だったが，グロチウスの国際法学は，異なる宗教を信じる国々を横断する協調体系の可能性をも示唆することになった．

　このようにグロチウスの構想した国際法は，自然法という超越的なルールで駆動し，国家独自の主観，利益，権力という政治的要素を極力排除する一方，現代国際法に見られる意思や同意の原則を積極的に認めない．自然法は人間の理性から汲み上げられ，君主の行動で確認できると述べながらも，自然法の遵守を確保する客観的手段について明確にすることもない．さらに，国家は人民の権利を保護する権能があると論じながらも，それを確保する手段について明

第 1 章　ガバナンスの理想論と実証論　11

確にすることもなかった．この点で，君主に対する抵抗権を認めた
ロック（序章参照）と一線を画す．

　グロチウスは，自己保存を目的として行動する国家の正当性を自
然法の一部として論じ，そのための開戦事由（casus belli）を示す．
ときには自己保存の目的から逸脱して行動する邪悪な国家に対して
は，それに武力で抗する戦争を正義の戦争として肯定しつつ，戦争
行動を律する戦争法規を提示する．その一方，たとえ防衛目的であ
ろうと，開戦事由に反して不当な戦争を行った君主の主権は認めら
れないとする．不当な戦争が戦争法規にしたがって行われる場合を
認めるが，自然法によりその可能性は縮小すると主張する（グロー
チウス 1972）．こうしたグロチウスの所論が，かれの死後に成立す
るウェストファリア秩序での国家間の協調と平和に期待をもたせる
こととなったのである[1]．

　ところが期待に反して，宗教戦争を終わらせたウェストファリア
平和後に成立し，神の支配に代わって主権国家の支配を導入した新
たな国際体系において，調和と平和が定着することはなかった．17
世紀後半以降のヨーロッパでは，神聖ローマ帝国の衰退およびイギ
リスやロシアの興隆などによって列強の平準化が進んで主権の平等
と独立に適した状態が整う半面，自然法が包含する自己保存の論理
をベースにして，数個の列強の間で勢力均衡が展開されていく．と
ころが，植民地主義闘争や王位継承問題がしばしば国家間関係を悪
化させるなかで，勢力均衡による安定と平和は定着せず，英蘭戦争
や大同盟戦争など多数の戦乱が発生することとなった．

---

　1)　中世の学説には規範と実証の区別がないため，規範を説いている場合にそ
　　れが現実の世界を読み解くことができるかどうか疑義がある．ただし，現代
　　国際関係学の英国学派を代表するブルやワイトは，グロチウスの国際法学が
　　「規範体系によって形作られた国際社会」を意味し，その存在を認めるもの
　　であると論じる（ブル 2010；ワイト 2010）．

12　　第 1 部　グローバル・ガバナンスの理論と歴史

2 ガバナンスの理想論

　戦争が絶えない 18 世紀のヨーロッパで，国家間の調和，法の支配，人間の尊厳の保護を重んじ，平和の樹立を目指した計画を練った思想家が現れた．かれらは，理想を実現するには自然法や道義という暗黙の了解でなく，国々の行動を律する実定法や人為的な制度が必要になると信じ，それぞれ理想的な永久平和の世界を描いてみせた．かれらの所論は，国際の平和と安全に焦点を当てたものとして国際関係学では理解されてきたが，実際にはもっと幅の広いガバナンスの計画であり，社会契約をもとにした人民の権利の保障および貿易の助長にも関心が寄せられた．このような包括的な平和計画であったからこそ，19 世紀以降に登場する国際ガバナンス体系の構築の際に重要な指針を与えることができたのである．以下では最も重要な影響を与えたとされるサンピエール，ルソー，カントの理想論を概観する．

(1) サンピエールの理想論

　フランスの神学者サンピエール（1658〜1743 年）は，スペイン継承戦争後に成立したユトレヒト講和条約（1713〜1714 年）の交渉に携わったが，条約成立後，その内容を次のように批判した．ユトレヒト条約の基本的な考えは，戦争を主権国家間の正当な紛争解決手段と位置づけ，戦勝国を正義として認めてその事実を確定することが講和条約の唯一の役割であった．また，同条約は当時すでに通常の外交実践となっていた勢力均衡を追認するものであるが，勢力均衡では戦争の再発を含んだ不安定な平和または一時的な休戦しか達成できない．勢力均衡を土台とした 1714 年体制でも戦争は常態化するだろうと．

第 1 章　ガバナンスの理想論と実証論　　13

サンピエールは，17世紀のアンリ4世が当時の宗教戦争を終わらせるために構想した欧州キリスト教諸国連合を参照して，戦争の常態化を防止するための『永久平和論』（1713年）を執筆した．そのなかでサンピエールは，欧州国家連合という国際共同体を形成することを主張し，参加国に対して，現状の国境の維持（第1条），戦争の放棄と紛争解決の仲裁機関への委嘱（第3条），裁定に服さないものに対する武力制裁（ultima ratio）（第4条）を要請する．そのほか，平和都市ユトレヒトでの連合本部の設置，予算と分担金の配分（第2条），総会の開催，代表の選出，議決方式，国家間交易の推進，男女の公教育などという連合に関わる詳細な取極を提案する．これらは，現代の欧州連合（EU）を創設する際にも示唆となったほど意義深いものである．また，構成国として欧州諸国だけでなく，議決権はないがトルコ，モロッコなどのイスラム教国の参加も認めるという画期的な提案を行う．

　このようにサンピエールの平和計画は，法の裁きと武力による制裁を認め，連合に邪悪を正す法廷と警察の役割を担わせる．この点に鑑みると，サンピエールの平和計画は現代でいう集団安全保障を軸とする．サンピエールによれば，戦争は利己心や情念で勃発するのであるが，平和を維持するには，法を通じて国々が欲しているものが望ましくみえなくなるほど国々に恐怖を感じさせることが必要になる．それは「健全な恐怖」（crainte salutaire）で，結局，国々の利益になるものである．その一方で，平和と戦争の利益と不利益を比較して，賢い君主であれば，前者を選択するように誘導する説得も各王国に対して用意する．すなわち，紛争の暴力的解決は一時的なもので，権力関係の変化によって破綻する脆弱なものと感じさせる．対照的に，平和によって確保される利益として，軍備増強や精神的苦痛からの解放，法的機関や公共施設の整備，学問や技術の進歩，通商の増大，文化交流の助長などの長期的なものをあげ

る．サンピエールの平和計画は，安全の維持にとどまらず，経済社会の領域にわたる包括的なガバナンスを構想する（サン‐ピエール2013）．そのなかには，戦争の悲惨さと平和の物質的な利益を強調する合理性の論理が組み込まれている．

(2) ルソーの理想論

スイスのジュネーヴ市出身で，主にフランスで活躍した思想家ルソー（1712〜1778年）は，サンピエールを尊敬し，かれの『永久平和論』を部分的に改変して「フィロポリス氏への手紙」「サンピエール師の永久平和論抜粋」「永久平和論批判」「戦争状態は社会状態から生まれるということ」と題される論文を著した（ルソー1978）．そのなかでルソーは，自身の鋭い洞察によって，人間，国家，戦争の分析を施し，実現性に乏しいと前置きしながらも，国家連合，仲裁裁判，集団安全保障からなる平和計画を示す．ルソーによれば，人間は本性的に臆病かつ孤独であり，穏やかさを好む．このような人間から，なぜ国家間で戦争が生じるかというと，戦争は人為的に組織化された社会の存在を前提とし，人間が国家を構築して社会的な存在になるとともに，弱い存在であるという自らの悟性を見失うところにその理由がある．このようにルソーは，戦争の原因を社会構造に見出し，人間の権力追求欲に見出すホッブズ（第3節(2)参照）と異なる見解を示す[2]．原因はどちらであれ，結果的に，国家は自己保存のためひたすらパワーを追求するようになるのだが，とりわけ当時の絶対王政は，重税や徴兵を人民に課すために戦争をカモフラージュとしてしばしば利用する．戦争が国家の存在を前提とするように，国家の存在も戦争の存在を想定する．したがって，絶対王政間関係の自然状態は戦争となるというのである．

---

2) ウォルツ（2013）は，ルソーやホッブズなどの政治思想で論じられている戦争原因を対比させている．

サンピエールは，絶対王政からなる平和連合を提案したように，絶対王政も戦争を回避できるとした．これに対してルソーは，ロックと同様に，絶対王政に強い不信を抱き，王政と人民の利益を差異化して，平和連合の構成国は共和制国家であるべきだとする．グロチウスが自然法による君主制国家の規律と共同体の構築を構想していたのに対して，ルソーは，自然法論者は人間性の考察を怠り，自然法による規律と共同体を論証する過程で，それらを前提とする誤謬を犯したと批判する．

　王政と対照的に，共和制国家は，人民の根源的権利と一般意志を保障する社会契約を人民と為政者との間で締結している法的国家であり，そのため，国内の平和は確保される．共和制国家は現代でいう民主制国家のことであるが，共和制国家が平和の根本であるとするルソーの考え方は絶対王政が一般的であった 18 世紀のヨーロッパでは革命的であった[3]．しかし，統治形態の整備されている共和制国家でも不当な戦争を仕掛ける事態があり得ないわけではないし，そのような国家の平和的な意図が他国から思いもよらない抵抗を誘発するというように，国家間の相互不信が敵対関係を発生させる恐れは排除できない[4]．戦争は，戦争防止のために講じられる軍備増強などの予防策から生じることもある．これは，大国間関係のみならず，ルソーが理想としていた小国の並存という状況においても同様である．

　このような分析をもとにして，ルソーはサンピエールのものに似た平和構想を提示する．ルソーの構想は，国家の成立にともなって交わされる社会契約と同様に，連合がすべての国家からなる共同体

　3）　このルソーの所説は，現代国際関係学で民主的平和論として継承されている．民主的平和論のサーベイは鈴木（2007，第 7 章）を参照．

　4）　ヒンズリー（2015, 73）を参照．本文で指摘されている問題は，現代国際関係学で「安全保障のジレンマ」と定義され，分析が進んでいる．

に対して契約を結ぶことを要請する．ルソーは，世界政府を指定せず，かわりに国家連合（confederation）の編成を描く．国家は，人民の根源的権利と一般意志を社会契約によって実現しようとしており，それらの個別の諸国家を統合した世界政府が一般意志を引き継ぐことは不可能である．したがって，国家連合は，加盟国の自由と独立を尊重することによって（平和の約束を破って開戦する場合を除き），国家間というよりも人民間の関係で成り立っており，一般意志の実現に対して間接的な役割を演じる．貿易は利益を求める国々の競争を煽り，戦争の火種となるとルソーは考え，自給自足を訴えた．ルソーが生きた 18 世紀中葉のヨーロッパでは重商主義が蔓延し，国々が貿易戦争や植民地主義闘争に明け暮れる一方，重商主義を否定して開かれた貿易を訴える自由貿易論もまだ登場していなかった．こうした時代背景がルソーに貿易に対して批判的な態度をとらせ，ルソーが貿易を平和計画に盛り込むことはなかった．

　連合には，すべての大国を加盟させ，離脱権を認めない．拘束力のある法を施行し，加盟国の国内問題への介入権も有する．連合は同盟を構築し，議決は一加盟国一票の下で，初期は多数決制を採用し，徐々に全会一致制に移行し，一元的な軍隊と仲裁裁判の設置，国境線の遵守，違反国に対する制裁を実施する．永久平和が生み出す利益の大きさは，サンピエールが示したように計り知れないが，その利益が万人に共有されるものであるがゆえに，誰一人にとっても現実的にならないだろう．このようにルソーは，現代の社会科学でいうフリーライド（ただ乗り）の論理を提起して自身の理想の不可能性を論じる．永久平和は革命を経てしか実現不可能と悲観視する一方で，理想の追求を放棄すべきでないことはルソーの悲観論の奥底に透視できる．

第 1 章　ガバナンスの理想論と実証論　17

(3) カントの理想論

一方，カント（1724〜1804年）の『永遠平和のために』（1795年）は，武力制裁にいっさい言及せず，民主主義，人権の保護，法的な紛争解決，開かれた貿易，世界市民法によって調和的な国際関係の創造を目指す平和計画である．安定的平和の樹立を説くカントの永遠平和では，権力の抑制と均衡，または制裁によって国家間関係を外側から調整するのでなく，自由主義の理念の下に構築された共和制国家を普及させ，自由主義規範を通じて国家間関係を内側から調和させる．カントの平和計画は次の3条項からなる．第1確定条項で共和制（または立憲制）をいい，第2確定条項で自由な諸国家の連合制度，第3確定条項で普遍的な友好権をいう．このように，法の支配と権力の分立が浸透した立憲国家は，人民の根源的契約を侵害する行為を慎み，立憲国家同士の間で調和が予定される．

国際ガバナンスの文脈で注視すべきは，第3確定条項の普遍的な友好権，すなわち世界市民法規範である．世界市民法は，外国人に対する市民権の授与でなく内国民待遇の交換を意味し，それは国境を越えた物品の自由な取引や人的交流に資することを目指す．この条項に即して自由権を保障し，互いに自由な通商を行う市民国家は，世界市民法規範の下で両国の間に平和と協調を萌芽させる．自由で開放的な諸国の市場は，国境を越えて接合し，分業と交換を通じて市民的な相互依存関係を形成する．さらに，市場経済からなる自由な国際経済体制は，諸国が海外の市場，資本，資源を貿易という非権力的手段で利用することを可能にし，強制によってそれらの確保を狙う植民地主義や帝国主義などの権力政治を無効化してくれる．その結果，市民国家，通商，平和はひとつの紐帯で結びつく．

カントによれば，人間は理性的であると同時に感性的な存在であり，つねに感性的欲求への傾向性をもつ．感性は紛争や暴力の原因となる衝動に直結するため，平和，繁栄，人権を維持するためには，

理性が提示する行為の原理，すなわち「定言命法」が作用しなければならない．定言命法は，個人の権利と法の支配を保障する市民国家に包摂され，その結果，市民国家の法の支配の下で感性は制約され，人々は普遍的原則にしたがった道徳的行動をとるようになる．ただし，国際法の執行に世界政府は不向きである．なぜならば，世界政府は自由を束縛する専制と同義となり，理性と自由の根源である市民国家を破壊するからである．したがって，第1確定条項の法の支配を基盤にした市民国家の間に，第2確定条項の諸国家の連合制度という契約が結ばれる（カント1985）．

　以上，サンピエール，ルソー，カントの理想論を概観したが，三者の間には相違があることも浮き彫りとなった．サンピエールとルソーは，国家連合，紛争の司法的仲裁，集団安全保障を主張する点で一致するが，連合の参加国の政治体制について，共和制を条件とするルソーと絶対王政でも構わないとするサンピエールの間で相違がある．対照的に，カントの連合は，戦争という行為およびその可能性をいっさい認めず，戦争を正当な紛争解決手段としない法の支配と民主主義による国家体制と，世界市民法という人権法の構築を要請する．その一方，三者の間には，国々が人民の根源的な権利を尊重することを重要視し，主権を連合に預けるまで相互の関係を深化させているという調和の状態にあり，法の支配の下で国家間関係を規律しようとする点において共通性がある．したがって本書では，調和，法の支配，人権をそれぞれ普遍的価値と見なすこととし，これらの価値を，国際ガバナンスを通じて達成しようとするサンピエール，ルソー，カントのような平和計画を理想主義とする．後述するように，サンピエールの国家連合と集団安全保障，ルソーの民主主義（共和制），カントの法の支配，人権保護，開かれた貿易が，かれらの死後に構築される国際ガバナンス体系に盛り込まれていく．

第1章　ガバナンスの理想論と実証論　　19

ただし，三者の理想論に反して，ウェストファリア平和以降に現れた領域国家や近代国家は，領域内の排他的管轄権を主張する．詳細は後述するが，基本的に国々は，根源的に異なる利益，イデオロギー，文化などをもち，対外的にも主権を主張して超国家的権威や上位規範を否定する．国々は主権を国家連合に手放さず，法というより自国の主観的判断で関係国との外交交渉，または（稀に）戦争という暴力的手段によって紛争を解決しようとする．そのため，形式的に理想論を具現化したとされる国際体制でも，それが目指す調和，法の支配，人権という普遍的価値を実現させるには多数の現実的な障害がある．ここでいう法の支配とは，専断的な国家権力の支配を排し，権力を法で拘束することを意味し，人権とは，すべての人間が生まれながらに持っていると考えられている権利である．これらの価値に対抗する概念は，社会における権力・ルール・権威を含むような関係全般と定義される政治であり，国民および領土を統治する国家の権力，あるいは他国の支配に服さない統治権力という主権である．こうした概念上の対立関係から，法の支配と人権の実現を目指す理想主義は，政治と主権という障害に直面することが推察される．以下に概観する実証論には，主権，政治，対立という障害が介在するなかでのガバナンスはどのようなものかについて考えるヒントが隠されている．

3　ガバナンスの実証論

(1) ヴァッテルの国際法学と実証主義

　ルソーやカントとほぼ同時期に活躍し，かれらの理想主義と対照的な現実的な視野で国家間関係を観察した論者もいた．そのひとりであるスイスのヴァッテル（1714〜1767年）は，18世紀ヨーロッパの外交実務を俯瞰する『万国法』（1758年）を著した国際法学者

として知られる．ヴァッテルが活躍したウェストファリア平和後の
ヨーロッパではすでに主権国家が外交の主役となっていた．ヴァッ
テルによると，主権をもった国家の存在理由は臣民の安全と繁栄の
確保にあるのだが，諸国家の詳細な行動目的や，それを達成しよう
とする手段は，統治体制や利益が異なる国々の間で必然的に異なる
ため，諸国家は目的と手段を主体的に決定することを望み，他者に
よる指令を拒否する．ここに，主権平等と内政不干渉の原則を掲げ，
主権を超越する世界政府もあわせて否定する．したがって，国々の
主観的判断に左右される国家間関係を，グロチウスがガバナンスの
中枢に据えた自然法のみで客観的かつ包括的に律することは難しく
なる．

　上記の理由からヴァッテルは，国家間関係を律するには，自然法
から汲み上げられた必然的国際法（necessary international law），
自然法を範型としながら国々の主観的判断で定められる意思国際法
（voluntary international law），主観的判断のみからなる任意国
際法（arbitrary international law）という3種類の国際法が必要
であるとする[5]．そのうえで，戦争が発生した際も，主観的判断の
下で対峙する戦争当事国が自国の行動を正当化するうえで主張する
「正義」の優劣は判断できないとする正義の対称性を説く．これは
グロチウスが唱えた非対称性論，すなわち一方の国家の不当な戦争
行為と他方の国家の正当な戦争行為（懲罰）を認めたものと異なる．
ヴァッテルの主観論と対称論では，戦争の善悪は決められないため，
戦争に関する司法的判断や，戦争のための法（jus ad bellum）す
なわち開戦法規を定義することは難しい．そのため，戦争における
法（jus in bello）すなわち交戦法規を定めることによって戦争の
正規化を図ることが精一杯となる．戦争の可能性が残存し，不当な

---

5) 『万国法』において国際法（international law）は旧称の万国法（law of
　nations）と記されている．

戦争に対する懲罰が被攻撃国以外の第三国に期待できないならば，外国の攻撃に脆弱な小国が同盟編成を通じて自己保存を図ることや，小国の独立を脅かす覇権の防止を目指した勢力均衡の外交が正当化される．また，他国への介入も，本来，内政不干渉原則によって禁止されるべきであるが，勢力均衡の維持と自己保存のためには容認されるべきともなる（Vattel 1844）．このように，人間の行動は個別の合理的判断によるものという近代啓蒙思想に特徴的な合理的人間モデルがヴァッテルの所説に盛り込まれていることがわかる．

ヴァッテルと同様に，ウィーン会議でプロイセン宰相ハルデンベルクの法学顧問を務めたクリューバー（1762～1837 年）ハイデルベルク大学教授も，欧州諸国の歴史的・宗教的つながりを承知しながらも，主権の絶対性，独立，自己保存，平等を強調し，勢力均衡の緩みによって独立が脅かされた場合の武力行使の必要を説いた．その中で人権，法の支配，平和という理想や経済発展，民族自決，世論などの自由主義的価値に言及することも一切なかった（Koskenniemi 2001, 19-24）．

ヴァッテルやクリューバーの所説は，紛れもなく 18 世紀後半から 19 世紀前半にかけての国際関係の現実を俯瞰した包括的な外交論であった．かれらが指摘する外交実践を勘案すると，先に概観したサンピエール，ルソー，カントの理想論を実現可能なものと捉えることが難しくなる．三者の理想論が提案する集団安全保障，司法的紛争解決，世界市民法をルールとして制定しても，自己保存，主観的な国家意思，対称的な戦争責任，内政不干渉という概念が強く働く状況で，はたして国々によって受け入れられるのか，強い疑問が湧いてくる．

こうした疑問を契機に，ヴァッテル後の 19 世紀の学問では実証主義という新たな動向が表面化する．実証主義には次の 2 つの考え方が盛り込まれる．そのひとつは，法が治者の被治者に対する指令

であり，実効性を確保するためには，何らかの拘束力を包含していなくてはならないとする考え方である．たとえば，ベンサム（本節（3）参照）は，門下のオースティン（1790〜1859年）と同様に法学における実証主義者として知られ，自然法を「大言壮語のたわ言」（nonsense upon stilts）として批判する．実証主義のもうひとつの考え方は，物事のあるべき姿ではなく，その実態を説明することが学問の役割であり，そのためには，因果律を明確にした一貫性のある理論が望ましいとするものである．

　以下では，実効性と一貫性を確保しつつ，主権，政治，対立という現実の障害を管理しながら実施されるガバナンスの実態を説明しようとする実証理論を3つ取り上げる．とりわけ，①人間および人間の集合体である国家の性質と行動，②国家間関係の態様と対立の原因，③対立の矯正と国際ガバナンスの要件に関する各理論の見解を検討する．

(2) リアリズム

　主権，政治，対立が表面化する国家間関係の背景には，パワー（権力）という人間社会にとって不可欠の要素があるとする考え方がリアリズム（realism）である．この理論では，主権をもつ国家は，法ではなく，パワーによって自国の安全，繁栄，名声などの利益を確保しようとするが，それらは有限であるため，国家間で対立が必然的に生じるとされる．パワーという要素は人間社会から完全に排除できないことから対立を根本的に解決することは難しく，パワーを政治的に管理することが精一杯となり，それが国際ガバナンスの要諦となる．ガバナンス体系に盛り込まれる法やルールの実施はパワーによって管理される一方，その法やルールの基底にある価値や道義もパワーによって規定されることになる．

　人間と国家　政治思想としてのリアリズムの起源を辿れば，17世

紀のホッブズによる『リヴァイアサン』（1651年），16世紀のマキャヴェリによる『君主論』（1532年），さらには紀元前5世紀のトゥキディデスによる『戦史』まで遡ることができるように，リアリズムは西洋文明において古代ギリシアから伝承されてきた伝統的な思考である．そのリアリズムが実際の国際関係の在り方を客観的に描出する実証論としてレリバンスを持つようになったのは，国家が主権を獲得して，独立した対外行動をとれるようになったウェストファリア平和以降であった．

　グロチウスとほぼ同時期，イギリスで思想家として活躍したホッブズ（1588〜1679年）は，当時のイギリス社会を二分した清教徒革命（広義の期間1638〜1660年）において議会派に対抗する国王派に与し，国王派の劣勢と自身の絶対主権論が原因でパリに亡命することになる．こうした経緯で『リヴァイアサン』はパリで執筆され，そのなかでホッブズが描いた人間観は，理性と寛容に溢れたロックの人間観や，自然法と道義に即して行動するグロチウスの人間観と大きく異なる．ホッブズによれば，人間は普遍的な性向として競争，利潤，名声を求め，人々がこうした欲望を追求すれば，彼らの間に不可避的に対立が生じる．自然状態における敵対的な人間関係がもたらす「恐怖」から，人々は自己保存のためにパワーを追求するようになる．個人がパワーを蓄えることは，他人がこれを恐れ，互いにパワーを増大させることを助長する．ゆえに，自然状態における人間関係は「万人の万人に対する戦争」と化す．ホッブズの自然状態では，ロックが想定した生命，健康，自由，財産が保障されている自然状態と違い，敵対的な行動をとることに固執する相手を想定するがために，人間は自己保存を至高の価値として追求せざるを得ず，援助や闘争を含めたすべての手段を自由に用いることとなる．ただし，ホッブズは，こうした人間の性質は法によって矯正可能であると考え，人間間の紛争を防止する法を制定・施行するには

強力なパワーをもった「リヴァイアサン」としての主権国家を構築することが不可欠であると主張する（ホッブズ 1992）．

　国家間関係　国家は，人民の権限をその政治機構に集中させる一方で，人民が抱くパワーへの憧憬を対外政策目的に反映させ，その結果，同様の目的を持つ主権国家の間では，戦争状態という自然状態が発現する．国家間関係では，主権国家に行動のルールを遵守させる権限をもった究極的な超国家的機関は存在しない．なぜならば，普遍的な正義や悪ということはあり得ず，主権を持った国家の意思が正義であり，法として位置づけられるからである．人間の本質は普遍的であるが，臣民の行動を制約する道義は主権国家によって異なるかたちで定義されるために，国家間関係では国内社会の人間の間で見られたような権力闘争が表面化する．国家は人間の如く，パワーを行使することの悦楽からでなく，パワーを維持するために常にパワーを増大させなければならない．相手よりパワーのうえで優位に立つことが防衛にとって有意義であり，防衛こそが安全を保障してくれる．逆に，そうした優位がなくなれば，安全の保障ができなくなる．したがって，諸国家のパワーに対称性が生じると，むしろ各国家は恐怖を感じ，さらなるパワーを追求することになる．

　主権国家が国際社会の究極的な意思決定主体であるということは，いつの時代にも主権国家を超える世界政府は実在してこなかった史実に依拠している．過去，世界立法府が存在して国家行動を制御する法やルールを制定したことはないし，たとえ国際法が制定されても，それを確実に施行する超国家的な行政機関や法的判断を下す司法機関が存在したわけでもない．国内社会では，通常，社会の命のもとに法が立法府によって制定され，行政府によって施行されるが，国際体系にそうした政治制度は存在してこなかった．

　ガバナンスの手段——勢力均衡　ウェストファリア平和を契機に主権国家体系が出現していた 18 世紀のヨーロッパにおいて，「個別の

国家の安全と厚生」を保証する目的で，外的脅威に対して「抑制と均衡」を構築する勢力均衡は実践された．スペイン継承戦争後に構築された 1714 年体制では，勢力均衡を創出・維持することが初めて自覚的に試みられた．同体制における勢力均衡を当時の哲学者ヒューム（1711～1776 年）は次のように正当化した．欧州諸国はある一国が自己の国益追求のために突出したパワー増強行動を一方的にとり，その結果として均衡が崩れても，対抗勢力が必然的に現れて，均衡は自動的に回復する．すなわちヒュームは，ニュートンの万有引力の法則に似た，自然発生的な勢力均衡を想定し，勢力均衡が外交を執り行う国々の間で生じる予定調和であるとする見解を示した（ヒューム 2011）．

　上述したリアリズムの諸概念をまとめ，勢力均衡をリアリズムのガバナンスの手段として理論化したのはモーゲンソー（1904～1980 年）であった．モーゲンソーは，『国際政治――権力と平和』（1948 年）のなかで，権力の追求を人間の本質として規定し，国際関係を権力闘争として位置づける．このパワー志向の考え方では，国際関係の行為主体である国民国家はこれを直接目的として最大化するように行動し，国民国家の利益，すなわち国益（ナショナル・インタレスト）はパワーによって定義されると仮定される．モーゲンソーによれば，国際関係理論は，他の政治理論と同様，政治における諸行為や諸事実を合理的に分析・理解することを目的とし，それには人間の本質を反映する法則が包摂されていなくてはならない．なぜならば，「政治は一般の社会と同様，人間性にその根源をもつ客観的法則に支配される」からである．「権力闘争が時と場所を超えて普遍的であり，すべての政治と同様，国際政治においても顕著な要素であるがゆえに，国際政治は不可避的に権力政治となる」ならば，国際関係を駆動させる基本原理はパワーへの憧憬とパワーの追求という人間行為の本質であるはずである．

モーゲンソーのリアリズムにおいてパワーは国益を獲得する手段であり，かつ目的そのものである．国際政治というパワーゲームのなかで国益を追求しようとするならば，国家は結局いつでもパワー獲得の努力を経て国益を実現しなければならない．ここから「パワーによって定義される国益」というモーゲンソー理論に特有な概念が導出される．国際政治でも国家はパワーを最大化し，パワーによって規定される国益を最大化するように振る舞うとの権力最大化公準を国家の基本的行動原理として想定することが論理的に可能になる．

理想主義者と対照的に，モーゲンソーは，国益に反する道義や法はイデオロギーやドグマに通じる一方，国益こそが外交の的確な道標になると論じる．同様の理由で，国家は核心的利益にかかわる紛争を第三者の仲裁に委ねることを避ける．たとえ仲裁を実施しても，紛争の解決を実現することは不可能であり，むしろ外交が仲裁を代替することになる（モーゲンソー 2013）．国々の外交は，保有するパワーによって定義される国益をもとに行われ，外交の相互作用の帰結は，必然的に勢力均衡となり，それがリアリズムの国際ガバナンスの核心である．かくして，国家間のパワー配分によって形作られる国際ガバナンスでは，道義や法もパワーの範囲内で規定される．

ガバナンスの手段——覇権　国家のパワーが国家間関係の決定因であるとするリアリズムの世界観では，国家間でパワーに大きな格差がある現実のなかで，たとえ勢力均衡が生じ，国々の行動を制約したとしても，根源的なパワーの影響を完全には排除できず，主権平等原則は形骸化する．したがって，パワーの格差を受け入れて，それに順応することがガバナンスの実践となる．トゥキディデスは，パワーの格差として定義されるヒエラルキーこそが古代ギリシア都市国家間で生じた権力闘争に終止符を打ったと喝破し（トゥーキュディデース 1966–67），ホッブズも，「強者の権威は，被治者の受託に

その基盤がある」と述べて，被治者たる中小国の自発的同意によって強者たる覇権国の権威を存立させ，何らかの互恵性のある両者の関係を樹立することの可能性を示した．

これらの言説から，中小国が自国の権限の一部を，覇権国とよばれる特定の大国に移譲し，その覇権国のパワーとリーダーシップによって規律の構築を促し，出来上がった規律に強制力を付与して国際的安定を確保しようとする覇権ガバナンスもリアリズムの考え方のひとつである．パワーによって定義される非対称な義務と権利を受け入れるのは，中小国の主権と国益に反するように思われるかもしれないが，それで得られる国際的安定が損失を上回る限り，権限の移譲とその結果である覇権ガバナンスは，国々の合理的な国政術のひとつとなる．

(3) リベラリズム

人間社会の基本要素はパワーというよりも，個別利益であるとする考え方がリベラリズム（liberalism）である．自己の利益を目指す私的関心は，社会のルールを了解する際に重要となる．個人はルールによって保障されるべきものと自己の利益との関係で，ルールに従うことは結局自己の利益になると判断すればルールを遵守する．基本的に，国家も人々の個別利益の集合体であるが，特定の政治体制によってそれらを調整して成り立っている．国際関係のガバナンスも同様であり，参加する国々の個別利益を，制度を通じて調整することによって協調関係を創出して成立する．したがって，国際ガバナンスは，参加国の合理的判断に訴え，平和や繁栄という相互利益を促すことによって実効性を発揮するのであり，それを読み解くリベラリズムが実証主義のガバナンス理論になりうる．

人間と国家　人間がもつ本来の自由，自由権の保障を盛り込んだ人民と国家との社会契約，国家権力の制限を網羅した考え方がリベ

ラリズムである．前項で言及したホッブズも社会契約に言及するが，国家権力の制限というより強化を推奨していたことからリベラリストに相当しない．リベラリズムは，自由権を自然法の一部と考える点でグロチウスの自然法学と近似点がある．ただし，グロチウスは，治者，被治者を含めた人間の理性は自然法と呼応すると考え，治者に対して自然法を遵守する制約を課さなかった．これと対照的に，ロックは，知性は感性から漸進的に得られるとする経験主義の立場から，人間は自然法を不完全にしか遵守できず，治者が被治者との間で結ばれた社会契約に反して被治者の自由権を傷つけることを懸念した．したがって，ロックは，被治者は自由権を侵害した治者に対して抵抗できることを主張し，こうした抵抗権が両者の関係に相互性と協調を樹立させる約束事になると考えた．治者と被治者の間の対立の原因は利益の相違にあることから，対立を解決するには利益を同質化すればいいのだが，個別主義と自己決定権を重視するリベラリズムの考え方では，外部から利益を変えるという発想は生まれない．むしろ，個別合理的な治者と被治者が相互に協力し合う誘因をもつように制度を形成することが構想される．

　利益の相互性は，社会の近代化の過程でも育まれる．近代化が訪れる前のヨーロッパ封建社会では，ギルド制が採用され，生産者は免許制で参入が厳格に規制されていたうえ，生産量と価格を設定する権限が与えられていた．一方，消費者は不当に高く，しかも粗悪な品を購入することを余儀なくされていた．こうした状況に対する批判が高まるなかでギルド商人は絶対王政に接近して，既得権を守ろうとした．そのため，近代ヨーロッパで生じた市民革命は，絶対王政だけでなくギルド制の解体も要求することになった．ギルド制の廃止後，参入の自由が認められ，価格は市場の需要と供給の関係で決められるようになった．

　アダム・スミス（1723〜1790 年）は，絶対王政後の近代イギリ

スで，ギルド制の解体と市場の萌芽を観察し，『国富論』（1776 年）を著した．かれの市場に関する洞察は次のように要約できる．市場は，生産や取引に関わる多数の人々の合理的な意思決定のうえに成り立つ一方，合理性は市場の競争によっても促進される．合理的な主体が取引を行う市場では，均衡と安定が維持され，たとえ外的要因が需要と供給のバランスをくるわせ市場に不均衡をもたらしたとしても，市場は価格調整を経てやがて新しい均衡に移行して安定を回復する．こうした市場の自己矯正装置が，「見えざる手」（invisible hand）である．自己矯正能力をもつ市場は国家による介入なしでも支障なく作用していくことができ，原則的に政治から独立しているべきである．アダム・スミスは，各人の利己心に基づく自由な市場活動は，分業と交換を通じて社会的な再生産の調和と均衡をもたらし，意図せざる結果として社会全体の富裕を実現すると論じて，私利が市場を通じて公共善に変換する過程を解明した．自由な競争は，秩序を破壊するものではなく，むしろ逆に，経済社会の自己調整作用の原動力となって人間社会の調和と富裕において重要な役割を演じる（スミス 2000–01）．

　国家間関係　これまで述べてきたように，国内であれば，社会契約と抵抗権および市場と自由契約権を通じて人民と国家の関係を相互的で協調的なものに作り上げることができる．国家間関係ではどうだろうか．国々は，世界全体にかかわる一般利益を追求しようとする集合的合理性ではなく，自国に固有の特殊利益を追求する個別的合理性をもって対外的に行動しようとする．国内社会に比べて，国家間関係における相互利益はより一層希薄であるうえ，異なる国益を調整して相互化する制度も希薄である．したがって国際ガバナンスという課題に対しては，国内社会を統治する目的で論じられた民主主義と市場を上記の国際状況に見合うように再編することがリベラリズムの提案となる．

その提案は，民主主義と市場は，それぞれ国家を単位として存立するが，諸国家を有機的に連携し，国家間関係を協調的なものに転換する要素となりうることを前提とする．民主主義に関しては，民主主義の公共文化に内在する「社会的合意」，政治的党派の活動や少数意見の自由と共存を保障する「政治的寛容」，熟考と討論による「平和的紛争解決」という要素が国家間関係を協調的なものにする．また，民主主義の政治体制で形成される分権的な統治構造や政策決定で重視される民意も，中央政府の戦争動員能力を抑制する効果を発揮する．他方，開かれた市場は，国家間関係に相互依存を形成し，互恵的な協調関係を築くダイナミズムとなる．

　ガバナンスの手段──民主主義　民主主義と市場が整っていない18世紀ヨーロッパの安定と繁栄は，権威主義と重商主義，それらに付随した軍備拡大や植民地主義によって阻害されていた．過去に戦争を起こした帝国は富や名誉を拡大するために，海外の市場，資源，労働力を確保しようと他国を武力で侵略し支配した．とりわけイギリスとフランスの間で繰り返し勃発した戦争も植民地主義闘争に由来し，両国民に戦災や徴税という多大な負担を与えた．戦争が再発する原因は戦争を引き起こした閣僚がその責任を問われないからである．『普遍的恒久平和構想』のなかで，ベンサム（1748〜1832年）はこのように考えて権威主義と植民地主義を批判し，それらの廃止と軍備の縮小を求めた．ベンサムの構想は，閣僚と人民の代表が出席する常設議会を設置して外交政策を精査して，政策責任を明確にし，平和規範の違反者には議会からの追放や世論による批判という不利益を与えるというものである．こうした遵守手続きの裏には，人民が平和の快楽を増やし，戦争の苦痛を減らそうとする合理的判断と，政治的地位を維持したい閣僚が平和規範の遵守を合理的に選択するという功利主義の計算がある．このようにベンサムの平和構想では，治者と被治者の間に利益の相互性を確立して平和規範

の遵守を促す民主主義という統治制度が国際ガバナンスの要諦となる（Bentham 1981）[6].

ガバナンスの手段——自由貿易　リベラリズムのもうひとつの提案は，開かれた市場を海外に展開し，国家間の貿易を自由化することによって，国々の利益を相互化するというものである．リカード（1772〜1823 年）の貿易論はその具体的提案のひとつである．リカードによれば，貿易は比較優位に基づいて行われ，生産要素自体が国境を越えて移動しなくても，その生産要素を用いて生産された産出物が自由に輸出入されるならば，世界中にある資源を最も効率的に組み合わせて生産，消費できる最適状態が達成される．すなわち，各国の比較優位に即して最終製品を交換することによって，各国の輸出品はその国において相対的に豊かな生産要素を用いたものになる一方，自国内に比較的乏しい生産要素をふんだんに用いなくてはならない品物を入手できるようになる．このようにして，アダム・スミスが指摘した分業と交換が国際貿易にも適用されれば，世界中にある資源を最も効率的に組み合わせて生産・消費できる最適状態を達成できるようになる．その結果として，貿易は文明諸国に共通の利益と交流をもたらし，普遍的な国際社会を創出する．市場は人間社会の近代化を加速し，市場がもたらす物質的富裕や相互依存が戦争を非合理化する（リカード 1981）.

　人間社会の進化を実証的に説明した社会学者コント（1798〜1857年）は，戦争の元凶は窮乏にあり，富を効率的に生産できる産業こそが窮乏を解消し，戦争の蓋然性を低下させると考えた（Comte 1875）．また，19 世紀のヨーロッパ各地での立憲運動に影響を与えた思想家で文筆家でもあったコンスタン（1767〜1830 年）も，戦

---

6)　ベンサムの平和構想は，ルソーやカントと同様に，理想主義として分類される場合もある．本書では，ベンサムの平和構想の基盤は個人の合理的判断にあることから，ベンサムの平和構想を実証的平和論と見なす.

争は野蛮な衝動的行動の結果である一方，通商は合理的計算に基づいた行為であるから，社会における通商の比重が高まれば，個々人の合理的思考は強化され，戦争の蓋然性は減じられると考えた（Constant 1988）．かれらの考えでは，豊かな通商国家の間では戦争の機会費用は増大し，戦争はもはや合理的な紛争解決手段でなくなる．平和は，国々が国境を越えて物質的利益を共有できる制度を必要とし，自由貿易体制こそがそうした制度である．

リベラリズムの考え方では，個別主義と合理主義の論理に即してルールを設定・管理することによってガバナンスは可能になる．同様の観点から，民主主義と自由貿易もさまざまな利益をもつ主体が私的関心を示して互いに協力できるように，それらに関わるルールを的確に設定することにより，国際の協調と平和を醸成できる．リベラリズムがガバナンスの手段とする民主主義と自由貿易は，理想主義と重複する部分があるが，リベラリズムでは個別利益から帰納的に導き出されるもので，普遍的価値から演繹的に導き出される理想主義のものと区別される．

(4) コンストラクティビズム

第3の実証理論であるコンストラクティビズム（constructivism）によると，現実の背景には国々の主観に内在する認識がある．国々は主観を通じて現実を理解し，それに則して行動する．国々が異なる主観をもつと，現実に対する理解が異なり，協調することが難しくなる．反対に，主観の間に共通性があれば，その共通部分をベースに行動を律すること，いわゆるガバナンスが可能となる．こうした認識を重視する考え方は，ガバナンスの基本要素をパワーと強制に見出すリアリズムや，ガバナンスの基本要素を相互利益と合理的判断に見出すリベラリズムの物質主義の考え方と本質的に異なる．

第1章　ガバナンスの理想論と実証論　　33

人間と国家　本章の冒頭で言及したグロチウスが描いた世界は，自然法によって律せられたものであった．自然法の遵守手続きが明確でなかったとはいえ，自然法は君主間で共有されている規範であるという暗黙の想定があった．共有されているからこそ，君主は互いに行動を調整し合って秩序ある世界を構築できる．また同様に，カントの定言命法も理性ある人間間で共有され，市民国家を建設する認識的基盤となるものである．こうした共有された認識をもとにして「社会」が形成され，共有認識がその社会のなかで生じる人間行動をコントロールする思考の枠組みとして作用する．認識は，明示的にルールという形で存在しているのではなく，人間の内部にある観念または主観（subjectivity）である．それが人々の間で共有されているならば，間主観（inter-subjectivity）となり，それが国際社会の秩序形成の土台となる．

　上記のカントの認識論が 3 番目に概観する実証的ガバナンス論であるコンストラクティビズムの原初型である[7]．コンストラクティビズムは，主観から独立して存在する事物を受動的に映し出す実在論に対して，規範を通じて主観の側から世界を規定しようとする観念論的方法をとる．ここでの規範は，実証主義に則った社会的事実であり，理想主義のいう価値や正義と区別される．したがって，コ

---

7) ラギー（Ruggie 1998）によれば，コンストラクティビズムのなかにも 3 つのアプローチが存在する．第 1 のアプローチは自然論的なコンストラクティビズム（naturalistic constructivism）と呼ばれるものであり，国際社会の規範的構造のなかで捉える社会学的な方法論を提示する．第 2 のアプローチである新古典派的なコンストラクティビズム（neoclassical constructivism）は，合理性を否定せず，ガバナンスの構築を促進する要因として，政策に関係する理念（idea）や知識（knowledge）の政策決定者間での共有を重視する．第 3 のアプローチは，ポストモダン主義のコンストラクティビズム（postmodernist constructivism）と呼ばれ，前述した 2 つのアプローチとは異なり，ニーチェやフーコーの思想にもとづいた人文学的見地から，社会科学的方法論や因果関係の構築を根本的に否定した解釈学的な立場をとる．

ンストラクティビズムは，他の実証理論と同様に，存在と当為を区別する二元論の立場をとる．

コンストラクティビズムの考え方では，国々の行動は，リアリズムのパワー闘争やリベラリズムの効用最大化ではなく，共同体のなかで間主観的に醸成された集合的認識から派生する社会的行為である．自己と他者についての認識は常に相互作用のなかで変容するため，個人の認識と選好をその個人が置かれている社会的コンテクストから切り離して考えることはできない．認識とは，個人が同じ社会共同体の他の構成員と共有し，その関係に自己が帰属するとみなす相対的な意識である．こうした共同体のなかでの人間行動を規定する原理は，合理性というよりも，適切性の論理（logic of appropriateness）となる．

国家間関係　この論理を国際関係学に適用したウェントによれば，たとえば，国家間協調は，複数の自由民主主義国家が互いの権利や利益に相互依存性を見出し，友愛の精神で結ばれているという共通認識，いわゆるカント的文化（Kantian culture）の浸透の所産である．ここで重要なのは，カント的文化という間主観性は，単独で機能するのではなく，複数の主体の主観を交錯させつつ共同的に機能するという点である．こうした間主観的な共同性が醸成されたときにカント的文化という表象が生じる．観念的共同性は国々の利益を構成し，国々の物質的能力と行動に意味を与えるが，カント的文化が浸透した国々の認識およびそれによって定義された利益は調和的となるため，利益対立が生起する可能性は相対的に低くなり，たとえ稀に利益対立が生じても，国々はそれを平和的紛争解決規範に従って平穏に解決するようになる．

その一方，コンストラクティビズムは，規範が必ず普遍的価値を包含するわけではないと考え，カント的文化がつねに国家間で共有されるとは想定しない．これは，普遍的価値，または正義や社会の

第 1 章　ガバナンスの理想論と実証論　35

本来あるべき姿の完成を促すというマキシマムな水準をガバナンスの根拠とする理想主義と対照的である．場合によっては国々は，リアリズムの認識から間主観的な共同性を通じてホッブズ的文化（Hobbesian culture）を醸成して，パワーが支配する国際的な無政府状態を引き起こすと同時に，そうした無政府状態がホッブズ的文化をさらに一層深化させることもある．ホッブズ的文化を共有する国々は，自己保存を重要視し，他国の行動がどのようなものであれ，それを自国にとっての脅威と見なすため，国家間の対立の処理に武力が行使される蓋然性は高くなる（Wendt 1999）．このようにコンストラクティビズムは，カント的文化を認識変化の終点と見なさず，ホッブズ的文化への回帰もありうるという相対主義の立場をとることから，カント的永久平和の達成を目指す理想主義と本質的に異なる[8]．

　ガバナンスの手段──規範構造　ガバナンスの根源は，関係主体が間主観性を通じて定義・共有する社会的規範にある．その具体的内容は，関係主体の認識や行動によって形成されると同時に，伝播，討議，説得などの過程を通じて複数の国々で共有され，認識や利益をも規定するという構成的な効果を発揮する．このように定義される規範は，相対的かつ推移的である．ホッブズ的文化自体も，間主観的な共同性によって創発したものであるから，国々の間で相互依存，同質性，自制の認識が学習または模倣を通じて浸透していけば，カント的文化に漸進的に転換することは可能である．たとえば，2つの世界大戦の震源地であったヨーロッパの国々の認識が人権や民主主義を包摂し，国家間関係が脱安全保障化（de-securitization）していく過程において，カント的文化は安定的平和とともに創発した（Wæver 1998）．認識が推移するなかで，規範の適切性や正統性

---

8)　ウェントは，ホッブズ的文化とカント的文化に加え，リベラリズムに依拠したロック的文化（Lockean culture）についても論じている．

表1　国際関係学における代表的な実証理論の比較

実証理論	リアリズム	リベラリズム	コンストラクティビズム
行動原理	国家合理性	個人合理性	適切性
国家間関係の決定因	パワー	相互利益	共有認識
ガバナンスの手段	勢力均衡 覇権	民主主義 自由貿易	規範構造

を確立する内的な手続き，またはそれらをルールに吹き込む外的な社会化プロセスを作用させて，国際ガバナンスに消極的なホッブズ的文化をカント的文化に転換させることもコンストラクティビズムのガバナンス実践のひとつとなる．

4　理想論と実証論の対話

　以上，国際関係の3つの実証論は，実際のガバナンスを記述・説明するという学問の実証的目的を達成しようとするところを概観した．それぞれの実証論は，主権，政治，対立という現実の障害を勘案して成立した国際ガバナンスの態様に対して異なる実践的な見解を提示している．要約すると，リアリズムはパワー配分に即したガバナンス，リベラリズムは相互利益を基調としたガバナンス，コンストラクティビズムは共有認識によるガバナンスを想定する．これらはどれも，サンピエール，ルソー，カントらが説いた調和，法の支配，人権という普遍的価値に立脚し，永久平和や調和を目指す理想のガバナンスと本質的に異なる（表1参照）．

　実証主義の観点からすれば，現実に反する理想のガバナンスを構築することはそれ自体難しいうえ，たとえ構築しても，それの価値浸透効果は乏しいため，理性や道義が実現されることはなく，むしろ理想と現実が大きく乖離して国際関係を混乱に陥れるだけである．

実証主義者は，理想論が想定する人間モデルや国家モデルは非現実的なものであり，それよりも実証論が示すところの人間と国家の狭隘な思惟を理解し，それらを勘案しながらガバナンスは構築されるものと考える．

　その一方，実証主義の三者の間にもガバナンスの手段と態様に関して熾烈な論争がある．本書は，国際関係学の実証論の間で繰り広げられている論争を取り上げて，それに終止符を打とうとするものではない．むしろ，こうした論争で重要な位置を占める実証論を手がかりに，ガバナンスの理想と現実の乖離とその原因について考察することを目的としている．ただし，実証論だけを手掛かりに意義のあるガバナンスを実現できないこともまた真である．理想主義者の観点からすれば，実証主義は，調和，法の支配，人権という崇高な価値や正義を十分に実現していない現実の政治を容認し，それに迎合する考え方であると同時に，ガバナンスの本来の規範的意義を貶めるものとして批判されるべきものと映る．それゆえ，実際の政治と一線を画した理想主義こそがガバナンスの向上に不可欠な思考法となる．

　実証論が浮き彫りにするガバナンスの実相と，理想論が目指す価値や正義の間には有意な齟齬が介在し，それをめぐる駆け引きがガバナンスを構築・実施する際の外交の要諦となる．実際に現出したガバナンスの構築過程やその実施の態様を理解するには，実証論が有用となることには疑問の余地はない．ただし，実証論のみに固執すると，ガバナンスが価値と正義に欠けた空虚なものと映ってしまい，現実のさまざまな障害によってその実現は阻害されているにせよ，ガバナンスに込められた理想を見失うことになる．したがって，これらの点を念頭に，第2～4章では，理想と現実を行き来しながら歴史的なガバナンスと外交の関連について検証する．

第2章　1815年体制のガバナンス

　第1章で概観した理想論と実証論を手掛かりに，第2〜4章では歴史的なガバナンス体系の構築過程を分析する．本章では1815年（ウィーン）体制，第3章では1919年（ヴェルサイユ）体制，第4章では1945年（サンフランシスコ）体制を扱う．各章は，外交とガバナンスの関連に焦点を当て，各体制を構築する際に交渉者は理想主義の普遍的価値をどのように実現しようとしたのか，実証主義が指摘する主権，政治，対立という現実の障害にどのように対処しようとしたのかについて検証し，その成否がガバナンスの実施体制に及ぼした影響について考察する．

1　1815年体制とは何か

　18世紀後半には革命思想が萌芽し，アメリカ独立革命やフランス革命というかたちで発露した．その後，革命思想はヨーロッパ各地に拡散し，ナポレオン戦争も勃発して19世紀前半にかけてヨーロッパは混乱した．18世紀中盤までのヨーロッパ各国の政治体制はイギリスの立憲君主政を除いて絶対王政でほぼ統一されていたが，上記の変化によって多様化するようになる．このような政治体制の多様化が国際的不安定をもたらすとの考え方が列強の間に広がり，国際的安定のために国内政治と国際政治を連関させる必要性が主張されるようになった．したがって，こうした考え方に基づいて構築された1815年体制は，絶対王政と保守主義の国際秩序を再建することによって，革命と紛争を鎮静化し，ヨーロッパを安定化させることを目的とした．その具体策として，国家体制の同質性を確保す

39

るための国際介入と国際紛争の防止のための勢力均衡が明示的に試みられた．これは，国際紛争を防止するための勢力均衡のみを最重要課題と位置づけて，国内体制にさして注意を払わなかった1714年（ユトレヒト）体制と対照的である．その結果，近代化が進む19世紀ヨーロッパのなかで，絶対王政という古い政治体制をベースとした国際秩序が温存され，ルソーやカントが平和の内政基盤とする民主制や法の支配の普及は遅れた．

　ところが，かれらの平和計画に反して1815年体制は，イギリスの外交図書館司書のハーツレット（1824〜1902年）が「ヨーロッパの平穏」（repose of Europe）と称したように（Hertslet 1875, 372），約半世紀にわたる平和と協調の時代を築いた．これは，ウィーン会議およびその後の会議外交で事務長を務め，カントに師事したオーストリアの知性派外交官ゲンツ（1764〜1832年）が，列強が結束して互いの平和的な権利行使を保証する政治的連合を構築したと同体制を評価していたことと合致する（Ghervas 2017, 417）．

　同体制には，平和と安定を樹立する勢力均衡と法という2つの装置が内在していた．そのひとつである勢力均衡は，「欧州全体の一般的政策」と当時の外交官に認識されており，勢力均衡の重要性は，「均衡なき安寧は幻想である」というオーストリアの宰相メッテルニヒ（1773〜1859年）の言辞や「単独国家による権力の濫用」に対する防波堤というゲンツの言辞にも表れていた（Gulick 1955, 227）．もうひとつの仕組みは，イギリス外相カスルリー（1769〜1822年）によれば，「ヨーロッパの領土的システムを……再び秩序立ったものとして再興させたいわば「大憲章」（Grande Charte）」であった（ヒンズリー 2015, 306）．フランスの外交官タレーラン（1754〜1838年）も，祖国の経験からして「主権は，条約体系において同盟国の総意によって承認されて主権たり得る」と言明し，主権の法的正統性の根拠として1815年体制を位置づけた（Clark 2005, 95）．フラン

スの外交官で文筆家でもあったソレル（1842〜1906年）は，1815年体制の国家連合を「公法護持のために公法に基づいて形成される国家間の連合体」とし（ヒンズリー 2015, 294），ヘッセン大公国の外交官カルテンボーン（1817〜1866年）も，「共通の歴史，宗教，文化の紐帯だけでなく，条約や外交によってつながれた法的な共同体」（主権という絶対的権利に対する相対的権利）と形容した（Koskenniemi 2001, 25）．

　上記のように，1815年体制には絶対王政の維持，自由主義の弾圧，勢力均衡，法という相異なる要素が混在する．そのため，ルソーやカントの平和構想にある法の支配は体制の一部に留まり，強制を含むその他の諸要素によって希釈されていく．それにもかかわらず，1815年体制が安定的なガバナンスの達成に成功したのはなぜか．本章では，国際関係学の観点からその謎を解明することを課題とする．

2　理想への接近と外交

（1）ガバナンスの法とルール

　1815年体制は，対ナポレオン同盟を形成した第二次パリ条約と戦争講和のウィーン最終議定書を基盤として，ルールと会議外交を通じてヨーロッパの平和と協調を目指すものであった．従前の1714年体制と違い，戦争防止を目的に，部分的に主権を制限する国際ルールの制定と実施を目指す半面，会議外交という政治の要素も残した．ゲンツは，カントが構想した永久平和の実現は難しいが，それを目指した国家連合を構築し，列強が秩序の破壊に抗すると約すべしと主張していた（Jarrett 2013, 147）．ウィーン会議で中心的な役割を果たしたロシア皇帝アレクサンドル1世（1777〜1825年）も，サンピエールの平和計画をもとに，異なるキリスト教の宗派を

統合した欧州国家連合の形成および集団安全保障を目的とした欧州軍の設置という案をもって会議に臨んだ．これはロシアの影響力の拡大を恐れたカスルリーとメッテルニヒによって拒否されたが，その他の部分では，ロシア，オーストリア，プロイセンの参加で神聖同盟が構築された．

　その後，ワーテルロー決戦の結果，ナポレオン戦争は終結し，戦後講和としてウィーン最終議定書が締結された．共通の敵が消滅したことから各国の思惑の相違も鮮明となる．ロシアは，フィンランドとポーランドの併合と神聖同盟の構築をテコに，ヨーロッパにおける列強としての地位の向上を熱望し，オーストリアは，絶対君主政の必然とドイツ連邦における優先権を主張し，イギリスは，海洋国家として外交的自由に固執しつつ，欧州大陸での分裂状態を温存することによって覇権国の出現を防止しようとした．こうした相違にもかかわらず，合意を達成できた原因は，国々に温度差はあったが，覇権の忌避，革命に対する警戒，国家連合の必要性という共通項が基底にあったからだった．これらの共通点と相違点を踏まえて締結された議定書には2つの重要な取極が盛り込まれた．

　第1の取極は，主要国家のパワーができるだけ拮抗するように国境を再定義するという地政学的なものであり，その理念は，第二次パリ条約の秘密条項に記された「実質的で恒久的な勢力均衡体系の樹立」に見られる（Hertslet 1875, 18）．これにもとづき，神聖ローマ帝国の解体で300以上の小国に分裂したドイツ連邦を39の国家に統合しつつ連邦の大国プロイセンとオーストリアに広大な領土を与えることによって，フランスとロシアに対抗する均衡勢力をヨーロッパ中部に樹立した．また，ポーランドとフィンランドはロシアに併合され，イタリアのヴェネト公国とナポリ王国はオーストリアの管理下におかれて隣接するフランスの拡大を牽制した．さらにまた，オランダ王国の再建，スイスの永世中立，サルデーニャ王国の

42　　第1部　グローバル・ガバナンスの理論と歴史

再建も決まった. 議定書成立後, アーヘン会議 (1818 年) におい
てフランス占領の終了とフランスの四国同盟への参入が決められた
のも, ザクセンとポーランドの割譲を狙ったプロイセンと, ロシア
の共謀から脅威を感じたオーストリアとイギリスが連携した勢力均
衡の結果であった. これらの取極は, 勢力均衡は無意識的に生じる
のではなく, 国際法によって明文化されたルールと諸国家によって
共有されている価値観 (キリスト教, 君主制, ローマ法) に基づい
て慎重に管理されるべきだとするバーク (1729〜1797 年) の構想
とも合致する (Knutsen 1997, 160).

　第 2 の取極は, 第二次パリ条約の第 17 条で, オーストリア, ロ
シア, イギリス, プロイセンの間で構築された四国同盟の存続を定
めた. 同盟は, ナポレオン戦争の終結を目的とし, フランス領の
1790 年の国境線への縮小, 戦争賠償金, 最長 5 年間の同盟軍の駐
留, 王政復古を盛り込んでいた一方, 締約国会議を開催することを
約し, その目的を「締約国共通の利害に関して協議することであり,
締約国 4 カ国の安寧と繁栄およびヨーロッパの平和の維持にとって,
最も有益と考えられる方策を検討・精査することである」と定義し
ていた. この条項によって, 「平和時において列強諸国が参集した
最初の国家間公式フォーラム」として会議 (コングレス) が開催さ
れることになる (ヒンズリー 2015, 297). 会議にはコングレスとカン
ファレンスの 2 種類があり, 前者は首脳や閣僚級が出席するサミッ
トである一方, 後者は大使級が出席する事務レベル会合であった.
1815 年体制の初期 20 年ほどはおもにコングレスの形態がとられ,
後期になるとカンファレンスが大半を占めるようになったが, それ
ぞれ同体制の最も重要な制度である会議外交を構成することになっ
た.

　その他に, ウィーン最終議定書には人権と貿易に関わる 2 つの歴
史上稀な条項が加えられた. そのひとつが赤道以北の奴隷貿易の禁

止（第15条）であった．この条項は，1772年のサマーセット事件を契機に奴隷貿易を廃止したイギリスの主張で挿入されたが，ナポレオン戦争当時から，奴隷貿易に固執していたフランスに対する牽制と戦争の正当化事由のひとつだった．ただし，同条項は国家間の奴隷貿易を禁じることによって奴隷の拡大を防止するにとどまり，赤道以南の奴隷貿易や締約国とその植民地での奴隷制度の撤廃を要請するものではなく，その実施手続きについても定めがなかった．

　もうひとつは，ライン川を航行する船舶の自由権を保障することを任務としたライン川航行中央委員会の設置（第16条）であった．同委員会は，流域都市ストラスブールに置かれ，現存する世界最古の国際機関として知られている．古来，ライン川は欧州交易の要所であったが，沿岸諸国の関税や規制によって船舶の自由航行は妨げられていた．18世紀後半，共和制に移行したフランスは普仏戦争でライン川西岸を掌握し，船舶の自由航行権を保障する目的で規制・関税の撤廃および国際機関の設置をプロイセンに求めた．その後，流域はナポレオン支配下のライン同盟に併合され，イギリスに対する経済封鎖を狙った大陸封鎖令によって欧州貿易は縮小し，自由航行の意義は薄れた．ナポレオン戦争後のウィーン最終議定書で，フランスはライン川流域を含めた大量の領土を放棄させられ，沿岸には，オランダ王国，ナッサウ公国，ヘッセン大公国，バーデン大公国，バイエルンが建設された．これらの国々はプロイセン，フランス，スイスとライン川を共有することになり，ナポレオン時代以前に見られた関税や規制を再導入してライン川の航行と交易を停滞させることが懸念された．そこで中央委員会は沿岸諸国と関税や規制に関わる協議を行って交易の効率化を図ることを目的として設置された．ただし，同委員会の権限や関係国の義務と権利についての詳細な規定はなかった．

44　　第1部　グローバル・ガバナンスの理論と歴史

(2) 会議外交と国際介入

　四国同盟の会合である会議外交は，大国の要請で開催される決まりとなっていた．会議外交には，絶対王政の慣習法的な正統性と中小国による諸大国の決定への暗黙の服従という前提の下で，絶対王政の維持を目的とした反革命的介入の是非が議題に載った（Osiander 1994, 7）．しかし，具体的にどのような状況でどのような介入が容認されるのかについての規定はなく，以下に見るように列強の考え方にも相違があり，会議外交で合意形成が図られることになった．

　トロッパウ会議（1820 年）とライバッハ会議（1821 年）では，イタリア半島南部のナポリ王国（両シチリア王国）で起きた立憲主義運動が議題にのぼる．ウィーン最終議定書によって，ナポリ王国はオーストリアの勢力圏に組み込まれた一方，ナポレオンによって即位したミュラは退位させられ，代わってブルボン朝のフェルディナンド 4 世（のちのフェルディナンド 1 世）をナポリ国王として戴冠させた．即位に際して，オーストリアの承認なしでナポリ王国の政治体制を変更しないという密約が交わされた．当時のナポリ王国では，中産階級を中心に立憲主義運動が芽生えており，それを主導したカルボナリは 1812 年にスペインで採択された自由主義的な憲法の導入をフェルディナンド国王に要求した．国王は，密約に反して一旦これを承認した．フェルディナンドの譲歩に対して，密約の違反とオーストリアの影響力の低下を懸念した宰相メッテルニヒは，革命勢力の制圧と革命国の非合法化を謳った議定書の採択をトロッパウ会議に提案した．英外相カスルリーは，列強の利益を害する革命を鎮める介入は支持するが，無差別的な鎮圧には反対の意を表明した（Hertslet 1875, 664）．ロシアは，絶対王政の維持を主張して介入に同意するが，同盟としての共同行動を強調してオーストリア単独での介入に水を差した．

　絶対王政の正統性根拠は，王権神授説という思想だけではなく，

第 2 章　1815 年体制のガバナンス　　45

1815年体制を構築する動機となった18世紀の戦乱やナポレオン戦争という脅威にもあった．とくに，こうした戦争に脆弱だった欧州大陸国家は，膨大な軍隊を抱えることによって，外敵の侵略から領域と人民を守るという意味での正統性を打ち立てようとした．対照的に，イギリスは，ドーバー海峡によって大陸から遮断されているため侵略に対する脆弱性が低いうえ，17世紀の市民革命を経て立憲君主政を樹立していたことから欧州各地に生じる立憲主義革命に同情的であった．

　ロシアのアレクサンドル1世は，外交官カポディストリアス（1776～1831年）を通じて次の3原則からなる行動の体系をライバッハ会議に提出した．3原則とは，①革命によって混乱した国家は同盟から排除される，②革命国家が他国の脅威となるならば，介入によってその病魔から同盟を，またヨーロッパもその感染から保護しなければならない，③反革命的な介入は既存の条約と国境を遵守しなければならない，というものであった．これによってロシアは，同盟は3原則にしたがって結束して脅威となる革命の排除を目的に介入を行うべきで，オーストリアに原則に従って行動するよう求めた．ロシアの要請に対して，メッテルニヒは，革命の脅威を受けた国家として単独で介入することを望み，ゲンツに命じて作成させた保証協定（Act of Guarantee）を通達というかたちで提示した（Jarrett 2013, 252-54）．このトロッパウ通達は，同盟の結束や義務に言及せず，介入の対象として，不当な革命および正当ではあるが外国の権利を侵害している革命をあげた．これによってメッテルニヒは，革命の被害国としての介入の権利を主張してロシアの留保を遮り，イギリスの名誉革命は介入の対象とならないがフランス革命は対象となりうるとしてイギリスの反対を遮ることによって，単独介入の決議に成功した．提案が採択されると，メッテルニヒはオーストリア軍を派遣し，ナポリ王国の絶対王政を回復した．

また，ヴェローナ会議（1822 年）では，スペイン革命が議題としてあがった．スペインでは，ブルボン朝の絶対王政に反対し，1812 年のカディス憲法の復権を目指したリエゴ大佐らが革命を起こし，国王フェルナンド 7 世の譲歩によって自由主義政府の樹立に成功した．同じブルボン朝を復活させたフランスは，フェルナンドの譲歩を批判したが，穏健派首相リシュリューの下で介入には消極的だった．超王党派（ウルトラ）のヴィレールが首相に就任すると，スペイン絶対王政の危機およびそのフランスへの波及を憂慮してスペイン国境付近に派兵して圧力をかけるが，多大な戦費がかかるなどという理由から直接介入には消極的であった．そのうえ，国際協調派の外相モンモランシーも，絶対王政保護を主張する反面，同盟の支持なしの介入に同意しなかった．

ロシアは介入に賛成するが，ふたたび神聖同盟の結束と「行動の体系」を掲げて，その巨大な軍隊の一部をフランスの援軍として，オーストリア領土を横切って派兵することを提案する．派兵の裏には，フランスの介入は失敗し，ロシアに援軍の要請が舞い込み，影響力を拡大する好機が訪れるという憶測があった．イギリスは従来の不介入原則を貫く一方で，フランスがスペイン介入に成功した場合，隣国ポルトガルやスペイン支配下の植民地に関与する懸念も抱いていた．

同盟がことごとく分裂するなかで，メッテルニヒは，フランスという同盟の当初の敵国による単独介入を容認するのか，ロシアの援軍を容認するのか，それともイギリスの不介入主義に同調するのかという難問に直面して，スペインの王党派が自力で復権することにわずかな望みをかけていた．ところが，新政府の影響力が拡大するなかで同盟の支援が期待できないと感じたフェルナンドがフランスの応援を要請するようになり，フランスの介入はもはや止めようがない状況となったため，同盟の条約該当事由（casus foederis）[1] を

第 2 章　1815 年体制のガバナンス　47

定義し，フランスの介入を同事由で規定することで同盟の体裁を保った（Jarrett 2013, 330-31）．王政復活の要請を新政府が拒否したことにより，ルイ18世はモンモランシーを解任して急進王党派のシャトーブリアンを外相に任命し，アンリ4世の家系の維持を宣言して単独介入を命じた．

　武力介入には一貫して消極的だったイギリスは，ベルギーの独立問題（1830年）に対しては外交介入の主導権をとる．フランスで生じた七月革命の影響で，南ネーデルラントのカトリック教徒（新生ベルギー）がオラニエ゠ナッサウ家絶対王政体制のオランダ王国から独立を宣言し，立憲主義国家の建設を目指して議会を設置した．これにオランダが反対したことから事態は紛糾し，イギリス外相アバディーンがベルギーの処遇を議題とした国際会議をロンドンで開催することを提案した．このイギリスの主導権はこれまでの会合がオーストリア主導で決められ，会議もオーストリア領域内かその近辺で開催されていた慣例からすると極めて異例であった．

　ロンドン会議では，王政の維持という考えからロシア，オーストリア，プロイセンはオランダを支持しつつ，誕生したベルギーに王政の樹立を求め，イギリスもこれに同調した．ナポリ王国とスペインの事例からするとイギリスの王政支持は意外であるが，ベルギー分離により弱体化したオランダがフランスの脅威にさらされ，さらにまた，フランス代表タレーランがベルギーの仏語圏ワロン地域をベルギーから分離させ，フランスが併合する提案をしたことから，フランスに対する勢力均衡の北部拠点としてのベルギーの強化がイギリス外交の主目的となった（Jarrett 2013, 349-51）．政権交代後に外相に就任したパーマストンが王政と永世中立を条件にしたベルギーの独立と，フランスの併合を退けた内容の条約を提案し，他の列

1）　条約該当事由は，①フランスに対する武力行使，②フランス王政に対する妨害，③スペイン王政の転覆または国王の殺害であった．

強の了承を得た．ところが，オランダがこれを拒否してベルギーに
派兵したため混乱は続いたが，イギリスが海軍を派遣してオランダ
軍を撤退させ，再度，ベルギーの独立を確認した．ベルギーの永世
中立は1914年にドイツが侵攻するまでの約80年間遵守された．こ
の大国間調整は，ベルギーを対仏勢力均衡の緩衝地帯としたい防衛
目的のイギリス現実主義外交の所産であった（Rendall 2006）．

　会議外交は，基本的にはヨーロッパの紛争管理手続きであったが，
実質的には絶対王政と勢力均衡の維持に適した保守主義の国際秩序
を維持しようとする列強の思惑と戦略で実施された．上記の会議外
交の3事例では，トロッパウ通達，条約該当事由，永世中立などと
いう具体的なルールが介入を形成したように見受けられるかもしれ
ないが，実態としては，それらのルールは大国間調整を通じて介入
の正統性を確保する意味で事後的に策定されたのであって，ルール
が介入の判断基準となったわけではなかった．さらに，介入を主導
する国家の選定は，ウィーン最終議定書と関連する勢力均衡概念で
公式・非公式に定められた勢力圏や王朝の絆が基準となった（第6
章参照）．同様の大国政治が次の事例でも観察できる．

（3）自由航行とプロイセン

　ライン川の船舶航行の自由を確立することを目的として設置され
た中央委員会は，歴史上，最初の国際機関であった．同委員会の設
置は，国家の主権を制限して，国際ルールとそれを管理する国際機
関をもとにした国際関係の運営に向けた重要な変化を意味すると思
われるかもしれない．しかし，内実はそうではなかった．

　設立当初，中央委員会は，年1回の定例会議が開催されるだけで，
オランダとプロイセンの対立と他の小国の主張が原因で十分な権限
を与えられず，関税や規制の調整をうまく行うことができなかった．
プロイセンは，ルールとラインラントの両地方を獲得してライン川

第2章　1815年体制のガバナンス　49

中流域で影響力をもつようになり，1828 年にはヘッセン大公国と関税同盟（北ドイツ関税同盟）を結んで二国間の自由貿易を進め，1834 年に南部・中部を統合してドイツ関税同盟の盟主となった．フランスも共和制時代から自由化に積極的だったが，敗戦国として発言力を失っていた．一方，ライン川の河口流域にあるオランダ王国やナッサウ公国は，関税収入を重要な財源とし，中央委員会の関税引き下げ要請に対して主権をたてに拒否した．また，オランダの主要都市アムステルダムやロッテルダムのギルド商人たちも交易の独占権を維持するためにオランダ王国の保護貿易を支持した．

　クレマンによると，こうした対立のなかで関税調整を開始する合意が得られたのは，オランダがベルギーの分離独立によって凋落し，プロイセンがヘッセン大公国と関税同盟を構築して強大となったことが契機だった（Klemann 2013）．1831 年にプロイセンはマインツ合意を成立させ，重要案件以外の決定事項には多数決制を採用することを決めて小国の影響力の縮小に成功する．さらに 1843 年，ケルン・アントワープ間に鉄道が敷設されると，航路の重要性が低下したため，沿岸諸国は関税や規制を縮小して海上交通の魅力を回復せざるをえなくなった．言い換えると，航行の自由は，国際機関にもとづいた超国家主義の所産ではなく，プロイセンが政治力を発揮して他の関係国と行った国家間調整によって確保できたのであった．

（4）奴隷貿易禁止とイギリス

　保守主義の 1815 年体制のなかに，奴隷貿易の禁止という人権保護の理想に接近する協定があったことは注目に値する．奴隷貿易の禁止はウィーン最終議定書に実施や遵守の手続きが含まれていなかったが，イギリスがオランダ，スペイン，ポルトガルとの間で，赤道以北の奴隷貿易を禁止し，イギリス海軍による船荷の検査を盛り込んだ二国間協定を締結して実効性を高めた．これは紳士協定がふ

つうという時代にとって異例であるだけでなく，とりわけ船舶検査という手続きは，主権の侵害およびイギリス海軍力の誇示と諸外国は受け止めた．そのなかでもスペインとポルトガルは，同協定に同意する代わりにイギリスから金銭を要求した．イギリス政府は，海軍艦船の約6分の1をパトロールと船荷検査に充て，調停所をシエラレオネ，リオデジャネイロ，キューバ，スリナムに設置した．このような経緯で合意された奴隷貿易禁止条項は，各国の違反行為が多発するなかで，当時，世界最強のイギリス海軍による船荷検査と財政支援によって実施された．1817年から1871年までに600以上の案件をさばき，約8万人の奴隷を解放したとされる（Martinez 2008, 553）．なぜイギリスはここまでして奴隷貿易禁止に固執したのか．

イギリスでは，18世紀後半からクエーカー教徒の運動やジョン・S.ミルらの啓蒙思想を契機に国内世論が奴隷廃止に傾斜し，サマーセット対スチュウァート事件（1772年）では，奴隷制は自然法に反するとして廃止を命ずる高等裁判所の審判が下され，1806年，英議会は奴隷貿易廃止法を制定した．これらの国内の圧力からイギリス政府は奴隷貿易廃止に向けて外交のかじを切る．マルティネスによると，イギリス政府には，卓越した海軍力を顕示しつつ，人道主義を外交の前面に出して，近代国家としての道義的なリーダーシップを築く意図があった（Martinez 2008, 580-90）．ナポレオン戦争を遂行する際にも，奴隷貿易廃止を戦争の正当性事由として訴えたところにイギリス外交の両義性は表れていた．19世紀初頭という時代を勘案すると，1815年体制の奴隷貿易の禁止は人権擁護という理想に近づく画期的な国際合意であったことは間違いない．その原動力となったイギリス外交は，海軍力と覇権的野望というリアリズムの下で主導権を発揮した．

3 大国間調整のガバナンス

　1815 年体制は，18 世紀の戦乱，フランス革命，ナポレオン戦争を教訓とし，サンピエールの平和計画を参照しながら，勢力均衡と国際法によって恒久的な平和と安定を樹立することを目的とするものであった．本章では，同体制の特徴的な制度である，①会議外交，②ライン川自由航行，③奴隷貿易禁止を検証した．それぞれの制度が一定の実効性を発揮できた背景には，制度に利益を見出し，その利益の獲得を目的に，制度の運用に対してパワーを行使して貢献した大国の姿があった．会議外交で合意された介入は被介入地域を勢力圏としていた大国——船舶自由航行権はプロイセン，奴隷貿易禁止はイギリス——によって確保された．それぞれの制度は，ウィーン最終議定書で定められていたが，列強がその運用に利益とパワーを吹き込まない限り実効性を発揮することはなかった．1815 年体制を「条約や外交によってつながれた法的な共同体」とするカルテンボーンの言説に反して，実際は，制度が国々の行動を律したというよりも，大国間の駆け引きの結果が一定の制度となって表面化したといった方が正しい．その背景には，1815 年体制が緩やかに制度化されたもので，介入の条件・手続き，ライン川航行中央委員会の権限と参加国の義務，奴隷貿易禁止の義務と手続きなどに関して詳細な取極を包含していなかった事実がある．一般的には，不確かな制度の解釈や履行にはパワーの任意性が入り込む余地があることが知られている．こうした一般論に符合するように，以下のメッテルニヒの言辞どおり事が進められたのである．

　　パリ条約を締結した列強が会議に込められた意味を解し，定められた目標の達成に適した枠組みを決める．列強が欧州全体の公

共善のために決定権を行使するのである（Langhorne 1981-82, 80-81）.

　その一方で，1815 年体制は，絶対王政を勢力均衡と介入で維持しようとする保守主義と，自由航行権と奴隷貿易禁止という自由主義とを混在させた二面性をも包含した[2]. 近代化するヨーロッパで，絶対王政に正統性を見出す保守主義の国際秩序は，パワーでのみ存続可能であった. ロックが予言したように，やがて絶対王政の任意性を否定し，君主の行動を規制しつつ人民の権利を保障しようとする立憲主義の趨勢が強くなると，絶対王政の正統性は失われる. その結果，1815 年体制の矛盾は露呈し，同体制は内側から瓦解することになる.

---

[2]　シュローダーとアイケンベリー は，1815 年体制の安定を勢力均衡でなく，イギリスとロシアの自制に見出している（Schroeder 1994; アイケンベリー 2003）. これに対して本章は，伝統的な勢力均衡論（Gulick 1955; キッシンジャー 1976）に依拠して，勢力均衡の安定要素として大国間調整を位置づける. 詳細は第 6 章を参照.

第 2 章　1815 年体制のガバナンス　　53

第3章 1919年体制のガバナンス

　本章では1919年体制に焦点を当てる．同体制の出発点は，法の支配と民主主義という理想にあるとしばしば論じられるが，実際には戦勝国の思惑によってそのガバナンス体系は政治化されていく．同体制には国際連盟という国家連合が構築され，その組織として総会，理事会，国際機関なども設置され，さらに総会と理事会の議決，集団安全保障と紛争解決，委任統治，少数民族と難民の保護などに関わる詳細な手続きや権限も制度化される．これは，会議外交，自由航行権，奴隷貿易禁止を定めたものの具体的な手続きや権限を備えた国際機関を構築しなかった1815年体制と対照的である．ところが，1919年体制は，その黎明期には比較的うまく機能するものの，制度に胚胎された特殊利益と政治の反作用によって，信頼の失墜と機能不全を招くことになる．

1　1919年体制とは何か

　第一次世界大戦という，空前の規模と破壊力の大戦争の勃発によって，抑制と均衡に依存した19世紀の勢力均衡外交の秩序には限界があるとする見解が説得力を有するようになった．アメリカやイギリスを始めとした連合国は，勢力均衡外交に代わる新しい秩序を模索し始めるが，そこで主導的役割を演じたのが米ウィルソン大統領（1856〜1924年）であった．ウィルソン大統領の考えは十四カ条の平和原則としてまとめられ，大戦終結後の1918年の米連邦議会で公表された．その第1条で「開かれた形で到達した開かれた平和の盟約」と謳い，第14条で「大国にも小国にも等しく，政治的

独立と領土保全の相互保証を与えることを目的とする具体的な盟約の下に，諸国の全般的な連携が結成されなければならない」として，主権平等原則にもとづいた諸国平和連合の構築を要請した．ウィルソンは，サンピエールやカントのように，戦争は人間の闘争本能に由来するのではなく，「世界の平和を乱すために締結される密約」に代表される勢力均衡のような競争を組織化した国際体制から発生すると考え，共通平和の達成には諸国間の開かれた「盟約」という国際法によって「征服と強大化」を排除することが不可欠であると言明した．また，十四カ条には後文として次のように付言されている．

　　それ［明確な原則］は，すべての国民と民族に対する正義であり，そして強い弱いにかかわらず，互いに自由と安全の平等な条件の下に生きる権利である．この原則が土台となっていない限り，国際正義という建造物は，どの部分もしっかり立つことはできない．

　明らかに，十四カ条の原則は，1815年体制に代表される従前の近代ヨーロッパ秩序の原則であった大国主義や勢力均衡を否定しつつ，平和，自由と安全の権利，国際正義をひとつの紐帯で結び付けるウィルソンの理想を提起するものであった．一方で，十四カ条は条約のように拘束力のあるものでなく，曖昧な表現も多く包含していたことから，これをもとにした国際連盟規約の締結に向けた国際交渉は，関係国の政治的な思惑で迷走することになった．

　1939年には第二次世界大戦がヨーロッパで勃発し，国際連盟は戦争の防止という根本的目的を達成できず，20年足らずで挫折した．その原因はさまざまなかたちで論じられている．なかでも，アメリカとロシアという主要国が国際連盟に加盟しなかったため連盟の信頼性が低下したこと，世界恐慌や好戦的な国家の出現という不

第3章　1919年体制のガバナンス　　55

測の出来事が複合的に発生したこと，連盟規約と戦争講和のヴェルサイユ条約の間に大きな齟齬があり，後者の懲罰的な処遇がドイツの連盟への加盟を遅らせ，同国の反国際主義を惹起したこと，イギリスとフランスという連盟理事国が十分な協調関係になかったことなど，連盟規約の外に挫折の原因を求める説明が多い．これと対照的に，連盟規約に関わる政治交渉とその帰結に焦点を当てた以下の説明もあり，本章の考察を形作る命題となる．

　歴史家カー（1892～1982 年）は，2 つの世界大戦の合間に著した『危機の 20 年』（1939 年）のなかで，パワー・ポリティックスのひとつである国家間関係を法と民主主義で矯正しようとする理想主義の空しい試みとして国際連盟を根本的なところから批判した．カーは，国家間関係には宿命的にパワーと道義が存在するという二元論を掲げ，国家間に自然調和が存在することを前提としてパワーの普遍的な役割を無視してしまえば，連盟規約が目指す平和的改革は危険な欠陥におちいると警告した．さらに，「国際連盟が抱える諸問題に関連して，加盟国が形式上平等であり，すべての国が議論に参加するからといって，権力の要素が決定的な意味をもたなくなったというわけではない」と念を押す．これらの規約の概念的錯誤の結果として，戦間期の 20 年間に及ぶ危機で世界は「現実をあまり考慮しなかったユートピアから，ユートピアのあらゆる要素を厳しく排除したリアリティへと急降下」することになる（カー 2011）．また，国際政治学者ワイトも，国際連盟規約は抽象的な法や民主主義を過信し，本質的に生存を賭した国際政治に，価値の実現を目的とした国内政治に適用される国内類推を確立しようとする誤謬を犯したと連盟規約を批判した（Wight 1966）．

　フランスの国際法学者セレ（1878～1961 年）によると，国際連盟は諸国家の連邦（federation）であり，ガバナンスは連邦に参加する国々の社会的連帯の表象である．したがって，社会的連帯の程

度によりガバナンスの有効性は左右され，進化もすれば退化もする．国際法は，連邦という普遍的共同体を律するものであり，つねに国内法に優越する．しかし，国際法は三権を兼備していないことから，実効性を確保するには連邦の参加国が自国の法的機能によってその欠損を補てんしなければならない．そのため，参加国は，国内統治と国際ガバナンスという二重の機能（dédoublement fonctionnel）を担うことになる．ところが，連盟加盟国は，相互の社会的連帯が弱く，主権という反律法主義の原則を連盟規約に明記したため，連盟は，二重の機能という責任を加盟国に負うように働きかける権能を失った．その結果として，国際法の退化と連盟の挫折を招いた[1]．

　上記のように，連盟規約を過度の理想主義の所産とするカーの見方や機能の二重性の欠損を指摘するセレの見方と対照的に，常設国際司法裁判所（PCIJ）裁判長ヒューバー（1874～1960年）は，連盟規約は，その交渉過程で諸国が政治的妥協を繰り返して作り上げたため，契約でも憲法でもなく，むしろ「実践的政治の法典」（codification of practical politics）となったと述べる（Zimmern 1936, 284）．また，連盟規約の法制史を検証した国際法学者ケネディも，大戦という政治から法への移行，そして政治への回帰を看取した（Kennedy 1987, 870）．

　国際連盟に関する解釈は多様であるが，以下では本書のテーマに則し，ヒューバーとケネディの所論に依拠しながら，国際連盟の実態が政治に帰着した原因と過程について検証する．とくに，連盟の重要課題であった紛争解決，貿易，委任統治，少数民族保護，難民救援に焦点を当てて，政治化されたガバナンスの態様について検証する．

---

1) セレの所説に関する記述は Thierry（1990）を参照にした．

2 理想への接近と外交

(1) ガバナンスの法とルール

　国際連盟の当初の狙いは，国際関係を大戦というカオスから秩序へ転換させ，さらに秩序から法と民主主義への転換を促して平和を実現することであった．20世紀の最も偉大な国際法学者のひとりとして知られるローターパクト（1897～1960年）は，国際連盟をサンピエールやカントらが提唱した平和連合の実現と位置づけながら，規約と両立しない国際約定（条約）を否定し，その法的優位性を確立したものとして規約第20条を指摘しつつ，連盟規約を国際社会の本質的な憲章であると言明する（Lauterpacht 1970）．連盟規約の前文にその理想が次のように記されている．

　　締約国は戦争に訴えざるの義務を受諾し，各国間における公明正大なる関係を規律し，各国政府間の行為を律する現実の基準として国際法の原則を確立し，組織ある人民の相互の交渉において正義を保持し且つ厳に一切の条約上の義務を尊重し，以って国際協力を促進し，且つ各国間の平和安寧を完成せんがため，ここに国際聯盟規約を協定す．

　この前文には，不戦の誓い，正義の達成，平和と国際協力の実現を目指す理想が明示的に窺える．ただし，規約はすべての戦争を不道徳なものとして禁止したのではなく，連盟の紛争解決手続きを経ずに一方的な軍事行動をとることを禁じたに過ぎない．具体的に規約は，仲裁裁判または司法的解決（第13条），理事会による紛争審査（第15条）を手続きとして用意し，仲裁裁判に従わず戦争を開始した場合（第12条1項），判決を遵守する国家に戦争を仕掛けた場

58　　第1部　グローバル・ガバナンスの理論と歴史

合（第13条4項），連盟理事会の勧告が全会一致の評決を得られた場合（第15条6項），第16条で規定された経済制裁あるいは武力制裁が適用される．これらの条項の狙いは，戦争に法的制限をかけることによって，武力行使が野放しになっていた戦前の状況を改革するところにあった．

　上記の武力制裁が，連盟規約の究極的な平和維持の取極の集団安全保障の一部である．集団安全保障は，サンピエールの平和計画で平和維持の手段と位置づけられ，1815年体制でもアレクサンドル皇帝によって提案されたものである．さらに，ローターパクトによれば，集団安全保障こそが，国際連盟を単なる外交の調整機関に終わらせず，国家間関係に法の支配を樹立させる要諦であった[2]．集団安全保障という概念は，1930年代に使われるようになったもので，規約交渉時の1910年代後半には存在しなかったが，規約第16条には「第12条，第13条又は第15条による約束を無視して戦争に訴えたる聯盟国は，当然他の総ての聯盟国に対し戦争行為を為したるものと看過す」とあり，第10条にも「聯盟国は，聯盟各国の領土保全及び現在の政治的独立を尊重し，且つ外部の侵略に対し之を擁護することを約す．右侵略の場合又はその脅威若しくは危険ある場合においては，聯盟理事会は，本条の義務を履行すべき手段を具申すべし」とある．両条項は，明らかに，現代でいう集団安全保障に相当する内容を盛り込んでいる．

　ところが，集団安全保障は少なくとも3つの理由で実施が困難になった．第1に，規約は内政不干渉原則を前提とし，これが集団安全保障の障害となる．法実証主義者のオッペンハイム（1858～1919

　2）　ローターパクトは，国際連盟が満州事変に対して集団安全保障を適用できなかった事実に関して，加盟国は連盟規約に則り総意で日本の行動を戦争行為と見なさなかったと論じ，規約解釈の恣意性と相対性を強調して，連盟規約自体の無謬性を論じた（Lauterpacht 1934, 43）．

第3章　1919年体制のガバナンス　　59

年）によると，連盟理事会が当該国家の武力攻撃を不当と判断して，他の加盟国に武力制裁を命じて戦争の国際化を宣言することは，加盟国の主権と独立に矛盾する（Oppenheim 1919, 20, 74-80）．加盟国が当該戦争から被害を受けていない状況において，武力制裁に参加させられるならば，加盟国の兵士が戦場に駆り出され，国民が戦争の被害を受けることになる．このことを勘案すると，連盟理事会は軽々に武力制裁の決定を下すことはできない．

第2に，連盟の意思決定機関である理事会と総会の議決には，主権平等を尊重した全会一致原則が導入されており（第5条），一国たりとも制裁に反対すれば，集団安全保障は発動できなくなる．また，第10条に「手段を具申」とあり，武力制裁という指定はないうえ，具申にどの程度の拘束力があるのかも判然としない．

第3に，国際連盟の集団安全保障は，規約発効時からすでに信頼に足らないものとなっていた．その原因は，連盟交渉を主導した英米の国内政治にあった[3]．アメリカ国内では，規約交渉期間中，法の支配と武力制裁の必要性を強調する法尊重主義派と，民主主義と政治的紛争解決を主張するウィルソン派の間で熾烈な理念対立が発生していた．さらに，ウィルソン民主党政権と野党共和党が多数議席を牛耳る連邦議会上院との間でも党派闘争が惹起し，国際協調の足を引っ張った．上院の共和党議員は，国際連盟の設立という全体構想に否定的でなかったが，アメリカの連邦憲法と外交路線であるモンロー主義に固執し，議会に帰する戦争大権の喪失と欧州戦争に巻き込まれる事態を招く集団安全保障が義務として規約に盛り込まれる限り，規約の批准を認めないという方針を打ち出した．ウィル

---

3)　集団安全保障の形骸化を米英の国内政治に帰着させた本文の説明と対照的に，ヒンズリーは，米英両政権は経済制裁や世論が戦争の抑止力として働き，武力制裁に訴える必要はないというリベラリズムの信念を共有していたと論じる（ヒンズリー 2015, 481）．

60　　第1部　グローバル・ガバナンスの理論と歴史

ソン派は，議会共和党に対して，連盟の武力制裁への参加は法的義務でなく道義的責任であり，加盟国に裁量が与えられていることを指摘して連盟規約の批准を促す一方，たとえ強力な国際司法がなくても，政治的寛容や平和的紛争解決によって，国家間に協調と平和を樹立することは可能であると考えていた．この観点に立ったウィルソン派は，法尊重主義派ほど，司法的紛争解決と武力制裁の必要性を強く感じていなかった．

　ウィルソン派，法尊重主義派のどちらもヨーロッパの勢力均衡政治を批判し，アメリカが新たな国際秩序の構築に主導的役割を担うべきであるという国際主義の立場において一致し，モンロー主義に囚われた反国際派の議員と対立した．一方で，法尊重主義派には，セオドア・ルーズヴェルト元大統領，平和強制連盟（LEP）の代表タフト元大統領，ルート元国務長官などの共和党の重鎮が含まれていたにもかかわらず，規約批准に向けてウィルソン派と連携できなかった．その理由は，司法的紛争解決の不徹底さ（第13・15条）と武力制裁の不透明性（第10・16条）に法尊重主義派が難色を示していたところにあった．法尊重主義派が強硬姿勢を強めるなかで，ウィルソン派は上院の批准を勝ち取るまでの譲歩に踏み切れなかった．こうした三者間の調整失敗と積年の党派的対立から批准は見送られることになった．

　同様に，イギリスのロイド・ジョージ自由党政権も国内合意形成に苦心する．同政権は，米ウィルソン民主党単独政権と違い，自由，労働，保守3党からなる戦時挙国一致内閣であったため，閣内で各党の異なる外交方針の狭間でのかじ取りを余儀なくされた．首相ロイド・ジョージ（1863-1945年）は，集団安全保障と対米協調を主張する枢密顧問官フィリモア卿や外務省政務次官セシルに囲まれながら，主権と伝統的イギリス外交を重視するチェンバレン，バルフォア，チャーチルという保守党重鎮との連携を図った．保守派は，

イギリスの安全保障を念頭に欧州大陸での防衛義務の忌避を最善策と考えており，首相がかれらの支援を勝ち取るには，集団安全保障を中心とした連盟規約の弱体化が必要だった（Wertheim 2012, 221-23）．このようなロイド・ジョージ政権の国内対立をみすえた二段構えの交渉姿勢は，ウィルソン政権のそれに似ていた．皮肉にも，第10条の曖昧化で規約の柔軟性が確保されたことが，イギリスの連盟参加を可能にした（Wertheim 2012, 230）[4]．

　国内の反対から集団安全保障を規約から実質的に排除したい英米両政権は，フランス政府が提案した集団安全保障の実施手続きに強く反対した．フランス案は，①国際司法を尊重する加盟国の義務，②加盟国の軍隊を指揮する国際統合本部の設置，③別途開設されるPCIJの判決に違反した国に対する制裁，④加盟条件としての民主化などを要請した．同案を提示した代表ブルジョア（1851〜1925年）は，法は中立・不偏的であるべきと信じるとともに，法は感情を抑え，平和に不可欠な信頼や思慮を醸成すると考えていた．英米の反対によって却下されたフランス案の一部は，理事会の決議に応じた各加盟国の軍事力供与に関する協力（制裁を定めた第16条に「聯盟の約束擁護のため協力する聯盟国軍隊の版図内通過に付き必要なる処置を執るべきことを約す」），PCIJの設置を謳った規約第14条として残るに止まった．これに落胆したブルジョアは，国際連盟の弱体化を危惧し，「連盟が加盟国保護の義務を怠り，連盟規約から義務という理念が消え失せたことにより，加盟国はそれぞれ既存の同盟を継続したり，新たに編成したりすることに専念することになるだろう」と言明し，政治が自己保存に奔走する様相を予測した（Kennedy 1987, 932）．パワー・ポリティックスの再来に危機感

4）　初代国際連盟事務総長ドラモンドは，連盟規約の義務は軽いことをロイド・ジョージ内閣の外相バルフォアに送った書簡に示したとされる（Hudson 1980, 44）．

を覚えたブルジョアと同様に，イギリス外交官ニコルソン（1886～1968 年）は，国際軍創設の失敗をあげて，集団安全保障に十分なパワーと利益を糾合できなかった国際連盟は信頼性を失ったと指弾した（Kennedy 1987, 934）．事実，国々は「自衛」と「国益」を楯に，軍備増強や拡張政策に手を染めていくことになる．

(2) 貿易と委任統治

　集団安全保障に続き，自由で開放的な国際経済も政治が障害となって実現を阻まれた．ベンサムやリカードが論じたように，植民地主義と閉鎖的貿易体制は，比較優位の原則に反し，国々の一般利益に結びつかず，国家間紛争の火種となる．ウィルソン大統領の十四カ条の平和原則の第 3 条でも「和平に同意し，その維持に参加するすべての諸国間における，すべての経済障壁の可能な限りの除去と貿易条件の平等性の確立」と謳われた．それにもかかわらず，規約第 23 条（ホ）で「聯盟国の通商に対する公平なる待遇」という，市場開放や貿易自由化を明示しない曖昧な条項が定められるに止まった．貿易・金融政策は，主権に関わる事柄という観点から加盟国に対する詳細な義務規定は敬遠され，国際連盟の組織として設置された経済金融機関（EFO）も，経済統計の収集・分析という技術的な役割しか与えられなかった．

　これらの不備が原因のひとつとなって，第一次世界大戦後の世界的景気停滞に悩む欧米諸国は，国内産業を保護する思惑で関税引き上げと通貨切り下げを実施して，世界経済を混乱させることになる．大恐慌が発生する以前，すでにイギリスで産業保護法（1921 年），アメリカでもフォード─・マッカンバー関税法（1922 年）という関税引き上げ法が実施された．さらに，1929 年に生じた証券市場の大暴落を契機にアメリカ連邦議会が採択したスムート・ホーリー関税法（1930 年）を皮切りに，関税引き上げ競争が国家間で一

気に熾烈化し，世界経済は急激に縮小した．シャットスナイダーによれば，保護貿易の蔓延は，特殊利益に縛られた議会の少数支配にその原因があった（Schattschneider 1935）．ベンサムが平和創造の原点とし，世論を取りまとめるはずの民主主義の議会が，ベンサムの期待に反して，世界経済を混乱させた保護貿易の根源となったわけである．

連盟加盟国は，自由貿易を互いに約束できない閉塞的な状況において，植民地との独占的交易権を手放すことも拒んだ．言い換えると，大量の植民地を抱えていたヨーロッパ諸国は植民地との優先的交易権を既得権として維持するため，それを反故にする強力な市場開放・自由貿易ルールの制定に消極的であり，同時にアメリカも局地的了解という条項（第21条）を規約に入れ，モンロー主義の下で米州での経済的権益に固執した．同様に，日本も朝鮮半島や満州との独占的交易権を主張するようになる．さらに悪いことには，戦勝国は，大戦中，秘密協定を結んで敗戦国の植民地を分割し，自らの植民地として統治しようと画策していた．これに対してウィルソン大統領は，植民地の収奪合戦の帰結は新たな戦争であるとして反対したが，交渉はまとまらず，植民地分割が終了した後に，委任統治（第22条）というかたちで合意が成立した．

スマッツ将軍によって提案された同制度は，形式上，新たな植民地化を防止する一方，分割を正当化するため，「委任の性質については，人民発達の程度，領土の地理的地位，経済状態その他類似の事情に従い差異を設」けて，「未だ自立し得ざる人民の……福祉及び発達を計る」ために「その人民に対する後見の任務」を先進国が連盟に代わり行うとするものであった．ただし，委任統治の対象は，敗戦国ドイツとオスマン帝国の旧植民地に限られ，理事会に設置される委任統治委員会の管理の下で，統治を任された受任国が委任統治を行うことになった．それら地域も3分類され，旧オスマン帝国

の領域（A）に対して受任国は独立を念頭に置いた助言・支援をし，中央アフリカ（B）はその施政を受任国の責任とし，奴隷貿易と軍事拠点化の禁止と貿易の機会均等を義務づけ，西南アフリカと南太平洋諸島（C）は受任国領土の構成部分として施政を行う地域と定められ，上記のような規定はなく徴兵も許された．戦勝国が戦争原因であった植民地主義を撤廃する意思をもたず，委任統治をその隠れ蓑として利用しようとした背景には，国内の特殊利益とそれに付随する政治があったことはいうまでもない．

（3）少数民族保護と難民救援

　政治は，連盟規約の他の条項にも影響を及ぼした．第1に，最終的な規約から，国際協調を阻害する人権条項はできる限り排除された．具体的には，日本が提出した人種差別禁止提案，イタリアが提出した食糧・所得再分配案などは内政干渉や議会の反対という理由から退けられ，英米のハースト・ミラー案をもとに国際連盟規約は作成された．その背景には，ウィルソン大統領が議会の反発を買って批准が困難になることを憂慮して反対し，他の欧米諸国にも白人優先の移民管理を維持したいという思惑があった（Steiner 2007, 44-45）．その結果として，同規約は戦争防止と平和創造の枠組みを提示しただけにとどまり，退けた案に込められていた実質的な人権保護の内容を伴わないものとなった（Kennedy 1987, 921-22; Zimmern 1936, 243）．

　第2に，1919年パリ会議においてすでにウィルソン大統領自身も，民族自決を法的な義務でなく，原則という非拘束的な目標に置き換え，民族自決と主権との間で政治的調整を図るという方向に自身の立場を修正していた．もし拘束的な義務とすれば，保護の義務を主張する少数民族と，主権を主張する国家の間に重大な対立が発生する可能性があるため，原則化によって対立の深刻化を回避する

第3章　1919年体制のガバナンス　　65

ことが賢明と再考したとされる．民族自決を原則としたことから，少数民族保護は，その代替となる実践的な国際人権政策として規約に盛り込まれることになった（第23条（ロ））．規約前文で謳われた正義を保持するという観点から，ヴェルサイユ条約の関連規定を参照して，連盟が新生国と二国間条約を締結し，連盟の新生国委員会で同問題を取り扱うことが決まった．連盟は，ポーランド（1919年），セルビア人・クロアチア人・スロヴェニア人王国（1919年），チェコスロヴァキア（1919年），ルーマニア（1919年），ギリシア（1920年）などの24の新生国と個別の二国間条約を結んで，国内の少数民族から権利侵害の申出があった場合，連盟理事会の委員会で審査し，違反が認められれば当該政府と改善へ向けての協議を行い，協議が不調に終われば，PCIJから仲裁を受けるという経路を整備した．保護の内容は，個別条約で特定されていたが，一般的に国籍の取得保障，法の下での平等，職業・教育などにおける機会均等，民族・宗教・言語上の差別の禁止などを含んでいた．

「新生国」に限定した理由は，多数の少数民族を抱え込んで独立を果たした新生国が新たな紛争の火種となるとするフランス首相クレマンソー（1841～1929年）らの判断にあった．安全と平和を使命とした国際連盟は少数民族保護の責任を「保証」と定義して対象国政府の負担を軽減することを狙ったが，ポーランドなどの新生国政府は，内政不干渉原則に抵触する手続きと見なして不満を露わにした．しかし，どのようなまことしやかな理由をあげ，どのような保証を与えようとも，新生国に限定した制度は，戦勝国の身勝手な政治判断という印象を拭い去れなかった．免除された戦勝国フランスやイタリアにしても，ヴェルサイユ条約で併合が決まったアルザス・ロレーヌ地域や南チロル地域に多数のドイツ人が居住しており，新生国だけに限定する合理性はどこにもなかった．さらに，「理事会の審査」や「当該政府との協議」にしても，大国をメンバーとす

る理事会の政治判断に左右されやすい手続きであったため，対象国政府の不満は解消されることはなかった．また，少数民族の側からしても，理事会は全会一致方式を採用しているため，一理事国が友好国政府の違反に対して甘い態度をとった場合や，当該国政府が国内社会の安定のための同化政策の必要性を訴えた場合など，申請は却下されてしまうという懸念があった．さらに，審査や協議の内容が提訴側に公表されないという欠陥もあった．その後の改革で公表されることとなったが，むしろ手続きの政治化を助長してしまい，締約国の反発を招くこととなった．ポーランド政府は，1934年，内政不干渉原則を掲げて条約の無効を宣言し，1935年，制度全体も崩壊した．その後，ナチス・ドイツによるユダヤ人に対するジェノサイド（集団殺害）のほか，トルコのクルド族，ユーゴスラヴィアのアルバニア人やアルメニア人に対する大規模人権侵害が発生することになる．

　こうした少数民族保護の不備に関連したもうひとつの争点が難民問題であった．人権侵害から逃避する人々，戦後の領土変更によって新たに組み入れられた国家の迫害などによって移動を強いられる人々など，難民の原因はさまざまである．古くは，17世紀のフランスでルイ14世がナントの勅令を廃止して新教を禁じたフォンテーヌブローの勅令を発布したことにより，ユグノーが難民化し，イングランドやスイスなどへの逃避を強いられた歴史が知られている．本書で言及のある思想家や学者のなかにも，現代でいう政治亡命を経験し，偉大な業績を上げたロック，グロチウス，ホッブズなどの例がある．近代となって国民国家の登場にともない，国籍という制度が確立したことによって，難民問題は一層表面化するようになった．国民アイデンティティが人々の意識に入り込むようになったことで，同じアイデンティティを共有しない外国人や他の民族集団を排斥して難民化させる傾向が強まった．近代化の過程で，国民アイ

第3章　1919年体制のガバナンス　　67

デンティティは国民国家の一体化を図って，その繁栄を助長した反面，国民と外国人の差別化も進めた．そのため，外国人である難民の受け入れに関しても，道義というよりも政治の判断が介在するようになった．

連盟規約が発効して間もなく，戦争と革命で混乱したロシアから脱出した約50万人が東欧諸国をさまよった．国際連盟理事会は，1921年，規約第25条に機関間協力の定めがある国際赤十字の要請によって，ロシア難民を救援する目的で弁務官事務所を設置し，初代委員長にノルウェーの探検家であり人道主義者でもあったナンセン（1861〜1930年）を任命した．ナンセンは，東欧諸国政府との交渉や無国籍者の渡航を保障するナンセン・パスポートの発行などを手がけ，多数の捕虜の帰還や難民の第三国定住に尽力した．そのなかには，作曲家ストラヴィンスキー，画家シャガール，写真家キャパの名があった．1931年，国際連盟は，急死したナンセンの名を冠した恒久的なナンセン国際難民事務所を設置し，1938年，ドイツ難民弁務官事務所と統合して国際連盟難民高等弁務官事務所に拡充した．同事務所は，アルメニア難民のシリアとレバノンでの定住やザール難民のパラグアイでの定住という，帰還ができない状況での第三国定住を実現させた．

ナチス・ドイツの迫害と殺戮から逃れてきたユダヤ人に関しては，世界恐慌で困窮する近隣諸国は社会的混乱をもたらす脅威と感じて救援を拒んだ．安全な行き場を失ったユダヤ人の多くは帰還を余儀なくされ，ホロコーストの悲劇に遭遇した．その背景には，連盟が難民の資格審査に民族を特定した基準を採用しており，基準にないユダヤ人に対しては対応が曖昧となったという事情があった[5]．さ

5）　1938年，ルーズヴェルト大統領の呼び掛けで，ユダヤ人難民救援を目的とした国際会議がフランスで開催されたが，30万を超える難民申請に対して2万7000程度の受け入れ枠しか確保できなかった．

らに，強制送還の禁止という概念は当時すでに存在していたが，それを連盟加盟国の義務とする条約が作成されることはなかった．こうした問題点は，1945年体制への重要な教訓として受け継がれていく．

3　政治取引と国際機関

　本章では，法の支配と民主主義という理想から出発した1919年体制であったが，国際連盟規約の交渉過程で国々の思惑によって大きく歪められたところを見た．その具体的な結果は，英米の国内政治に翻弄された集団安全保障と紛争解決の手続き，民族自決を原則としたことでカンフル剤として導入された少数民族保護とその不十分な監視手続き，普遍性に欠け，強制送還を許した難民救援，戦勝国の植民地主義の維持を正当化した委任統治などであった．以上の点を勘案すると，カーやニコルソンが批判の標的としていた国際連盟の諸制度を法至上主義とすることは筋違いであることが分かる．これは，1919年体制で法の支配を期待していた法尊重主義派をひどく落胆させた．かれらの視点からすれば，リアリストが国際連盟に対して行った批判は，法の支配というより，むしろ法の支配の瓦解および政治への迎合という意味でなされるべきであると映る．

　1919年体制は不完全なガバナンスであった一方で，将来に引き継がれるポジティブな側面も認められる．国際連盟規約は，協調の必然性や原則の厳格な遵守を想定せず，利益の相互依存，拘束的なルールや非拘束的ルールの選択的構築など様々な創造的方途を通じて，ガバナンスを柔軟に実施できる制度的工夫も凝らした．すなわち，主権を相対化して権利と義務に分化しつつ，できる限り国際協調を樹立しようとした部分もあった．その具体的な制度のひとつが政治的紛争解決手続きである．もうひとつが，国際連盟の行政機関

としての難民弁務官事務所や EFO などの設置である．これらの国際機関は限定された任務の実施を託されるが，それを徐々に拡大していき，主権国家体系において新たなアクターとして国際問題の解決に向けて一定の貢献を果たすようになる．たとえば，経済統計の収集・分析という技術的な役割に限られていた EFO は，大恐慌を契機に専門家を採用して組織と役割の拡大を図り，政策という政治性の高い領域にも関心を広げるようになった（Clavin and Wessels 2005）．世界的不況が長引くなかで連盟加盟国間の政策調整の必要性が高まるにつれ，EFO の行政官が総会や理事会の委員会にアドバイスを求められて出席するようになり，EFO の政策提言が米英仏の 3 カ国金融安定化合意（1936 年）の下地となった．その後，合意はオランダ，ベルギー，スイスの参加も得て，為替の安定に一定の効果を発揮した．しかし，合意は各国政府に国内経済を浮揚させる政策裁量も認めていたため，安定化効果は一時的なものにとどまり世界経済を回復させるには不十分であった．1940 年，EFO は国家に振り回されたという教訓をもとに政治からの独立性を高めるようになるが，時すでに第二次世界大戦がヨーロッパで勃発しており，その教訓が国際通貨体制に生かされるのは，それらの機関を引き継いだ戦後のブレトンウッズ体制となった．本書の第 2 部では，政治的紛争解決を 1919 年体制の制度イノベーションに値するものとして分析し（第 7 章），国際機関に関しては 1945 年体制の文脈で分析する（第 8 章）．

　ただし，実証論だけでは，両体制の出発点であった理想および理想を実現できなかった失敗の経緯と原因に対して適切に向き合うことはできない．グローバル・ガバナンスに込められた理想を軽視し，現実の説明や解釈を目的とした実証分析に専念することも，将来的な理想の実現という課題にとっては空しい学問的な作業である．関連して，1919 年体制に批判的であったカーは，同体制で試みられ

た平和的変革は，正義についての共通感覚という理想主義の考えと，変転する力の均衡への機械的な適応というリアリストの考えとの間の妥協によってはじめて達成されると論じて，同体制に込められた理想に一定の評価を与えている．カーによれば，平和の樹立という理想主義の道義目的は，国際関係を分析しようとする実証理論に先行し，理論の方向性を規定しなければならないうえ，健全な理論はユートピアとリアリティとの両方を包含しているものでなければならない．それによって，科学は願望に彩られた初期の段階から冷厳非情な分析の段階へ移行していく．こうしたカーの教訓と第二次世界大戦という凄惨な戦争被害によって，次なる1945年体制では理想の実現に一歩近づくことが期待される．

第4章 1945年体制のガバナンス

　本章では，1945年体制において，平和と安全，経済社会，人権などのさまざまな国際問題の管理に向けて柔軟なガバナンスが国際制度と国際行政を主軸として行われるところを見る．その背景には，大国間対立だけでなく，先進国と途上国の対立によって，国際問題は法的にも政治的にも解決することが難しくなったことがある．安全保障の領域では，本来，中心的責任を果たすはずの国際連合安全保障理事会（安保理）が大国間政治の迷走により機能不全に陥るが，加盟国は自衛と地域取極によって安全を確保するかたわら，総会や事務総長が補完的な役割を果たして国連平和維持活動（PKO）という制度を創設し，国家建設などの体制移行過程で多発した地域紛争の管理が行われる．また，人権や経済の領域では，国際連盟から継承された国際行政機関が強化され，条約管理の任務に携わる一方，加盟国は，国際機関の支援，柔軟な国際ルール，脱国家的プロセスによってルールに即して行動するようになる．したがって，法と政治が行き詰まるなかで1945年体制は，国際制度と国際行政による柔軟なガバナンスを実施していく．

1 1945年体制とは何か

　またしても大戦争（第二次世界大戦）を防止できなかった反省から世界は動く．その動きを主導したフランクリン・ルーズヴェルト米大統領（1882〜1945年）は，1941年1月の一般教書演説で，「表現の自由，信仰の自由，欠乏からの自由，恐怖からの自由」という「四つの自由」を普遍的価値として，戦後に到来する新たな世界を

築くべきであると言明した．同年 8 月，ルーズヴェルト大統領は
「永劫の平和には国際機関の設置が不可欠」であるとして，連合国
イギリスのチャーチル首相（1874〜1965 年）とカナダ沖の大西洋
上の艦船で会談し，戦後の秩序形成の主軸となる国際機関の設置を
要請した大西洋憲章を発布した．その後，米英両首脳が連合国ソ
ヴィエト連邦のスターリン書記長（1878〜1953 年）を加え，大西洋
憲章にもとづきダンバートン・オークス会議，ヤルタ会議で構想の
具体化を議論し，太平洋戦争の終結後，サンフランシスコ会議にお
いて他の四十数カ国と国連憲章を締結するに至った．同憲章は，枢
軸国という共通の敵を前提とし，集団安全保障を国際連盟規約から
踏襲しつつ，連盟規約で実現できなかった植民地主義の廃止，貿易
の自由化，人権の保護を目指し，それらの約束事の履行を支援する
国際機関の設置を盛り込んだ．かくして 1945 年体制は，1919 年体
制に比較してより一層強力に調和，法の支配，人権という普遍的価
値の実現を目指すものとなった．

　しかし，国連憲章の作成と実施の過程では理想の実現に対して少
なくとも 3 つの障害が発生していた．第一は，従前と同様の大国間
のパワー闘争の再発であった．こうしたパワー闘争は国際関係にほ
ぼ不可避なものであるが，それまで見られなかったイデオロギー対
立という第 2 の障害が加わった[1]．このイデオロギー対立とは，私
有財産権を認める資本主義と，国家による集団所有体制を主張する
共産主義の間での，そして政党間競争を重視する民主主義と共産党
の支配からなる一党独裁主義の間での対立である．また，戦争と平
和についても双方は異なる立場をとる．資本主義と民主主義を尊重

---

1)　冷戦には大国間のパワー闘争とイデオロギー対立の両側面が内包されてい
　たが，本書では 2 つを区別して扱う．1991 年，ソ連の瓦解で冷戦が終結し，
　イデオロギー対立が終焉した反面，大国間のパワー闘争は米ロ中の間で再燃
　していくように，両者は質的に異なる．

第 4 章　1945 年体制のガバナンス　　73

する西側欧米諸国は，戦争の原因を，少数エリートが権力を独占する権威主義と政府の市場介入を容認する保護主義や重商主義に見出し，平和への方途として民主主義と市場経済の導入を主張する．それと対照的に，ソ連をリーダーとした東側諸国は，戦争の原因を，国際資本主義体制に内在する階級闘争に見出し，世界的な共産主義革命を平和への方途と考えたため，両者は真っ向から対立し，東西両陣営は約半世紀にわたる冷戦に突入する．第3に，1945年体制には，従前の欧米中心の体制に比べて，政治経済，宗教，言語，文化においてより一層多様な国々が参加することになった．国連憲章の下で，旧植民地において新たに独立を果たす国が多数登場し，それぞれ独特の政治経済体制を樹立して統治を行っていく．その一方，これら南の新生独立国の多くは，低開発や貧困に悩まされ，富や資源の分配に関して所得の高い北の欧米諸国と対立する．

　以上，大国間パワー闘争，イデオロギー対立，南北対立という難問を抱えながら1945年体制の国際ガバナンスが展開されることになる．同体制は，3つの障害を管理しながら，大戦争，経済紛争，人権蹂躙の防止に資する制度群を擁して半世紀近くにわたって維持される．それでは，1945年体制はなぜ，どのように安定的ガバナンスを展開できたのだろうか．

2　理想への接近と外交

（1）ガバナンスの法とルール
　理想を謳った国連憲章前文は次のように書かれている．

　われら連合国の人民は，われらの一生のうちに二度まで言語に絶する悲哀を人類に与えた戦争の惨害から将来の世代を救い，基本的人権と人間の尊厳及び価値と男女及び大小各国の同権とに関す

る信念をあらためて確認し，正義と条約その他の国際法の源泉か
ら生ずる義務の尊重とを維持することができる条件を確立し，一
層大きな自由の中で社会的進歩と生活水準の向上とを促進するこ
と並びに，このために，寛容を実行し，且つ，善良な隣人として
互いに平和に生活し，国際の平和及び安全を維持するためにわれ
らの力を合わせ，共同の利益の場合を除く外は武力を用いないこ
とを原則の受諾と方法の設定によって確保し，すべての人民の経
済的及び社会的発達を促進するために国際機構を用いることを決
意して，これらの目的を達成するために，われらの努力を結集す
ることに決定した．

前文に関連して，第6章では，紛争の平和的解決のための交渉，
審査，仲介，調停，仲裁裁判，司法的解決，地域的機関又は地域的
取極の利用，その他の当事者が選ぶ平和的手段（第33条）を定め，
第7章では，平和に対する脅威に対処する措置すなわち平和執行
（第41条・経済制裁，第42条・軍事措置）の決定任務の安保理への付
託，安保理が軍事措置を決議した場合，加盟国は兵力の拠出および
領土の通過権の供与を約束し（第43条），常任理事国が軍事参謀委
員会を設置し，兵力の分担・指揮命令にあたる（第46・47条）とし
ている．

国連では，国際の平和と安全に関する権限を安保理に集中させた
うえで，安保理のなかでも5つの常任理事国中心の体制を導入した．
これは，権限を理事会と総会に分散させ，議決に全会一致原則を採
用した国際連盟と決定的に異なる．さらに，第27条第2・3項で，
「手続事項に関する安全保障理事会の決定は，9理事国の賛成投票
によって行われる」「その他のすべての事項に関する安全保障理事
会の決定は，常任理事国の同意投票を含む9理事国の賛成投票によ
って行われる」として，手続き事項とその他の事項を選別する権限

第4章　1945年体制のガバナンス　75

および後者に関わる拒否権を常任理事国に付与した．交渉中，米英ソは，戦争防止における大国の責任と役割を重視し，拒否権が適用される重要事項は五大国が決め，拒否権なしで国連は存在しないことを確認した．安保理の決議は，拘束力をもって紛争解決の内容を決定できる．さらに，第24条第1項は，「国際連合の迅速且つ有効な行動を確保するために，国際連合加盟国は，国際の平和及び安全の維持に関する主要な責任を安全保障理事会に負わせるものとし，且つ，安全保障理事会がこの責任に基く義務を果すに当って加盟国に代って行動することに同意する」とし，第37条第1項で，「同条［第33条］に示す手段によってこの紛争を解決することができなかったときは，これを安全保障理事会に付託しなければならない」と謳う．これらの約束によって加盟国は，少なくとも法的には戦争と平和に関わる裁量を放棄し，安保理に移譲したことになる．

　ただし，国連憲章は，紛争の平和的解決や平和執行を定めながらも，「安全保障理事会が国際の平和及び安全の維持に必要な措置をとるまでの間」，加盟国の権利としての個別的自衛権と集団的自衛権を行使することを認め（第51条），集団的自衛権の行使を目的とする同盟を合法化する地域的取極（第52条）を盛り込んでいる．後述するように，これらの条項は，安保理が機能不全に陥って集団安全保障が実施できない状況において，加盟国の安全を確保する自衛と同盟という方途を正当化することになる．これが本書でいうところの国連憲章の第1のバックアップ機能である．

　また，第11条第1項で，「総会は，国際の平和及び安全の維持についての協力に関する一般原則を，軍備縮少及び軍備規制を律する原則も含めて，審議し，並びにこのような原則について加盟国若しくは安全保障理事会又はこの両者に対して勧告をすることができる」として，総会の決議を非拘束的にしつつ，第12条第1項で「安全保障理事会がこの憲章によって与えられた任務をいずれかの

紛争又は事態について遂行している間は，総会は，安全保障理事会が要請しない限り，この紛争又は事態について，いかなる勧告もしてはならない」として，安保理の優先権を認めている．ただし，前述の第11条第1項にあるように，安保理や加盟国に勧告する権利を総会に認め，それを根拠に「平和のための結集」（総会決議第377号）を取りまとめて，本来，安保理が専門領域とすべき安全保障問題に関する総会の補助的役割を容認している．これが国連憲章の第2のバックアップ機能である．

　総会独自の権限として，第13条第1項bには「経済的，社会的，文化的，教育的及び保健的分野において国際協力を促進すること並びに人種，性，言語又は宗教による差別なくすべての者のために人権及び基本的自由を実現するように援助すること」とあり，大国の関心が比較的薄く，参加が増加している途上国の関心が高い社会，経済，信託統治の問題に関する総会の管轄権を認めている．国際連盟の委任統治と違い，国連の信託統治は「信託統治地域の住民の政治的，経済的，社会的及び教育的進歩を促進すること．各地域及びその人民の特殊事情並びに関係人民が自由に表明する願望に適合するように，且つ，各信託統治協定の条項が規定するところに従って，自治又は独立に向っての住民の漸進的発達を促進すること」（第76条b）として，戦勝国と敗戦国の植民地を区別することなく自治または独立を目的に支援することを約束している．

　憲章は，総会に管轄領域の補助機関を設置する権利を与え（第22条），具体的には，信託統治委員会，国連難民高等弁務官事務所（UNHCR），国連開発計画（UNDP），国連人権委員会（UNCHR，現・国連人権理事会）などが設置される．これらの国際機関が加盟国に提供する行政サービスが国連の正統性根拠となると同時に，南北対立の緩和に資するものとなる．また，国連事務局の最高責任者である事務総長には，「総会，安全保障理事会，経済社会理事会及

第4章　1945年体制のガバナンス　77

び信託統治理事会のすべての会議において事務総長の資格で行動し，且つ，これらの機関から委託される他の任務を遂行する」という権限が与えられている（第98条）．また，「国際の平和及び安全の維持を脅威すると認める事項について，安全保障理事会の注意を促す」という権限も与えられている（第99条）．したがって，安保理や総会での合意形成が困難な状態においても，委託さえあれば，事務総長が任務の遂行にあたることができる．

　さらに，経済的および社会的国際協力を定めた第9章と経済社会理事会の設置と任務・権限を定めた第10章には次の内容がある．まず，国連は，「人民の同権及び自決の原則の尊重に基礎をおく諸国間の平和的且つ友好的関係に必要な安定及び福祉の条件を創造するために」，生活水準の向上，完全雇用，経済的および社会的進歩，経済・社会・保健的国際問題の解決，文化・教育的国際協力，人権および基本的自由の尊重を促進しなければならない（第55条）とある．その中心的な役割を担う経済社会理事会は，関連事項に関して，政府間協定で設置された専門機関と連携するだけでなく（第57, 63条），民間団体との協議を行うために，国連加盟国と協議した後に国内団体との間に取極を行うことができるとある（第71条）．すなわち，社会，経済，人権，保健問題の解決や文化・教育協力の促進において，本来，加盟国が主権平等と内政不干渉の原則の下で中心的に行動するのであるが，国連経済社会理事会，専門機関，民間団体，国内団体の間の連携体制，いわゆる脱国家的プロセス（transnational processes）によって支援することを可能にする．これが国連憲章の第3のバックアップ機能である．

　以上，国連憲章には3つのバックアップ機能が盛り込まれていることを確認した．1945年体制では，それらの機能を選択的かつ柔軟に適用して，新たな多元的ガバナンスの方途を創造していく．次項以下では，3つのバックアップ機能によって創造されたガバナン

スの態様を，平和と安全，人権，経済の領域において概観する．

(2) 二極勢力均衡と冷戦

ルーズヴェルトは，大統領就任前からウィルソン元大統領の平和構想を支持していたが，理事会と総会が同等の決定権を有していたことが国際連盟の混乱につながったと認識し，同様の事態を回避すべく大国の信託と道義的責任にもとづいた国際機関の設置を主張した．これがアメリカ，イギリス，ソ連，中国からなる「四人の警察官」構想であり，連合国のモスクワ外相会議（1943年10月）で国際連盟に代わる安全保障機構の設置を謳った四大国宣言として公式に表明された．その後，国際機関構想は連合国の国際会議を通じて具体化されていく．ダンバートン・オークス会議（1944年8〜10月）でルーズヴェルト大統領は，国務省次官ウェレスに作成させた次の草案を提示した．国際機関のなかに安全保障問題を専門にする理事会を設置し，常任理事国として四大国および非常任理事国として7つの地域代表国をあて，同理事会の議決は少なくとも3つの常任理事国と6つの非常任理事国の賛成票を必要とする．また，安全保障以外の経済社会問題を議題とする総会も国連全加盟国の参加によって設置する．この提案に対して，世界に数少ない共産主義国として孤立を恐れていたスターリンが拒否権なしでの国連参加を否定したうえ，ソ連の構成共和国に国連加盟権を与えるように要請した．また，条約批准にその同意が必要な米連邦議会上院も拒否権なしでのアメリカの国連参加を否定した．これらの国内外の要請によって，ルーズヴェルト大統領はヤルタ会談（1945年2月）でスターリンと秘密合意を交わし，常任理事国の拒否権を容認した[2]

  2）ヤルタ会談での密約の一部に，日本降伏後の千島列島と樺太のソ連への譲
    渡があったとされる．ルーズヴェルトが対日戦にソ連の参戦を必要としてい
    たため，その見返りであったという．

以上のように拒否権は，国連憲章をまとめる際の大国間調整のカギであったことに疑いはないが，憲章発効後は，国連が目指す集団安全保障を軸とした平和共同体の理想を希薄化させることになった．世界が冷戦に突入すると，国連の集団安全保障は，拒否権の発動が障害となって，ほとんど実行されることはなかった[3]．ところが，安保理に拒否権という制度的不備があったにもかかわらず，現在まで1945年体制の基本構造は存続し，地域紛争は発生したが，世界規模の戦争は勃発していない．この1945年体制の帰結は，歴史家ギャディス（2002）によって「長い平和」と形容されている．したがって，関心は，国連の集団安全保障の不備にもかかわらず，どのように大戦争が防止されたのかという謎に寄せられる．その謎を解くカギとなるのが，加盟国の個別的または集団的自衛権を認めた憲章第51条という第1のバックアップ機能である．直感的には，国々が個別的または集団的自衛権を行使すると，一方の安全強化策が競合相手の不安を煽るという安全保障のジレンマによって紛争が激化することが予想されるが，予想に反して平和と安定が確保された．それはどのように可能だったのだろうか．

　最も有力な考え方が，二極勢力均衡安定論である．同論は，ウォルツ（2010）が提示したネオリアリズム（neorealism）の主要命題である．この考え方では，大戦後の世界を特徴づける冷戦と二極体系という国際構造のなかで，国々は，国家の権利として認められた自衛権とそれに関連した地域取極すなわち同盟を国家安全保障政策の根幹に据え，以下で述べるメカニズムによって大戦争の防止に寄与したと解される．とりわけ二極体系での勢力均衡と核抑止が何よりも大事な安定のメカニズムであり，アメリカとソ連の軍事力がほ

3）　例外として，ソ連代表が安保理を欠席したなかで合意された，北朝鮮の侵攻に対する武力制裁決議（安保理決議第82号）と，湾岸戦争へと至る対イラク武力行使容認決議（安保理決議678号）がある．

80　　第1部　グローバル・ガバナンスの理論と歴史

ぼ拮抗し，核抑止が相互に働いていた状況で地域紛争を大戦争に発展しないように制御することが可能であった．ただし一方では，冷戦期の二極勢力均衡体系の安定は，勢力均衡がうまく作用するには，1815年体制のように，数個の主要国が互いのパワーを牽制・拮抗し合う多極体系が必要であるとするモーゲンソーの伝統的なリアリズムと矛盾する．ニクソン政権の大統領補佐官・国務長官キッシンジャー（1976）も，多極勢力均衡こそが大国間にパワーの平衡状態と安定を形成して諸大国の独立を保証しつつ，秩序形成に不可欠な正統性規範を醸成することによって大国の拡大行動を物理的・道義的に抑制すると考えた．こうした見方に反して，冷戦期では多極体系に代わって二極体系が40年余りにわたって定着し，二極体系における長い平和という安定状態が伝統的リアリズムに相反するかたちで発生した．

　ウォルツによれば，諸大国の勢力均衡の管理能力はパワー配分に応じて変化し，二極体系で最も高くなる．パワーが支配する国家間関係では，自国の相対的パワーが生存のカギを握るため，自己保存を求める諸国家は，敵対する国家のパワーを勘案して自国の行動を決定する．たとえば，自国のパワーを超える強力な敵国が現れた場合，国家は内的成長（経済発展や軍備拡大）と対外的な同盟編成という2つの手段のうち，どちらか片方または両方を選択して対処することになる．内的成長を遂げるにはたいてい長時間を要するため，もし敵国の内的成長が自国のそれを上回っているならば，国家は同盟を通じて短期間に自国のパワーを強化しなければならない．国家は同盟を組織することによって盟邦のパワーを自国に加えると同時に，その盟邦を敵国から遠ざり敵側のパワーを減じることによって均衡化を図る．たとえ対外政策目的が勢力均衡でなく，敵対する国家よりも卓越したパワーの追求であっても，劣位に陥ることを恐れる敵対国は，超過パワーの相殺を企図するため，結果的に，両国間

ではパワーの平衡状態が達成されることになる.

　ただし，自己保存を行動原理とする国々が多極体系で安定した勢力均衡を形成することは難しい．なぜならば，大国から脅威を受けている小国のために，その友好国が自国の安全を犠牲にして大国に対抗するとは考えにくいからである．このような裏切りというフリーライド問題が表面化するならば，勢力均衡はうまく機能しない．これは，第二次世界大戦前，ドイツの勢力拡大から恐怖を感じていたフランスに対して，イギリスが支援を見合わせたことが，さらなるドイツの勢力拡大を促し，勢力均衡を破綻させたことにも表れている．さらに 1815 年体制でも，ロシアの勢力拡大に抗するオスマン帝国に対して，ロシアとの対決を恐れるイギリスとフランスが事前に十分な支持を表明せず，ロシアの強硬姿勢を許容してしまったのも，多極体系のフリーライド問題のひとつであった．キッシンジャーをはじめ多極勢力均衡論者は，勢力均衡の正統性規範を指摘し，主要国に同規範に従うことの重要性を説いた．この説明には，多極勢力均衡の正統性によってウォルツが懸念するフリーライド問題を棚上げにするという個別合理性に反する論点が隠され，そのため，2 つの歴史事例が示すように，多極勢力均衡の安定性が過大評価されることになった．

　このようなフリーライド問題は，冷戦期のような二極体系というパワー集中度が比較的に高い状況で縮小する．理由は次のようである．二極体系で国々は 2 つの連合を構築し，そのどちらかに加わる．各連合の盟主である超大国は，体系秩序の維持を通じて影響力と威信を確保できる半面，抑制と均衡の責任を他の中小国に転嫁できない立場にある．仮にもし転嫁してしまえば，超大国の影響力と威信は低下し，他の中小国は連合から離脱することを余儀なくされ，二極体系は多極体系に移行する．したがって，二極体系の存続は，両超大国が責任転嫁を自重することによってのみ可能となる．アメリ

82　第 1 部　グローバル・ガバナンスの理論と歴史

カは，北大西洋条約機構（NATO）や日米安全保障条約という西側同盟を維持するうえで，日本や西欧諸国のフリーライドを容認しつつ膨大な防衛費を拠出した．同様に，ソ連もワルシャワ条約機構に自国の多大な軍事力を供給することに加えて，東欧諸国が同機構から離脱しないような締め付け策を講じることにも余念はなかった．さらに，二極体系での均衡化政策は両超大国による軍備管理に集約されるが，冷戦期では，もっぱら超大国の核兵器の管理が最も重要な均衡化の手段であった．両国は核兵器の管理に専念し，核競争のなかにも協調が醸成された．

　以上，自己保存のみに依拠して，二極勢力均衡の安定性を論証した．自己保存を個別的・集団的自衛権として認める国連憲章の第1のバックアップ機能によって，国連の集団安全保障が機能しないなかでも，二極体系という状態で国際的安定が確保された．ただし，二極体系だけをとると，冷戦初期や18世紀のヨーロッパでは不安定であり，20世紀の米ソ二極体系が安定したのは1950年代後半になってからであったため，安定化にはさらに別の媒介要因があると推察できる．第2部第6章では，その要因について考える．

(3) 国連平和維持活動

　先述したように，1945年体制では，国連憲章で定められた集団安全保障が実施できない状態が継続するなかで，超大国間の調整が勢力均衡を通じて行われて国際の安定が確保された．その一方，大戦後，国連の信託統治下にあった旧植民地が国連の支援のもと新生独立国家として船出した．その国家建設の過程で権力闘争が激化し，武力紛争に発展した地域が多数あった．そのなかには，冷戦構造のなかで大国が関与して大国間対立の発露となった代理戦争の様相を呈したものもあった．こうした地域紛争に対しても，安保理は，冷戦に付随した拒否権問題で平和執行の役割を演じられなかった．

平和執行に代わって，地域紛争を管理する目的で国連は平和維持活動（peacekeeping operations, PKO）を行うことになる．その契機はスエズ危機（1956〜1957年）であった．スエズ危機は，イギリスとフランスがイスラエルと結託し，エジプトによるスエズ運河の国有化を阻止する目的で地中海に海軍の艦船を派遣したことに端を発した．エジプトにしてみれば，国土にありながら英仏の支配下にあったスエズ運河は，植民地主義の象徴的存在であった．危機の当初，関与を否定していたアイゼンハワー米大統領（1890〜1969年）は，スエズ危機の軍事化はエジプトをソ連に傾斜させ，中東における共産主義の拡大を誘発するとして，英仏に対して停戦を強く要請した．このようにスエズ危機は，東西冷戦と南北対立を包含した1945年体制の特徴的な国際紛争であった．アイゼンハワーの説得が功を奏し，英仏はスエズ運河の国有化を認めて海軍を撤退させた．この停戦協定を監視する目的で，当時の国連事務総長ハマーショルド（1905〜1961年）が，カナダ外相ピアソンの提案をもとに第一次国連緊急軍（UNEF I）の派遣を求めた決議（総会決議1001号）を国連総会から取り付けた．PKOは国際の平和と安全の維持という国連憲章の前文で謳われている国連の基本目的に符合するが，同憲章にPKOを規定した条項は存在しない．そこでUNEFを創設するに当たりハマーショルドは，PKOの法的根拠を「紛争の平和的解決」を定めた同憲章第6章と平和執行を定めた第7章から導出し，総会決議第377号「平和のための結集」を適用して総会の議決により実現させた．これが，冷戦によって機能不全に陥った安保理を補完する第2のバックアップ機能の効果である．

　PKOは，集団安全保障に代わる国際安全保障制度として創設され，国連の最も重要な平和支援活動のひとつにまで発展した．活動間で具体的な任務に違いがあるものの，一般的なPKOは，紛争当事国によって締結された停戦協定を前提とし，緩衝地帯に停戦監視

団または平和維持部隊を配置し，戦闘の停止および侵攻した兵力の撤退を監視・管理することによって停戦協定の遵守を確保しようとするものである．ただし，PKO は，成文化されていないうえに，内政不干渉，武力不行使などの原則に縛られるため遵守の確保は容易でない．また，PKO が紛争の根本的解決となる平和条約の締結に結びついたケースは数少なく，暫定的と規定されている PKO の多くが駐留の長期化を余儀なくされている．しかしながら，安保理が平和執行という本来の役割を演じることができない状況において，PKO は，比較的小規模の地域紛争に対する精一杯の平和維持手段であることは間違いない．

（4）人権ガバナンス

第二次世界大戦で多数の無実の市民が殺傷され，ユダヤ人に対するジェノサイドが発生したことにより，人権を擁護する気運が世界規模で高まった．国連憲章第 55 条 c 項に「人種，性，言語又は宗教による差別のないすべての者のための人権及び基本的自由の普遍的な尊重及び遵守」とあるが，その具体的内容は定められておらず，世界人権宣言に委ねられることになった．同宣言はエレノア・ルーズヴェルト米大統領夫人（1884〜1962 年），フランスの法学者カサン（1887〜1976 年）などが主導し，世界各国の宗教家，哲学者と協議のうえにまとめられ，1948 年に国連総会で採択された．その後，市民的及び政治的権利に関する国際規約（自由権規約），経済的・社会的及び文化的権利に関する国際規約（社会権規約）が制定され，それらの人権法の履行状況の確認・評価を任務とする国連人権委員会（2006 年から国連人権理事会）が経済社会理事会の機能委員会として設置された．前章で扱った 1919 年体制の民族自決と少数民族保護も，自由権規約の第 1 条と第 27 条で保障されることになった．また，さらに具体的な内容は，拷問等禁止条約，人種差

第 4 章　1945 年体制のガバナンス　　85

別撤廃条約，ジェノサイド条約など多数の人権関連条約で規定されている．

人権法の実施手続きは，条約間で差異はあるが一般的に次のようである．国家報告制度の下で，批准国は人権委員会に定期的に実施状況の報告書を提出する義務を負い，委員会は独自の調査権をもたないかわりに，提出された報告書に記された実施状況を確認・評価し，不遵守などがあれば是正のための勧告を議決する．また，人権被害を受けた個人が国内のすべての救済措置を適用したことを条件に，同委員会に救済を求める個人通報制度も用意されているが，その手続きは条約と別の選択議定書に規定されている．ただし，両制度とも違反に対する制裁措置を盛り込んでいないのに加え，批准国は，条約の部分的受容や留保を付与することも許されている．このように，人権法に強力な実施制度が付与されていない理由は，人権保障が内政に直結する問題であり，国連憲章にも第2条第7項で内政不干渉原則が掲げられているところにある．

上記のように制約された人権ガバナンスは，戦後に発生する脱植民地化と冷戦という状況で必ずしもうまく作用しなかった．南の途上国や東側共産主義国で市民的・政治的権利の侵害が多発する一方，人権を重んじる西側自由主義諸国でさえ，南アフリカ，南ローデシア，グアテマラ，チリ，パキスタン，イラク，フィリピンなどという友好国の人権侵害を黙認した．これらの新生独立国家において政争が激化するなかで右派の権威主義政権が，民族主義や共産主義を標榜する左派の反政府勢力やその支持者たちを迫害しているにもかかわらず，自由主義諸国は，西側に友好的であるという理由から経済・軍事援助を供与し，それによって政権が存続可能となっていた．権威主義政権は主権を楯に内政への干渉を拒む一方，西側自由主義諸国も人権侵害を厳しく批判して援助を停止した場合に右派政権が崩壊し，東側に親和的な左派政権が誕生することを恐れた．

1967年にひとつの転機が訪れる．南アのアパルヘイト，南ローデシアの人種差別，パレスチナの占領を念頭に，国連総会が国連人権弁務官のポストを創設する決議2333号を採択し，弁務官のリーダーシップの下で人権委員会の監視体制の強化を図った．そのうえ，委員会から独立した調査機関として，テーマ別・国別の特別手続きと作業部会を設置し，委員会に任命された特別報告者（SR）による調査・報告・勧告からなる実施手続きを制度化した．

しかし，このように制度改革によって強化された国際人権ガバナンスといえども，東西対立および南北対立を背景に十分な有効性を発揮できず，人権侵害に対して適切に対処することは容易でなかった．とりわけ南アのアパルトヘイトは1994年にようやく撤廃されることとなったが，その実現には国連や人権条約をベースとした法的手続きだけでなく，総会・安保理決議による経済制裁，国際オリンピック委員会などによるボイコット，非政府組織（NGO）による非公式の圧力，そして何よりも差別を受けた地域住民が組織した国内団体による抵抗運動が有効であった．その過程については第2部第9章で詳細に分析するが，先取りすると，国連機関，専門機関，NGOが連携し，国内団体の抵抗運動と相乗効果を発揮しながら人権侵害政権に圧力を加え，侵害行為を止めさせるという脱国家プロセスが功を奏した．こうした連携を可能にしたのが第3のバックアップ機能である．以下でも第3のバックアップ機能に依拠した難民と経済のガバナンスについて概観する．

(5) 難民ガバナンス

迫害から逃れようとする難民の救援は，ルーズヴェルト大統領の「四つの自由」のうちの「恐怖からの自由」を保障する行動である．どの地域からの難民でも，同じ資格をもった人間として同じ法の下で救援するという行為は，理想主義が掲げる法の支配と人権という

第4章　1945年体制のガバナンス　　87

普遍的価値の実現にかさなる．世界人権宣言の第14条は「すべて人は，迫害からの避難を他国に求め，かつ，これを他国で享有する権利を有する」と謳って，国境を越えて「恐怖からの自由」という普遍的な人権の保障を目指している．1949年，経済社会理事会は難民に関する条約を審議するためのアドホック委員会を設置した．委員会は同案に依拠して，難民の人権保障と難民問題解決のための国際協力を効果的に行うための条約，難民の地位に関する条約（難民条約）を起草し，国連総会に提出した．総会は加盟国だけでは不十分として非加盟国を含めた全権委員会議を招集し，審議の結果，1951年，難民条約は24カ国の賛成で採択された．一方，総会は難民に関する諸問題の解決を目的とした国連難民高等弁務官事務所（UNHCR）を専門機関として設置し，その後，総会の補助機関に変更した．難民条約は第1条で恐怖の内容を具体化しつつ，難民の定義を次のように記している．

　1951年1月1日前に生じた事件の結果として，かつ，人種，宗教，国籍若しくは特定の社会的集団の構成員であること又は政治的意見を理由に迫害を受けるおそれがあるという十分に理由のある恐怖を有するために，国籍国の外にいる者であって，その国籍国の保護を受けることができないもの又はそのような恐怖を有するためにその国籍国の保護を受けることを望まないもの及びこれらの事件の結果として常居所を有していた国の外にいる無国籍者であって，当該常居所を有していた国に帰ることができないもの又はそのような恐怖を有するために当該常居所を有していた国に帰ることを望まないもの．

　もうひとつ重要な条項に，難民の強制送還を禁止する第33条のノン・ルフールマン原則（principle of non-refoulement）がある．

88　　第1部　グローバル・ガバナンスの理論と歴史

同条は以下のように定められている.

　締約国は，難民を，いかなる方法によっても，人種，宗教，国籍若しくは特定の社会的集団の構成員であること又は政治的意見のためにその生命又は自由が脅威にさらされるおそれのある領域の国境へ追放し又は送還してはならない.

　上記のノン・ルフールマン原則は，ナチス・ドイツによって迫害され避難してきたユダヤ人に対して欧米諸国が適切に対処せず，なかには強制送還させた例もあったことから，難民救援の必須手続きとして条約に加えられた. そのほか，難民条約は，各締約国が，署名，批准又は加入の際に，(a)「欧州において生じた事件」と限定して解するか，(b)「欧州又は他の地域において生じた事件」と解するかを選択する宣言を行うことを規定している. 1951 年以前原則と地域限定原則 (a) は，難民条約が大戦の戦場となったヨーロッパで生じた難民問題の対処を目的としていたことを示している.

　1967 年に難民条約の締約国は難民議定書を採択して，1951 年以降の難民にも地域を問わず対処することを決めた. その実施機関としての UNHCR は，難民を保護し，締約国と協力しながら難民問題の解決を図ることを目的とするが，難民の認定や定住許可は，締約国の国内法とそれによって定められた手続きに準拠し，国際的な標準が定められているわけではない. また，UNHCR は締約国間での難民受け入れの配分を決める権限を与えられていないし，ましてや受け入れを拒む締約国を公表したり罰したりする権限なども与えられていない. 一方で，難民の避難や第二国定住の受け入れ国には負担が生じ，どの締約国が負担するのかという負担配分問題が表面化し，締約国にフリーライドの機会を与える. 多くの締約国がフリーライドを決めれば，難民の行き先はなくなる. しかし予想に反

して，冷戦期の難民救援はある程度うまくいった．

　冷戦期に生じた難民の多くは，東側共産主義政権による言論・信仰の自由などのはく奪から逃れようと，そうした自由が約束されている西側諸国での定住を希望した．これに対して西側諸国は，難民条約の適用と UNHCR の支援を得て難民の救援に積極的に乗り出した．たとえば，1980 年代中盤までにアメリカが庇護した難民の90% 近くが東側諸国からであった．難民救援という人権保護に関しても，敵対する共産主義政権の不当性をアピールしたいという西側諸国の思惑が背景にあったという知見は，難民ガバナンスを司る政治的上部構造の存在を示唆するものとなっている．しかしながら，難民議定書の採択以降，UNHCR はアジア，アフリカ，ラテンアメリカでの任務にも着手するようになる．こうしたヨーロッパ圏外での救援活動は，冷戦の大国間政治からの脱却と難民ガバナンスのグローバル化を意味する．

(6) 経済ガバナンス

　大西洋憲章で謳われた貿易自由化は，全体として，国々がもつ資源の効率的な利用を促して国際経済を底上げするのであるが，個別に見れば，国際競争力に欠ける特定の国内産業に利潤減，倒産，失業という弊害を及ぼす．また，国際通貨体制の安定に資するとされる固定相場制も，価格に硬直性がある状況では国々の経常収支をうまく調整できず，赤字の長期化をもたらすことがある．そのため，自由貿易と固定相場制のどちらも，さまざまな社会利益を取り込む民主主義の政治体制で維持することは容易でない．これは戦間期の関税引き上げ・通貨切り下げ競争でも例証されている．そこで，多様な国内利益に配慮しながら貿易の自由化や通貨の安定化を促して国際協調を確保する方法が必要になる．以下では，こうした取り組みが専門機関を媒介として奏功したところを垣間見る．

強力な国際法によって自由化や安定化を国々に義務づけることは，国内の利益集団の反感を買ってむしろ逆効果である．貿易や通貨に関わる利益は，競争力の高い産業と低い産業，労働者，資本家，消費者などで異なる．これを踏まえて戦後各国で普及していく民主主義体制の政権は，必然的に多数の選挙民の支持を必要とするため，たとえ国際協調に資する政策であっても支持者の利益にかなわないと判断すれば，その政策の実施に消極的になる．したがって，自由化や安定化を進めるには，国際政策協調を目標に据える一方，多様な国内利益に配慮しつつ，バランスよく政策を立案・実施しなければならない．こうした国際協調と国内調整を同時に行うことを可能にする仕組みが1945年体制の貿易・通貨制度に導入されていた．

　貿易　1945年体制が目指した貿易自由化の目標は1919年体制にも盛り込まれていたが，多国間で制度化されたのは1945年体制が初めてであった．多国間制度は，戦前のブロック経済が国際対立を助長したという認識のもとに設置され，戦後の帝国主義の解体に資するものとなった．ただし，複雑な同制度の管理には二国間協定と違い，国際機関が必要となる．そのため，国連は，1946年，自由で無差別な国際経済秩序の必要性を訴えた大西洋憲章に則って[4]，国際貿易雇用会議を設置し，貿易を管轄する機関として国際貿易機構（ITO）を国連の一機関として設立し，各国の関税障壁の削減を目指す多角的交渉を行うことを提案した．これに従って，1947年，23の連合国が多角的交渉に参加し，関税譲許表をまとめあげた．一方，国連貿易雇用会議はITO憲章を採択して各国の国内手続きに付したが，アメリカ政府が議会に提出することを断念したため，憲章発効のめどはたたなくなった．参加国は早期の実施を目指して，

---

4)　大西洋憲章の発布前，イギリス政府は，大英特恵関税を維持するため，多国間の貿易自由化に反対していたが，アメリカ政府のレンドリース法を利用した説得と圧力により譲歩した．

必要最小限の規定を ITO 憲章草案の条文から抜粋して，暫定的適用議定書として関税及び貿易に関する一般協定（GATT）を締結した[5]．ITO が立ち上がらない状況で，GATT がそのまま適用され続けることになるとともに，事実上，国際貿易を管理する専門機関となった．

GATT は，締約国の貿易政策の自由化を支援するうえで次の 3 つの基本原則を掲げた．すなわち，①他の締約国の産品を相互に等しく扱うべきとする最恵国待遇原則，②国内産品と外国産品を等しく扱うべきとする内国民待遇原則，③輸出入について数量制限を行ってはいけないとする数量制限禁止原則であった．他方，GATT は，輸入急増で国内産業が過度の圧迫を受けたり，国際収支が悪化したりした際，社会的不安を縮小するためのセーフガード（緊急輸入制限），資本や労働という生産要素の産業間移動を支援する貿易調整支援政策などを講じることを認めていた．このように社会的な安定を確保しつつ漸進的に自由化を進める概念は，「埋め込まれた自由主義」（embedded liberalism）として知られ，ケインズ経済学に立脚した 1945 年体制の経済部門の基本理念であった（Ruggie 1991）．GATT という国際貿易ガバナンスが国内利益によって支持される工夫が協定に盛り込まれたという点で，個人合理性を行動原理とするリベラリズムのガバナンス論がうまく実体化されたともいえる．ただし，この成功に関しては重要な付帯条件があり，第 2 部第 8 章で詳述する．

通貨　1945 年体制の通貨部門は多国間主義の貿易とやや異なる．ブレトンウッズ体制として知られる同体制の国際通貨ガバナンスは，アメリカの覇権体制を色濃くしたものであった．ブレトンウッズ体

---

5)　早期の実施を目指した理由として，米連邦議会が大統領に与えていた貿易協定に関する締結権が 1948 年半ばに失効することがあげられる．その後も，米議会と大統領の関係は GATT の多角的通商交渉に重要な影響を及ぼした．

制は米ドルを世界の基軸通貨とし，ドルの信用をドルと金の兌換を保証することで確保した．この金ドル本位制によってアメリカ政府は，強力な通貨発行特権を獲得した一方，その権限を利用することによって，日本や西欧諸国から商品を輸入して同盟国の戦後復興を支援しつつ，西側の安全を保障するグローバル規模の軍事外交政策の展開を図ることができた．他の主要国は，自国通貨と米ドルとの安定的交換を図る固定相場制を維持する義務を担い，そのために金融政策を平価維持に振り向けることを受け入れた半面，為替レートの安定とそれに関連する健全な金融政策の実施に専念することで，市場の信認を確保しながら高い経済成長を達成することを狙った．こうしたブレトンウッズ体制は，アイケングリーン（2010）が中心と周縁と形容したように，非対称な権利と義務をアメリカとその他の主要国の関係に構築し，両者の間に互恵性と協調を樹立するものであった．

　ただし，これら一連の権利と義務の遂行に関しては，①国々が平価を維持しているかどうかの監視，②平価維持にともなう国際収支の不均衡に対する短期資金の融資，③それでも平価維持が困難な場合の平価変更の認可などの業務が必要になる．これらの業務を公正中立に行うために，国際通貨基金（IMF）という専門機関が設置された．この点で 1945 年体制の通貨部門は貿易部門と並んで西側に限られていたものの，リベラリズムが指摘する国内の個別利益を基盤に，国際機関による調整を通じて安定と成長を維持することに成功した．

　第二次世界大戦後の国際貿易・通貨体制を支えた GATT と IMFという専門機関は，西側諸国とそれらの友好国を参加国としたことに着目し，その盟主であるアメリカの覇権によって支えられたものであると解することもできる．キンドルバーガー（1982）やギルピ

第 4 章　1945 年体制のガバナンス　93

ン（1990）によって論じられている覇権安定論によれば，国家のパワーから独立した国際制度というものは存在せず，貿易や通貨を管理する国際制度の構築・実施も，卓越した軍事力・経済力をもつ覇権国がそうした制度に覇権秩序の維持の効果を感じるからこそ可能になる．実際に，アメリカは，日本や西欧諸国が経済復興をとげて共産主義拡大の防波堤となることが自国の安全に必要であると判断し，それを実現させる国際経済体制の構築・実施に指導力を発揮することを合理的と考えた．また，日本や西欧諸国という主要国が，これらの制度を自国の安全と経済成長に資するものであると見なして受け入れたことによって，国際経済制度は定着した．留意しなければならないのは，冷戦期の国際経済制度は西側に限定されていたのに加え，その上部構造の覇権秩序でさえも国際的な二極体系における勢力均衡の論理によって支えられていた点である．覇権秩序の経済部門という位置づけにある GATT 体制とブレトンウッズ体制の内部には，多様な国内利益を調整し，国際ルールの遵守を確保する制度が内包され，その調整と遵守を支援・管理するのが国際機関の役割であった．この点に関する詳細な分析は第 8 章で行う．

3　国際制度と国際行政

　本章では，1945 年体制において，平和と安全，人権，経済などのさまざまな国際問題の解決に向けて柔軟なガバナンスが国際制度と国際行政を軸に創造・実施されたところを見た．その背景には，大国間パワー闘争，イデオロギー対立，南北対立によって，1945 年体制の本来のガバナンスの実施が難しくなるなかで，国連憲章の 3 つの障害を管理しつつ，国際問題の解決に資する制度的・行政的な対処が行われたということがある．国際制度の構築は，従前の 1919 年体制ですでに試みられたが，同体制は短命に終わったため，

その効果は十分に発現しなかった．1945年体制では，本章で指摘した3つのバックアップ機能とその持続性から多数の領域にわたって制度的効果が漸進的に表面化するようになった．

安全保障の領域では，中心的な役割を演じることを期待されていた国連安保理が大国間対立により機能不全に陥るが，加盟国は個別的・集団的自衛権によって安全を確保するかたわら，国連総会や事務総長が補完的役割を果たしてPKOという制度を創設し，国家建設などの移行過程で多発した地域紛争の管理を図った．また，人権や経済の領域では，国連機関が条約管理の任務に携わる一方，これらの機関の支援，NGOとの連携などによってルールの遵守が不完全ながら確保され，戦前・戦中のような大規模な人権侵害の発生や保護主義の応酬は避けられた．したがって，ヒューバーが国際連盟を「実践的政治の法典」としたひそみにならって1945年体制を形容するならば，それは「実践的な制度と行政の法典」となるだろう．その背景には，3つのバックアップ機能を通じて創造された新たなガバナンス体系があった．こうした実践的な制度と行政が1945年体制を従前の体制と比べ安定的で持続可能なものにした．

理想主義者は，国際ガバナンスの究極的目的は普遍的価値の実現であるべきだとする．1815年体制，1919年体制，1945年体制では，大戦争後，理想の実現を求めてガバナンスの構築が試みられたが，それに適した強力な制度が構築され得るのかどうか強い疑義があった．そもそも世界憲法が存在しないウェストファリア秩序において，国内統治と同様に，立法，司法，行政を整えることによって国際統治を実現しようとする試み，いわゆる国内類推論の実践はきわめて困難であった．この点を考慮すると，国々の行動が一定のルールに従って規律されている状態が生じるには，国々が主権を手放さないことを前提にした（世界）政府なきガバナンスにならざるを得なかった．ところが，第1部で考察してきたように，主権，政治，対立

第4章　1945年体制のガバナンス　95

という現実の障害が重要な影響を及ぼすなかでガバナンスの対象領域の拡大と制度化が徐々に進められ，紆余曲折を経て理想主義の価値が部分的にも実現されてきた．こうした過程において，理想と現実の乖離をできる限り埋める国際制度が考案・実施された．第2部では，これらの制度を詳細な分析の俎上に載せることが課題となる．

第2部　グローバル・ガバナンスと制度

　第1部では，1815年体制，1919年体制，1945年体制の構築に向けた外交交渉が普遍的価値の実現という理想から出発したにもかかわらず，主権，政治，対立という現実の諸要因によってそれらのガバナンス体系が歪められた過程をみた．理想主義者は，こうして作り出されたガバナンス体系を現実への迎合であると批判し，それは法の支配や人権保護を完備していないものであるから，新たな紛争の火種を作ることにほかならないと指弾する．しかし，現実をまったく無視して理想を実現することは不可能であるし，かえって不安や混乱をもたらす恐れもある．そのため，現実の諸要因をできる限りうまく管理しながら理想に接近する創造的な制度を構築することが，ガバナンスの実践として要請される．翻って，こうしたガバナンスを客観的に考察することを目指す学徒の観点からすると，制度を中心に分析することによってガバナンスの実態をうまく把握できるようになる．第2部では，第1章で概観した実証論を手がかりに，各歴史体制の重要な制度によって実施されたガバナンスの実相を分析する．

第5章　ガバナンスの制度と実証論

　第1部で概観したガバナンスの歴史は，制度の試行錯誤だった．第1章で言及したグロチウスの国際法学にしても，宗教的束縛から脱した中世ヨーロッパにおいて，主権を有する君主制国家が併存するなかで，非宗教的な自然法という人間の理性を汲み上げる制度によって平和と協調を樹立する方途を提示するものであった．自然法の有効性が否定されるようになった19世紀以降においても，大戦争後に新たなガバナンス体系を理想主義の下で構築しようとしたのであるが，現実の障害によって普遍的価値を実現する的確な制度を実施するには至らなかった．1815年体制では，サンピエールの平和構想を参照したものの，勢力均衡と会議外交という制度を実施することになり，1919年体制では，紛争の司法的解決を目指しながらも政治的解決を施す方向に転換し，1945年体制でも，集団安全保障をふたたび目指したにもかかわらず，米ソの二極勢力均衡で大戦争を防止しつつ，社会経済的利益を国々に供与することによって国際的安定の確保を目指した．このように，各体制で理想に接近する制度的工夫が，大国間調整，紛争の政治的解決，貿易や人権などに関するルールにあった．それらは，理想に遠く及ばないが，国家の行動を不完全ながら規律・調整している限りにおいてガバナンスであった．

　第2部では，実証論を手がかりに，特徴的な制度によって実施された各体制のガバナンスの実相を分析していく．そのプロローグとなる本章では，まず国際制度の意義および実証論が映し出す制度の要因と有効性について考える．

1 制度の意義

一般的に，制度とは，ルールや手続きの体系である．本書で着眼する国際制度は，国々の行動を規律・調整する国際的なルールや手続きの体系ということになる．基本的に，ルールには公式なものと非公式なものがある．前者は，政治的・法的な手続きを経て交渉・決定・成文化された条約，協定，議定書，決議などである．後者は，慣習，規範などの暗黙の了解である．公式なルールのなかでも，その内容によって法的拘束力のあるものとないものに分けられる．非公式なルールに法的拘束力がある場合は，国家の同意の存否に関わらず遵守が求められる規範または慣習法のことを指し，それは国際法学で強行規範（jus cogens）とよばれる．自然法の視点からは，奴隷禁止やジェノサイド禁止などは強行規範に相当すると考えられるが，現代国際法学ではその存否に関して意見が分かれている．人権保護を目的とする人道的介入は，自然法の観点からすると，強行規範の実施となりうるが，法的妥当性には異論があるうえ，主権平等，内政不干渉というウェストファリア秩序の原則と符合しない（第10章参照）．

公式，非公式のどちらにしても，ルールは行動の規律・調整という役割を果たすのであるが，その過程で2つの効果を発揮する．ひとつは，模範的な行動の型を定めてそれに従うように命令する規制効果（regulatory effect），もうひとつは，模範的な行動を正当化する主張を付与する構成効果（constitutive effect）である（Ruggie 1998, 22-25）．両効果は相互排除的でなく併存しうる．前者の規制効果をもつルールは，「行為・評価・決定の準則」，「かくすべし」という行為要求，または，当為を意味する．その一方，構成効果をもつルールは，「かくする理由がある」という理由付けを包含する．

言い換えると，構成効果は，ルールに正当性，または権能を与える
ものである．構成的なルールは行動に意味を与えることから，意味
が受け入れられることによって，構成効果を通じて行動も変化しう
る．たとえば，貿易の自由化を促進する世界貿易機関（WTO）の
ルールに対して，その締約国が，たとえ自由貿易の意義を説く比較
優位説などを十分に受容していなくとも，それを義務として受け入
れ，違反は罰せられるという恐れから関税や非関税障壁の削減・撤
廃を行えば，当該ルールは規制効果を発揮したことになる．他方，
締約国がWTOのルールを繰り返し履行することによって，当該ル
ールに正当性を与える比較優位説を受け入れ，それに合致するよう
に自国の利益および政策を変更すれば，構成効果が発揮されたこと
になる．一方または両方の効果が発揮されたとき，ルールは有効で
あるとすることができる．さらに，ルールが有効性を発揮し，関係
主体の行動に安定性や予見性が生じれば，主体間の関係にガバナン
スが形成されたと判断できる．しかしながら，行動に安定性や予見
性があって，ルールに有効性があると判断できる場合でも，どちら
の効果が働いたのか特定できない．これは，内面観察が不可能であ
ることの必然的帰結である．

2　実証論の制度

その一方で，実証論の観点から，ルールや制度の有効性を評価す
ることは論理的に可能である．第1章で整理したように，各実証論
は，人間と国家の関係，国家間関係，ガバナンスの手段について独
特の考え方を有するだけでなく，制度に関しても，その要因や有効
性および普遍的価値の実現可能性について特有の考え方をもつ．以
下では，第2〜4章の歴史的考察の結果と第2部以降の内容の紹介
を交えて，国際関係学の3つの実証理論であるリアリズム，リベラ

リズム，コンストラクティビズムの制度に関する見方を概観する．

(1) リアリズムの制度

リアリズムは，国際制度の存在を否定しないが，パワー構造に対する制度の従属性を論じる．このパワーを重視する考え方からすると，パワー構造と合致しない制度は無意味となる．制度に十分なパワーがともなっていれば，制度は受容され，有効性を発揮しうる．ところが，第1部で論じたように，国際連盟や国際連合においては，サンピエールが構想した集団安全保障の実施は困難であった．その原因は，戦争を止めさせるための集団安全保障という公式の制度に国々のパワーを糾合できないところにあった．国際連盟の創設の際には，国際軍の設置を求めたフランスの提案が欧州大陸の戦争に巻き込まれることを危惧したイギリスやアメリカによって拒否され，国連でも集団安全保障が予定されているにもかかわらず，安全保障理事会の分裂と拒否権が原因で実践されたことはほとんどなかった．このように，パワー構造に反して正義や普遍的価値の実現を主張することは現実的でなく，自滅を招くことさえあるので，自己保存を重視した合理的国政術を実施することのみを道義として大国は考え，集団安全保障に代表される理想を切り捨てた．

それと対照的に，国連憲章でも地域的取極として認められている同盟は，その権利と義務が参加国の安全保障上の利益と合致して参加国の軍事力を糾合できるならば，第三国の攻撃に対する抑止力や報復能力という有効性をもちうる．このような同盟が1815年体制を支えていた多極体系の勢力均衡や，1945年体制の二極体系の勢力均衡の基盤となっていた．また，1945年体制のブレトンウッズ体制もアメリカの経済力を反映した米ドルによって支えられていた．このように，パワー構造の付随現象（epiphenomenon）として制度が構築され，パワー構造に支えられて有効性を発揮する

(Mearsheimer 1994-95). 一般的に，パワーに従属する制度は，パワーの非対称性が大きい状況で有効性を発揮しやすくなり，国家間関係は安定化する．これは，パワー構造が国々の行動を抑制する規制効果と国々の利益や認識を規定する構成効果を醸成することを意味する．それゆえに，パワーの非対称性が最大となる大戦争の終結後，国際制度が構築され，その制度によって戦後のガバナンスが実施される．その過程で，大国が普遍的価値を含んだ制度を構築し，その制度をパワーで裏付けできる限りにおいて，制度は理想の実現に向けて作用するようになる．

(2) リベラリズムの制度

リアリズムが制度の主要因をパワー構造と考えたのと対照的に，リベラリズムは相互利益と考える．リベラリズムの制度は，主体が制度によって保障されるべきもの（たとえば国際平和や繁栄）と自己の利益との関係で，制度に従うことは結局自己の利益になるという結果主義に即しながら，自発的に制度を受容するところにその存在理由がある．人間の認識が限定的・相対的なものにとどまるならば，制度を了解する際の認識は自己の利益を目指す私的関心の影響を強く受ける．ゆえに，国々によって受け入れられた国際制度はそれらの国々の相互利益の上に成立し，制度の正統性は国々の同意によって確保される．たとえ相互利益に資する制度であっても，その受容と実施が情報の不確実性や手続きの煩雑さなどによって阻まれる場合や不意にルールに違反する行動が生じる場合がある．

第7章で指摘するように，国々が対立の解決を相互利益と見なしていても，相手が解決に真剣であるかどうか分からないという情報の不確実性があれば，当該国は協議に参加しないかもしれない．また，第8章で言及するように，国々が自由貿易を合理的な国際経済制度であると考えていても，多国間関税交渉などの煩雑な手続きや

その交渉に影響力を発揮する利益団体などが障害となって，実施が困難になることもあろう．したがって，ガバナンスを実施する手段として，情報不確実性や取引費用を削減しつつ関係国の相互利益に資する合理的な制度を整備する一方，不遵守を抑制する，規制効果をもった制度を構築することが必要となる（コヘイン 1998）．

　1945 年体制の関税及び貿易に関する一般協定（GATT）という貿易制度は，最恵国待遇・内国民待遇原則にもとづいた監視制度などによって情報不確実性や取引費用を縮小しつつ，多様な利益を取り込んで漸進的な自由化に成功した．これは，普遍的価値を包含する制度が存立しないということではない．アダム・スミスやリカードらが論じたように，人々が利潤を得たい私的利益と，開かれた市場がもたらす社会的繁栄という価値を合致させるならば，市場は価値の実現に向けて自律的に作用するようになる．また，ベンサムが論じたように，国民が戦災から免れたいという自身の利益と，民主主義がもたらす国際の平和と繁栄という理想を結びつけて行動できるならば，民主主義は理想の実現に向けて構築・実施されるようになる．

(3) コンストラクティビズムの制度

　最後に，コンストラクティビズムの考えからすると，主体が有する規範や認識に即した行動が自然な行為であり，その行動をルールとして定める制度が社会的観点から適切であると見なされて受容されることになる．こうした内容をもつ制度は，普遍的価値の実現という目的論ではなく，それを受容し，遵守することが当事者を取り巻く規範構造のなかで社会的に望ましいという義務論に立脚する．社会的規範は，基本的に，対話を通じて相互行為を可能にし，安定化させるというミニマムな基準を満たすものである．たとえば，近代国際体系に関わる主権概念は，独立した行為主体としての権能を

第5章　ガバナンスの制度と実証論　103

国家に与えた一方，人々が国民アイデンティティを抱き，国家を通じて行動することで同概念に実践的意味を付与した．こうした構成効果は，同概念の変化を促す触媒の役割を果たすこともある．

しかしながら，ウェストファリア秩序で絶対とされた主権概念は必ずしも不可侵ではなく，主要国の認識の変化によって再定義されてきた．新たな定義は，主権に対する国際介入に看取できる．介入は，1815年体制ではもっぱら絶対王政と勢力均衡の維持を目的として行われ，1945年体制では超大国の勢力圏の維持を目的に行われた．第3部第10章でみるように，冷戦後は絶対的主権概念が，人権を尊重する自由主義諸国の間で共有されつつある条件付主権概念に置換されるようになり，人権の保護責任を放棄した国家で生じる大規模人権侵害を止めさせるために国際介入は行われるようになる．国連は，冷戦期に引き続き安保理の拒否権によって公式の平和執行を実施できない場合が多いが，とりわけ，欧米諸国はコソヴォ紛争に対して安保理決議がないまま大胆な軍事介入を行った．こうした人道的介入は，1815年体制のような，大国の特殊利益の結果である可能性もあるが，主権概念の変化とともに実施された側面は否定できない．このように，国々が人権保護の重要性を認識するならば，制度を通じて人権という理想に接近することができる．

以上のように，コンストラクティビズムによれば，制度の主要因は，関係主体が間主観性を通じて定義する社会的規範にある．制度の具体的内容は，関係主体の認識や行動によって形成されると同時に，伝播，討議，説得などの過程を通じて国々の間で共有され，認識や利益をも規定するという構成効果を発揮する．共有認識は，ガバナンスの制度を形作るうえで重要であるが，時代や場所によって異なるという相対性をもつ．これは，普遍的価値，すなわち正義や社会の本来あるべき姿の完成を促すというマキシマムな水準を制度の根拠とする理想主義と対照的である．制度の内容を形作る認識が

必ず普遍的価値を包含するわけではないが，普遍的価値が主体間で共有される認識の一部となるとき，それを含んだ制度が理想の達成に向けて作用するようになる．

3　制度の多義性と包括的分析

　以上，3つの実証論をみたが，明白なことは，どれにしても理想主義者が重視する正義や普遍的価値を実現する制度を必ずしも想定するものではないということである．だからこそ，理想主義者は，ウェストファリア秩序とそれに迎合する実証論の道義性の低さを指摘し，高い道義性の達成を目的とした制度群を盛り込んだ計画を提示する．第1章で概観したように，サンピエール，ルソー，カントが提案した制度は，集団安全保障，司法的紛争解決，自由貿易，世界市民法などというものであったが，これらの制度が達成しようとする正義や普遍的価値には正当性があるため，制度を構築し，遵守するのが正義であるとする．ところが，理想論は，それらの制度をどのように構築し遵守させるのかという実践的な方途に欠けるがゆえに行き詰まる．これと対照的に，実証論は，道義的課題を抱えることもあるが，現実の障害を見据えた実践的な制度を構想し，その実相と結果を客観的に分析するところで一定の学問的あるいは政策的な役割を演じる．

　ただし，制度を形作る要因は，それを考察する観察者によって異なるかたちで理解されるところをあわせて本章で垣間見た．その要因は，リアリズムに言わせればパワー構造であり，リベラリズムに言わせれば相互利益であり，コンストラクティビズムに言わせれば共有認識である．それぞれの要因が制度を形成する基盤となり，規制効果や構成効果を発揮しつつ，主権，政治，対立という現実の影響を受けた不完全な国家の行動を規律・調整する．状況によって，

第5章　ガバナンスの制度と実証論　105

影響の大小は異なり，それに応じて制度の内容とガバナンスの態様も異なる．ただし，3つの要因は必ずしも相互排他的ではない．論理的には，パワーを拠り所とした制度を構築すれば，大国の権威や指導力が確保され，国々の間で共有された認識も包含すれば，適切性や社会性が確保され，関係国の相互利益を包含すれば，客観性や協調性が確保される．3つの要因は相互排他的でないことから，複数の要因を制度に組み込むことによって，制度はより一層有効性を高められるとも推論できる．1815年体制においては，汎ヨーロッパ主義とキリスト教主義を認識的基盤としながら，数個の列強が互いのパワーを調整してヨーロッパ協調を存立させた．また，1919年体制の主要国は，法の支配と民主主義という共有認識を強調しつつ，自国の利益を重視して委任統治や少数民族保護の制度を策定した．1945年体制でも五大国の主導権を認めながら，不完全で非対称的ではあるが，他の中小国の利益を促進する合理的な国際ルールや国際機関を設置した．

　上記のような多義的な国際制度を客観的に観察しようとする学徒には，複数の実証理論を統合して分析することで同制度を包括的に捉えることが求められる．この意味で理論間の対話は不可欠なものとなる．ただし，本章で概観したように，異なる理論は異なる概念や論理を包含しているため，理論間の対話は，通約不可能性（incommensurability）という問題によって難しいという指摘がある[1]．しかし少なくとも，現実を描出しようとする記述レベルにおいて，通約不可能性問題は克服可能である（クリプキ1985）．こうした理論複合的な分析から，国際ガバナンスの実相に相応しい包括的な考察が可能となる．

---

1)　クーン（1971）は通約不可能性問題の解決に悲観的であったが，その後の研究では解決の糸口が論じられるようになった．こうした科学哲学の論争については戸田山（2005），野家（2015）を参照するとよい．

第2部の残りの章では，各歴史的体制では従前の体制に見られなかった新たな制度が組み込まれ，ガバナンスを向上させた経緯があったことから，その制度をイノベーションと位置づけて考察を進める．それらは，①大国間調整，②紛争の政治的解決，③国際ルールの遵守手続き，④脱国家的法プロセスである．また，第6〜9章では，実証理論を手がかりに，各制度が国々の行動をどのように規律・調整し，どのような帰結をもたらしたのかについて，関連する事案を含めながら分析する．

第6章　国際介入と大国間調整

　英外相カスルリーは，1815 年体制のことを「率直かつ融和的な
外交システム」と見なし，五大国がヨーロッパの諸問題を処理する
ための「コンサート」であると考えていた（ヒンズリー 2015，316）.
一方で，オーストリアの外交官ゲンツも「複雑に取り結ばれた同盟
関係の連鎖のバランサー役を果たす「おもり原則」……が――いま
や主要列強 5 カ国の指導のもと，全ヨーロッパ諸国が連邦主義的結
束を掲げて団結する全般的国家連合原則……に受け継がれたのであ
る」と言明して，1815 年体制が五大国を中心に実施されることを
予測していた（ヒンズリー 2015，296）.

　1945 年体制に関して米大統領ルーズヴェルトは，「大国には重大
な責任があることを戦争の苦しみを通じて学んだ」[1] として，第二
次世界大戦後に構築される国際連合の最高意思決定機関にはアメリ
カ，イギリス，ソヴィエト連邦，中国が参加し，この 4 カ国が「四
人の警察官」となることを構想した. 盟友の英首相チャーチルも，
1906 年の庶民院議員時代の議会演説で「偉大さの代償は責任であ
る」「大国があるところに責任がある」と述べて，以前からルーズ
ヴェルトと同様の考えをもっていたことを明らかにしていた.

　かれらの言葉を例証するように，ナポレオン戦争でフランスの侵
攻を食い止めたのはロシア，第一次世界大戦でドイツを屈服させた
のはアメリカ，第二次世界大戦で枢軸国を敗退させたのはアメリカ
とソ連であったように，大戦争の終結には大国の役割が不可欠であ
った. こうした歴史から教訓を得た外交官や政治家は，大戦争の終

---

1)　本文の引用はルーズヴェルト大統領が死の直前に準備した演説の一部であ
　る（Fitzgerald and Packwood 2013, 28）.

結後に国際平和を実現するための国家連合を構築するという課題に際して，連合の精神とやや食い違うが，少数の大国による共同ガバナンスを企図した．

　しかし現実には，どのような国家であれパワーを追求することが常であり，パワーの規模に応じて追求の程度が決まってくる．したがって，大国であればなおさら強力なパワー追求行動に傾倒するはずである．それでは，どのようにすればそのような大国が衝突せず，平穏なガバナンスを執り行うことができるだろうか．そもそも，ガバナンスはなぜ大国中心でなくてはならないのだろうか．本章では，まず，主権平等原則に即した政府間主義に反して，大国に権限を移譲する大国主義がとられる理由について説明し，複数の大国が存在する場合の大国間調整について検証する．その後，1815 年体制，1919 年体制，1945 年体制における大国間調整について考察する．このように歴史を越えた考察によって，大国間調整の成否を左右する一般的な制度を析出することを目指す．

1　権威の構造

（1）主権平等原則と政府間主義の問題点

　大国主義と対照的に，国々の主権が平等に併存する政府間主義の国際体系では，国々はうまく協働してガバナンスをとりおこなうことができない場合がある．国際法学者スローターによれば，政府間主義とは，「国内と国際を区分する国境を頻繁に横断しながら，何らかの目的をもって行動する政府間の関係の態様」と定義される（Slaughter 2004, 14）．すなわち，国々が主体的に定めた目的に即して行動できる権威と外部に対する遮蔽性を保ちつつ，他国や国際機関にその権威を移譲しない国々の間の関係性である．この意味で政府間主義は，ウェストファリア秩序の基本原則である主権平等原則

第 6 章　国際介入と大国間調整　109

に忠実な国家間の関係性を形作る原理となる．主権国家が並列的に存在するウェストファリア秩序において，国々の認識は限定的・相対的なものにとどまり，ガバナンスに対する国々の判断は，自国の利益を目指す私的関心の影響を強く受けてしまう．個別利益の働きが強くなると，ガバナンスの予定効果を確保することは困難になる場合が少なくとも2通りある．

第1に，国々が個別利益と主権を強く意識してガバナンスに関わる状況では，以下で定義するフリーライド問題が激化して，ガバナンスは形骸化しやすくなる．そもそもガバナンスは，参加国に何らかの便益（たとえば国際の安定や繁栄）を供与するものであるが，それが集合財（あるいは公共財）の性質をもつならば，ガバナンスを構築・実施していくうで，参加国のなかにはその責任（便益の生産）を他国に押しつけ，自国は努力せず便益だけを享受するというフリーライドに傾斜する国家が現れる．対照的に，ロックが『統治二論』で述べたように，国内社会においては，自由権の保障（自然状態の回復）という集合財の供給を期待されて人々から権威を認められた政府が，非協力的な人々に対して説得または強制を行うことによってその期待に応える．すなわち，国内社会では権威を認められ，強制力をともなった政府が，フリーライド問題を解決する制度を構築するからこそ統治が可能になる．

一方，国際体系においてはすべての国々が正統と認める権威，すなわち世界政府をあらかじめ想定できないため，国際ガバナンスは常にフリーライド問題に直面する．関連して，平和を乱す国家に対して武力制裁や経済制裁を科す集団安全保障もフリーライド問題に悩まされる．なぜならば，制裁によって侵攻を食い止め平和を回復できるとしたら，その恩恵は制裁に参加した国，しなかった国を問わず，すべての国に供与される非排除性の性質をもつ集合財となるため，国家は制裁に参加しないというフリーライドの誘惑に駆られ

110　第2部　グローバル・ガバナンスと制度

るからである．1919 年体制において，国際連盟が満州事変を起こした日本やエチオピアに侵攻したイタリアに経済制裁を科すことができなかったのも，フリーライドの罠にかかったわけである．

　第 2 に，政府間主義の国際体系で供給が難しいもうひとつの財として，共通の国際標準（単一基軸通貨，商品規制など）があげられる．一定の国際標準が設定されれば，標準がもたらす統一性や透明性によって国々の政策が調整され，国際の安定や繁栄という便益をともに得ることができる．一旦設定されれば，ある一国家が単独でそれを拒否することは，自らをその便益の享受から排除し，他の国々に便益を継続的に供与することを意味することから，合理的でなくなる．したがって，標準は自己拘束的（self-enforcing）となり，その設定後には持続可能になる．この点で標準設定は，つねにフリーライドの危険に晒される集合財の供給とはやや違う．ところが，異なる標準は国々に異なるレベルの便益を与えるため，国々は自国に有利な標準の設定に固執して対立する．ここに，どの標準を採用するのかという調整問題が国々の間で激化する．対立のなかで標準の設定がなおざりになれば，安定や繁栄は失われてしまう．

　政府間主義の国際体系では，国々の主権と個別利益が尊重されるため，個別合理性だけでフリーライドや標準設定の問題を解決することは難しい．それらの問題を解決して国際の安定と繁栄を確保するには，国々の行動を律する国際的な権威の構築が必要となる．こうした権威は，特定の国家が当該問題を解決するために演じるリーダーシップを意味するが，国々がともに自国の主権の一部をその権威に移譲することによって構築できる．

(2) 大国主義の意義
　政府間主義と対照的に，国々が主権の一部を特定の大国に移譲すれば，国際体系は分権的なものから集権的なものに移行する．大国

第 6 章　国際介入と大国間調整　　111

が事実上の治者となり，中小国が被治者となる．こうしたヒエラルキーとよばれる集権的体系は，「治者が被治者に対して持つ権威の程度」を尺度として定義される（Lake 2009, 9）．治者の権威が大きければ大きいほど，ヒエラルキーは垂直的となり，集権度は高くなる．とりわけ，ひとつの大国あるいは覇権国（hegemonic state）に相当程度の権威が集中するものは，覇権システムとして知られる．覇権システムとは，中小国が自国の権限の一部を覇権国に移譲し，覇権国が中心となってパワーとリーダーシップを軸に国際ガバナンスを執り行うものである．

　大国への権威集中は，ヴァッテルらによって論じられた主権平等原則に反する．にもかかわらず，大国が正統性をもってガバナンスを主導するには，当該大国のリーダーシップを他の中小国が承認することがまず必要になる．中小国の承認は，大国が，無闇にパワーを追求せず中小国の安全と繁栄に寄与する（少なくともそれを妨害しない）という誓約を行うことによって可能になる．その結果，大国がガバナンスを主導でき，ガバナンス体系に大国のパワーを吹き込んで，それを権威あるものにすることができる．ここでガバナンスの重要要素となる権威は，「治者の統治権に対して，被治者の自発的な同意を喚起する関係」として定義される．これは，強制力を背景とした威嚇によって同意を確保する手段である権力（パワー）と対比される（Blau 1963, 308）．権威がパワーから区別されるのは，被治者の自発的な同意という点においてである．治者（大国）が自発的な同意を被治者（中小国）に要求するためには，被治者が自発的に治者の権威を承認していなければならない．したがって，権威が形式的に制度化あるいは外部化（移譲）されたとしても，権威の基盤は，統治に関わる協働関係を維持しようとする治者と被治者の自発的意志にあるということができる．

　ホッブズらの古典的なリアリズムの所説に対して，現代的なリア

リズムは，集合財とパワーの概念を適用して次のように豊饒化している．集合財と考えられる便益はガバナンスによって供給されなければならないが，政府間主義の国際体系では主権平等原則や個別主義が蔓延しているため，フリーライド問題が先鋭化して，集合財の供給が困難となる．対照的に，集合財の供給コストを内部化できる強大な経済・外交・軍事力を有する大国が登場するならば，集合財問題の解決は可能となる（Kindleberger 1981）．供給力に加えて，大国は国際パワー構造の上位にあることから，集合財を供給して下位の中小国の支持を得ることによって地位の保全を図りたいという思惑ももつ．したがって，集合財の供給能力と地位保全の思惑を持ち合わせる大国が，国際体系で発生しやすいフリーライド問題解決の決め手となる．そのため，集合財の便益を重要視する中小国はフリーライドを防止する目的で，大国に権限を移譲する．

　また，国際標準の設定問題にも同様の論理が働く．大国が好む特定の標準にそのほかの中小国が同調すれば，それが国際標準になって安定と繁栄は確保できる．中小国は他の標準を好むかもしれないが，大国と張り合って標準設定を遅らせたり，無効化させたりすれば，中小国の損失となる．中小国にとっては，大国主導の標準設定は不都合に思えるが，標準設定を可能にする有効なガバナンスが樹立されていない無秩序状態に比べれば安定的であるため，合理的判断を通じてそれを受け入れる（Krasner 1991; Mearsheimer 1994–95）．したがって，集合財と標準のどちらの問題でも，それらを解決するガバナンスは，ギルピンのいう「覇権国による，国際システムあるいは国家間相互作用の管理」ということになる（ギルピン 1990）．ただし，本章の冒頭で指摘したように，各歴史的体制では複数の大国にパワーが分散していたため，国際的安定という集合財を供給するには大国間調整が必要であると認識されていた．次節では大国間調整の成否を分けた要因を解明する．

第6章　国際介入と大国間調整　　113

2 国際介入の歴史

(1) 1815年体制の大国間調整

　1815年体制は，20世紀の1945年体制などと比べて制度化のレベルは低いが，多数の公式・非公式のルールによって構築されていた．そのなかの主要な制度のひとつが，大国間調整が繰り返し行われた会議外交であった．会議外交における重要議題がヨーロッパ各地で発生した革命や立憲主義・民族主義運動の弾圧を目的とした国際介入であったことは，第2章で述べた．介入の基本目的は，1815年体制の安定化要素にあたる絶対王政と勢力均衡の維持であった．フランス革命やナポレオン戦争の教訓から，革命の芽を摘み取ることでその連鎖を食い止めることによって，ヨーロッパ全域の安定が確保できると同体制では考えられていた．いわば，介入がヨーロッパの安定という集合財を供給する行動と受け止められていた．

　会議外交の争点は，介入の是非と介入国をどのように決定するのかについてであったが，第2章で既述したように，その過程は，列強の利益を調整する熾烈な政治的駆け引きであった．最終的に合意を促した要因は，ウィーン最終議定書で規定されていた公式の勢力圏，勢力均衡の論理から導出された地政学的区分，王朝の絆（pacte de famille）で定義された国家間関係だった．

　トロッパウ会議（1820年）とライバッハ会議（1821年）では，イタリア半島南部のナポリ王国で起きた立憲主義運動が議題となった．ナポリ王国は，ウィーン最終議定書によってオーストリアの公式の勢力圏に組み込まれ，イギリスは，内政不干渉原則から介入に反対であったが，ナポリ王国はオーストリアの勢力圏にあり，介入がイギリスの権益を脅かすものではなく，対仏勢力均衡にも効果があることから欧州全体の安定に資すると判断して黙認した．また，

イギリスは，ナポレオン戦争の時代にシチリア国王を庇護した経験もあったことから王政保護に無関心でもなかった．このイギリスの大国間調整を優先する姿勢は，本章の冒頭で記したカスルリーの言辞に表れていた．また，スペイン革命が議題としてあがったヴェローナ会議（1822年）では，フランスの単独介入を容認することになった．スペインがフランスの勢力圏であるという明確な定義はウィーン最終議定書にはなかった．しかし，列強が介入意欲のあるロシアと不介入原則を貫くイギリスで割れていた状態で，革命を阻止するには，ブルボン朝の絆で結ばれ，スペイン国王フェルナンド7世が救援を要請していたフランスに依存せざるを得なかった．ヴェローナ会議でまとめられた同盟の条約該当事由は，既成事実化されていたフランスの単独介入を正当化しつつ，フランスの影響が必要以上に拡大しないように作成されたルールであった（Jarrett 2013, 313–14）．

ベルギーの独立問題を議題としたロンドン会議（1930年）では，イギリスが主導権をとり，外交介入で問題解決を図った．その一方，外相パーマストンは，独立を阻止しようと侵攻したオランダ軍に対して，海軍を派遣して撤退を求め，ベルギーのカトリック教徒を救援する名目で派兵したフランスにも撤収を要請した．ベルギーはイギリスの公式の勢力圏ではなかったが，イギリスは他の列強が同国で影響力を揮うことを嫌った．フランスの駐英大使タレーランがベルギーの仏語圏ワロン地域を分離・併合する提案を行ったことを受け，パーマストンは，ベルギーを対仏勢力均衡の北部拠点とする思惑を一層強めてベルギーの永世中立を提案し，他の列強に受け入れられた．イギリスの提案は，新たな主権国家から外交権を奪う事実上の政治介入だった．提案が承認された背景には，勢力均衡という1815年体制の一般的概念に加え，初代ベルギー王のレオポルド1世がイギリス王ジョージ4世の娘婿であったという王朝の絆もあっ

た．このように，会議外交における大国間調整は，介入を正当化し，事後的に，トロッパウ通達，条約該当事由，永世中立という新たなルールを制定した．

1815年体制における大国間調整のもうひとつの特徴は，時代の変遷とともに会議外交の課題が，公式・非公式の勢力圏が確定的な地域から不確定な地域に移行していったことである．不確定だからこそ，介入の標準があいまい化し，大国の立場の相違が表面化するようになり，会議外交での調整は難航するようになった．会議外交を終結させる契機となったクリミア戦争では，東方問題が争点となったが，公式にも非公式にも，明確な勢力圏は存在しなかった．戦地となったクリミアを含めた地域は「東方」と称され，ウィーン最終議定書の時点ではオスマン帝国の勢力圏であったものの，同帝国の凋落によってその勢力圏は不明瞭となった．1830年代頃から，この空白を突いて権益の拡大を狙うロシアがギリシア正教徒の安全を確保する名目でモルダヴィア公国とワラキア公国に介入し，オスマン帝国と対峙するようになった．これまで会議外交で処理されてきた紛争案件と同様に，東方問題も会議外交の議題として取り上げられ，1853年にウィーンで会合が開催された．ここで大国間調整をうまく行えば，戦争回避は可能であったかもしれないが，ロシア，オスマン帝国双方とも譲歩を拒み，妥協案を跳ね除けて開戦する．ロシア軍の攻勢を目にして，イギリスとフランスがロシアの勢力拡大と自国の権益の縮小を危惧し，オスマン帝国を支援したことによって，欧州全体を巻き込んだクリミア戦争が勃発した．同戦争は，ロシアが会議外交の承認を受けずに介入を断行したことを意味すると同時に，明確な勢力圏，地政学的区分，王朝の絆が存在しない状況において会議外交のみで大国間調整は奏功しないことも示唆することとなった．

(2) 1919 年体制の大国間調整

　1919 年体制では，国際連盟の民主的意思決定の手続きのために大国主導体制は曖昧だった．大国のみが参加する理事会とすべての加盟国が参加する総会がほぼ同等の権限をもち，それぞれの機関の意思決定は全会一致原則で行うことになっていた．また，理事会にも小国が非常任理事国として参加したことに加え，大国の安定した参加が得られなかった．アメリカは創設時から参加しなかった一方，ドイツは 1926 年，ソ連は 1934 年にようやく参加を認められた．そのうえ，日独は 1933 年に脱退し，ソ連もフィンランド侵攻のため 1939 年に除名された．このように，大国間調整の参加国の安定性が深刻な問題となった．

　勢力圏に関しては，連盟規約の委任統治によって植民地主義が容認され，その結果として，欧州戦勝国の勢力圏は事実上確定した．非加盟国のアメリカでさえ，モンロー主義という地域的了解の下で米州を勢力圏とすることが容認された．ところが，敗戦国ドイツの勢力圏と，新たに理事国として大国の仲間入りを果たした戦勝国日本の勢力圏には不確定要素があった．ドイツは，国土の 7 分の 1 とすべての植民地を放棄するが，残りの領土においてラインラントの非武装化，ザールの炭鉱所有権のフランスへの割譲，都市ダンツィヒの国際連盟管理，東プロイセンの一部の住民投票による帰属決定などというように統治権が複雑な地域を抱えることになった．また，日本は，極東と太平洋のドイツ植民地の割譲を受けた一方，日露戦争で利権として得た南満州鉄道や関東州の租借権をもとにして満州をも勢力圏と考えていたが，米英の反対でヴェルサイユ条約に組み込むことができなかった．これらの不確定要素とその後の日独の躍進による認識の齟齬が大国間調整の足かせとなり，枢軸国の軍事侵攻に対抗する決定が下されることはなかった．

(3) 1945年体制の大国間調整

第4章で述べたように，国連憲章では，大国間調整を基軸に国連が行動できるようにするために安全保障理事会に権限を集中させた．そのうえ，五大国を常任理事国として，それぞれに拒否権を与えた．国際の平和と安全という集合財を保障する安保理決議は，安保理を構成する15カ国（5常任理事国，10非常任理事国）のうち9カ国が賛成し，かつ常任理事国のいずれもが反対しないことを条件とする．したがって，安保理決議で国連が行動できるのは，大国間調整が確保され，拒否権が発動されていない場合に限られる．これらの点で1945年体制は，1919年体制よりも1815年体制に近い．ただし，その反動として，ひとつの常任理事国の拒否権によって国連が大規模な紛争に対して行動できないということになり，実際に，そのような事例は散見される．拒否権によって無力化した国連はしばしば人道的観点から批判される．ただし，国連創設時に遡ると，もし大国に拒否権を与えなかったら，一部の大国は国連に参加せず，国連の正統性は大幅に低下していたと考えられる．国連が拒否権を五大国に付与し，その反作用として，国連の機能不全によって人権が蔑ろにされる事態が生じた原因は，国連の設立を最重要課題として大国間調整を重視した政治判断にあったのである．

1815年体制ではウィーン最終議定書という戦後講和が大国の勢力圏を明確化し，それを参照して大国間調整が実施されたところは前々項で示した．対照的に1945年体制では，戦中のヤルタ協定やポツダム宣言に加え，戦後の米ソ関係によって漸進的に勢力圏の定義が行われた．第二次世界大戦後，多くの地域で脱植民地化が進展すると，両超大国は冷戦に突入してそれぞれの勢力圏を拡大しようと目論むようになった．このような鍔迫り合いから，東西両陣営の勢力圏の境界線が不明瞭となる地域が発生し，代理戦争というかたちで地域紛争が朝鮮半島，インドシナ半島，中東で勃発した．

対照的にヨーロッパでは 1940 年代後半になると，米ソの勢力圏を仕切る「鉄のカーテン」が明示的に認識され，大国間調整は安定化することになった．鉄のカーテンとは，チャーチルが英首相を退任した後の 1946 年にアメリカ・ミズーリ州で行った演説で，「バルト海のシュテッティンからアドリア海のトリエステまで，ヨーロッパ大陸を横切る鉄のカーテンが降ろされた」と言明した際に用いた東西対立の境界線のことである．「鉄のカーテン」を境として，両超大国は相手側の政治的混乱に対して不介入という姿勢を露わにした．東側共産主義国において発生したハンガリー事件（1956 年）とプラハの春（1968 年）という自由主義運動をソ連が武力で鎮圧したことに対して，アメリカは，「鉄のカーテン」の東側ということで不介入を決めた．翻って，米州のジャマイカ，チリ，ベネズエラにおける社会主義運動を，介入を通じて抑圧したアメリカに対して，ソ連は水面下で運動を支援していたものの，アメリカの介入を物理的に排除する行動をとらなかった．これらの米ソ相互の自重は，冷戦安定期の大国間調整の所産だった．ギャディスによれば，そのひとつの原因は「鉄のカーテン」で明確化された勢力圏であった（Gaddis 1986, 133–35）．

　その一方，勢力圏が不明瞭な地域においては，米ソ両超大国は自らの国益と名誉に賭けてきびしく対峙し，国際危機という，戦争の蓋然性が高い状態を発生させた．これは，どちらの超大国が先に譲歩するかを争点としたブリンクマンシップ（brinkmanship），すなわち瀬戸際外交である．瀬戸際外交は，勢力圏に不確定な部分がある場合に発生しやすい．なぜならば，そのパワーの空白を突いて勢力圏を拡大させたい複数の大国が現れ，衝突するからである．1815 年体制では先述したクリミア戦争がその事例となった．1950 年代から 1960 年代初頭という冷戦初期は，米ソの勢力圏にも不確定地域が部分的に残り，ブリンクマンシップになぞらえられる国際

第 6 章　国際介入と大国間調整　119

危機が発生した．その具体的事例としてキューバ・ミサイル危機（1962 年）がある．キューバはアメリカの勢力圏であるカリブ海にありながら，ソ連の支援を受けて共産主義革命に成功した．しかし，ピッグス湾事件（1961 年）に見られるように，アメリカは自国の安全保障と勢力圏の維持のためにキューバの体制転換（レジーム・チェンジ）を執拗に画策していた．こうしたアメリカの攻勢に共産主義政権は脆弱であったことから，ソ連は，同政権の防衛を目的とした核ミサイル基地をキューバ島に建設しようとした．これに対して，ケネディ政権は，アメリカを脅かす核ミサイル基地の建設を阻止しようと，米海軍にキューバ島の海上封鎖を命令したため，米ソ間に核戦争の蓋然性を含んだ極度の緊張状態が発生した．結局，アメリカの決意を察知したソ連が譲歩し，基地の建設を断念したというように，危機は，アメリカの強硬策とソ連の譲歩という選択の組み合せで終結した．こうした国際危機で米ソ両国は，それぞれ異なる行動を選択することによって安定を確保するという大国間調整を行うことになった．すなわち，両方が強硬策をともに選択すると，危機が悪化して大戦争が勃発する恐れがあるため，一方が強硬策を選択することが分かれば，他方にとって自発的に譲歩を選択することが合理的となった．言うなれば，瀬戸際外交は，勢力圏が不確定な場合において双方が決意をもって防衛する領域を明確にするという意味での大国間調整の手続きだったのである．

　上記のキューバ・ミサイル危機のように，勢力圏に不確定要素があることが判明したため，1970 年代になると，国際協定を締結することによって勢力圏を明確化する試みが行われるようになった．これを外交戦略として進めたのが米ニクソン政権のキッシンジャー大統領補佐官・国務長官であった．キッシンジャーは，歴史家として 1815 年体制に関する研鑽を積んで，米ソ間でのバランス・オブ・パワーの安定的実施には，勢力圏の明確化が不可欠と信じてい

た．その学問的知見を外交に生かす意味で，東西両陣営の間でベルリン四カ国協定（1972年）やヘルシンキ宣言（1975年）の締結を促し，デタントとよばれる東西融和の到来に貢献した．四カ国協定は米ソ英仏の間で東西対立の緩和に向けた外交基盤の構築を約束したもので，とくに東西ドイツの関係改善を目的とした基本条約（1972年）の締結を導いた．基本条約において両ドイツは初めて相互の主権を承認することによって互いの領域権を確認し，常設外交使節団の設置や両国民の経済社会交流の推進などを決めた．また，ヘルシンキ宣言は，国家主権の尊重，武力不行使，国境の不可侵，領土保全，紛争の平和的解決，内政不干渉，人権と諸自由の尊重などの原則，信頼醸成措置の促進や技術協力の推進を掲げ，冷戦時代の東西対話に寄与した．これらの協定はデタントの重要要素であるが，理想主義のいう調和ではなく，国境の不可侵や領土保全の約束に表れているように，勢力圏を明確にしながら東西対立のなかで大国間調整を図る外交的取り組みとするのが妥当である．

　例外的な事例として，不確定な勢力圏における国際対立をうまく管理した大国間調整の手段もあった．アメリカと中華人民共和国の対立の原因のひとつとして台湾の主権に関わる問題があるが，アメリカ政府は米中関係を重視して中国政府の方針である中国人の政府は北京の政府とする「ひとつの中国」を認めている．ただし，親米的な立場をとる台湾に対してアメリカは，明示的な防衛義務を負わないが，米政府に台湾への武器売却を許容する台湾関係法という国内法を整備している．この法律を通じてアメリカは台湾の安全に一定の貢献を果たす一方，台湾海峡有事の際のアメリカの行動を意図的に不明確にして中国の武力行使を牽制するという「戦略的曖昧性」（strategic ambiguity）のスタンスをとっている（Tucker 2005）．同時に，この戦略的曖昧性は，台湾に対してもアメリカの救援は不確実であることを意味して，台湾が中国の武力行使を誘発

するような無謀な行動（独立の宣言）をとることを抑制している．基本的に，台湾海峡のような勢力圏が不明瞭な地域においては曖昧戦略が大国間調整に効果的であるが，1996年の総統選挙前，李登輝総統の独自路線に対して中国政府が猛反発し，台湾海峡で大規模な軍事演習を挙行したため，アメリカ政府は空母を出動させて事態の鎮静化を図ることを余儀なくされた．こうした台湾での選挙政治は，アメリカの曖昧戦略の明確化につながるため，米中関係の懸念材料となっている．

3　大国間調整と「Gゼロ後の世界」

大国間調整は，パワーが複数の大国に分散した国際体系におけるガバナンスの制度である．このガバナンスを理論的に支えるリアリズムの観点からすると，国際の安定が精一杯の国際的道義であるから，戦争を予防する大国間調整が最も重要な国際安全保障制度ということになる．効率的な調整は，明確な手続き，大国の権益を定めた勢力圏などを必要とし，その結果として国際の安定や繁栄を支える集合財や標準が供給される．ただし，こうした制度には少なくとも2つのリスクがある．

第1のリスクは，リアリズムの制度論が推測するように，大国間調整という制度はその形成時の国際的パワー構造の付随現象となっているため，パワーの移行期には大国の権威が不明瞭となって対立の激化を惹起するというものである．パワーが国際制度の基本要素である限り，制度の硬直性とパワーの流動性との間で生じる齟齬は新たな対立を発生させる火種となる．すなわち，パワー構造で優勢となりつつある国家が，現行の制度で過少にしか与えられていない自国の勢力圏や権限を不服として制度の暴力的な変革を企図すれば，それを脅威と感じる国家は現状維持のためにパワーで対抗しようと

122　第2部　グローバル・ガバナンスと制度

する．このパワー対パワーの闘争の末路は，20 世紀初頭の第一次・二次世界大戦という破滅的な戦争であった．

　第 2 のリスクは，国際ガバナンスを責任ある大国に委任することは，そのような大国が存在すればいいのだが，もはや存在しないときにその危うさが一気に表面化するというものである．これは，ブレマー（2012）が指摘する「G ゼロ後の世界」を示唆する．G とは，G7（先進 7 カ国），G20（先進 7 カ国とその他の新興国を含めた連合）というように，世界をリードする責任ある大国の group（集合）の頭文字である．G ゼロということは，そのような大国が不在であることを意味し，大国間調整を通じた，国際の安定や繁栄を支える集合財や標準の供給はできなくなることを暗示する．すなわち，国家間でフリーライド問題が激化し，無責任が蔓延する危険な状態である．しかしながら，覇権安定論以外の実証論は，大国に依存しない国際ガバナンスの可能性を指摘しており，第 2 部の残りの章では，そのようなガバナンスの諸制度について考察する．

第7章　紛争解決と利益調整

　20世紀初頭，ハーグ国際平和会議の司法仲裁制度では十分な紛争解決を施すことができないことが，第一次世界大戦の勃発で明白になった．その理由は，国々が重大な国益や名誉がかかっていると言明した案件は仲裁裁判を免れるところにあった．ウィルソンは，大統領就任以前，プリンストン大学で政治学教授・学長を歴任し，ニュージャージー州知事も務めた人物だった．ウィルソンは，政治の研究と実践を通じて法に対する疑義を感じ，紛争は政治的手続きによって処理され，法は政治的決着に正統性を付与するための道具と位置づけるようになった．そのため，国際連盟を創設するにあたりハーグ国際平和会議を再生する意図はなく，政治的紛争解決を施す仕組みの設置を構想した（Wertheim 2011, 798-802）．

　イギリスの政治学者で，英外務省の政治情報局顧問という立場で国際連盟の創設に関わったジマーンも，紛争解決における政治の重要性を次のように言明した．

　　国家間対立の原因は利益の相違にある．拘束的な法や仲裁は対立の原因に無頓着であるばかりか，紛争当事国間で共感や理解を生むこともできない．対立する利益をもつ当事国の間で和解を打ち立てるには行動に自由や融通性を持たせることが肝要である（Wertheim 2012, 224）．

　また，連盟規約の作成に携わった英国代表フィリモア卿も，理事国の大国の意志が示された調停にのみ実効性があると述べて，それを捨象する常設国際司法裁判所（PCIJ）の実効性に疑義を呈して

いた（Kennedy 1987, note 255）．その一方，司法的紛争解決の重要性を強く主張する法尊重主義派も主要国で影響力を揮っていた．アメリカには，タフト元大統領やルート元国務長官が参加した平和強制連盟（LEP），イギリスには，グレイ元外相が主宰した国際連盟協会（LNU），フランスには，国際連盟の創設に関わり，初代の国際連盟総会議長を務めたブルジョアが関係したフランス国際連盟協会（AFSDN）があった．これらの法尊重主義派は，司法的解決の法準拠性と公正性を強調し，恣意と便宜主義をはらむ政治的解決では紛争の原因は完全には除去できず，新たな紛争の火種を残すと批判した．

　こうした対立を反映するように，国際連盟には2つの紛争解決手続きが設置された．ひとつは，国際条約や慣習法を参照してPCIJが下す司法的裁定であり，もうひとつは，連盟理事会が紛争解決に関与して行う政治的な調停であった．国際連盟規約に司法的紛争解決制度は盛り込まれたが，上記の英米の考えから司法手続きの義務化は見送られ，政治主導の紛争解決に重点が置かれることになった．戦争に関しても，戦争を法的に禁じるのではなく，紛争当事国に対して勧告，調査，調停などを施す過程で譲歩や妥協を引き出し，戦争を回避することを目的とした政治的手続きが連盟規約に盛り込まれた[1]．

　上記の動向を含めた国際連盟の歴史を検証した歴史家ウェブスターは，連盟にPCIJは整備されたが，実質的な適用は少数に止まった一方，理事会による調停は戦争と平和に関わる深刻な紛争案件を処理して，その能力を向上させたと観察する（Webster 1933, 28-29）．また，PCIJの設立に関わった元国務長官ルートも，「権利に関す

1)　本章では，国際連盟理事会による調停に焦点を当てる．本章の内容の一部は，第二次世界大戦後の仲介に言及した鈴木（2007，第6章）を修正し，適用したものである．

る全ての問題は，政治機構に付託され，便宜の観点から調査・勧告が行われる」と述べて，法尊重主義派の実質的な敗北を認めた（Wertheim 2011, 824）．

　国際連盟を引き継いだ国際連合にも紛争の仲裁と調停の両制度が構築された．それらの手続きに言及した国連憲章第 33 条第 1 項（平和的解決の義務）は次のように書かれている．

　　いかなる紛争でもその継続が国際の平和及び安全の維持を危うくする虞のあるものについては，その当事者は，まず第一に，交渉，審査，仲介，調停，仲裁裁判，司法的解決，地域的機関又は地域的取極の利用その他当事者が選ぶ平和的手段による解決を求めなければならない．

　実際の調停の主体は，国際連盟や国連に限られず，1919 年体制では大使会議，1945 年体制では欧州安全保障協力機構（OSCE），米州機構（OAS），アフリカ連合（AU）などの地域機関，国際的影響力を持たない小国である場合もある．また，調停は，予防外交の重要な手続きとして国連および地域機関の重要な紛争解決手続きともなっている（Bercovitch 2002）．

　紛争の複雑性を反映するように，国際連盟規約および国連憲章はひとつの紛争解決手続きを万能とせず，紛争解決を多角的に捉えている．本章では，ジマーンらの言辞に則して，上記の手続きのなかでも政治的な紛争解決手続きである調停に焦点を当てて，調停が紛争の平和的解決にどのように貢献できるのかについて検討する．さらに，国際連盟が手掛けた調停案件をとりあげ，紛争を激化させるさまざまな要因を創意工夫によって管理しながら和解を導く調停の過程を検証しつつ，そこで発生する本質的な問題について考える．

126　　第 2 部　グローバル・ガバナンスと制度

1 調停の理論

　基本的に，たいていの国家の政治指導者や外交官は，自国の権利や利益を追求することを役割と考える．また，政治家のなかには，国益と異なる私的な利益である政権の維持，個人的な名声，特定の民族や業界の利益を追求する者もある．いずれにしろ国際関係の基本的な行為主体としての国家は，自国の権利や利益を優先して行動しようとするため，このような利己的な国家の間に紛争が発生しやすくなる．紛争を戦争に発展させることなく平和的に解決するには，当事国が協議を通じて一定の権利と利益の配分に合意することが必要となる．しかし，当事国間の協議では，狭隘な思考に陥りやすいため，紛争を解決もしくは管理することは容易でない．ここに第三者が紛争に関与して紛争の平和的解決を支援する必要性が生じる．第三者がうまく紛争解決を支援するには，当事国の言い分を聴きつつ，権利と利益および国際ルールの意味を中立公正に判断できる手続きが不可欠となる．その手続きには，仲裁（arbitration）と調停（conciliation）があるが，それぞれ次のような特徴がある（Gilady and Russett 2002）.

　紛争の仲裁は，司法的手続きに基づいて行われる点で公正性の観点から望ましいと考えられる．一般的に，こうした法を基にした仲裁は裁判の手続きをとる．しかし，国際連盟で国際紛争の仲裁を任務としたPCIJは，紛争両当事国の同意なしでも仲裁を行える強制的管轄権をもたない司法機関であった．この強制管轄権の欠如は，PCIJの仲裁能力に重大な問題をもたらした．一方の当事国が仲裁裁判で敗訴の可能性が高いと予測すれば，様々な理由を挙げて仲裁を受け入れないし，たとえPCIJが当事者の抗弁を却下して判決を下したとしても，敗訴を言い渡された当事国がその判決を受容・履

行するとも限らない．仲裁は，違法行為を国際社会に対して表明することによって，違反国を国際批判の矢面に立たせるという顕示的効果があるものの，紛争解決という実質的なレベルでは限界がある．

一方，調停とよばれる手続きは，仲裁と対照的に，政治をベースにした非法的な紛争管理手段である．調停は，国際法を参照しながら行われるケースも考えられるが，基本的に，国際法に制約されず，紛争当事国の意向を尊重しながら柔軟に紛争を解決できるというところにその特徴がある．そこでの調停者の提案や忠告は法的拘束力をもたない代わりに，当事国の意思に反するパワーの行使をともなうことなく，つまるところ，紛争当事国の意思と利益を尊重するものとなる（メリルス 2008）．したがって，調停の結果においては，仲裁ほど当事国の間で勝敗が明確に分かれることはない．その一方で，法的根拠に欠ける調停の公正性が問題となるが，調停者が当事国に和解を強要せず，当事国が調停内容を自発的に受け入れるという事実において調停の正統性は確保される．これらの要件を満たす調停は，主権を維持しながら紛争の平和的解決を望む当事国に受け入れ可能な手続きとなる．

紛争研究にゲーム理論を応用してノーベル経済学賞を受賞したシェリング（2008）によれば，紛争は，利益，権利，義務などの価値がどのように配分されるべきかをめぐって複数の集団が対立する取引問題（bargaining problem）が先鋭化することによって発生する．同様の観点から戦争の発生過程を分析したフェアロン（Fearon 1996）によれば，取引問題に次のような状態が生じるとき，紛争の平和的な解決は困難になり，武力を含めた他の手段によって取引問題が処理される可能性は高まる．

① 各当事者が相手の意図，能力，決意について十分な情報を持たない状態（情報非対称性）．

② 取引問題に分割が不可能な内容が含まれ，当事者が合意できる余地がない（合意範囲が空である）状態（分割不可能性）．

③ 調停案を受け入れる決意（コミットメント）が当事者に不足していたり，調停案に有効な履行手続きが備わっていなかったりする状態（コミットメント問題）[2]．

　そこで調停を効果的に行い，紛争の先鋭化を防ぐには，取引問題を複雑化させる 3 つの状態を管理することが必要となる．以下では 3 つの状態に対応する調停の具体的機能を導き出す．

　トゥヴァルとザートマンによれば，調停の機能とは，関与の程度が低いものから順に，①伝達（communication），②形成（formulation），③操作（manipulation）である（Touval and Zartman 1985, 10–12）．これらの役割がそれぞれ上述した紛争の 3 つの先鋭化要因に対応するのは決して偶然でない．第 1 の伝達は，調停者が当事者間の情報交換を活性化することによって当事者間の和解交渉を結実させる情報機能であり，紛争先鋭化の原因としての情報非対称性を克服するものである．第 2 の形成は，難航している当事者間交渉に調停者が関与し，争点を再定義したり，再構築したりして合意を創造するものであり，分割不可能性問題に対処する調停機能である．第 3 の操作は，調停者が積極的に紛争に関与し，自らのパワーや圧力を行使することによって，おもにコミットメント問題を解消するものである．ただし，実際の紛争においては 3 つの先鋭化要因が混在するため，調停者は状況に応じて 3 つの方策を適切な配分で統合しなければならない．次節以降では，情報非対称性，分割不可能性，コミットメント問題に対して調停者が果たす役割について考察するが，混乱を避けるために問題ごとに個別に検討する．

2）②を③の一部とする見解があるが，本章では区別して扱う．

2 情報伝達による調停

(1) 情報非対称性問題

　前節では，紛争を先鋭化させる原因のひとつとして，紛争に関する重要な情報が対立する当事者の間で十分に共有されていないことを挙げた．ここで言う情報とは，当事者は何を求めているのか，どこまでならば譲歩できるか，目的を実現するためにどの程度の決意をもっているか，どの程度の軍事力を動員する用意があるかなどについての情報である．もし各当事者が相手に関する完全な情報をもっているならば，他の先鋭化要因を一定にした場合（合意範囲が空でなく合意が履行可能である場合），紛争を平和的に解決することは理論的に可能である．しかし，対立している当事者が自発的に正確な情報を開示することは稀である．なぜならば，情報は交渉上の武器であり，自己に有利な合意を求める各当事者は，情報を隠匿・歪曲し，実際よりも強い決意や大きな動員力を持っていることを顕示して，相手から譲歩を引き出そうとするからである．この点で調停者は，当事者間の情報非対称性の解消および歪められた情報の是正に努めなければならない．

　プリンセンは，交渉の情報非対称性問題に対して第三者が調停を行うことの利点を次のように論じている（Princen 1992, 26）．当事者は，高い緊張感や武力抗争のリスクの中で行動しているため，錯綜する情報を適切に処理できない．これに対して，調停者は，対立の外に身を置いているため，客観的な立場から情報を収集し，冷静に情報分析を行って当事者の情報処理を支援することができる．プリンセンが指摘する調停の情報機能で最も大切なことは，情報の正確性を確保する調停者の中立性である（Princen 1992, 8）．中立的立場をとる調停者は，当該紛争について私的な目的をもたない一方，収

集した情報に対して客観的分析を施す立場にあり，当事者の正しい認識を歪めず，間違った認識を訂正してくれる者でなくてはならない．当事者は，中立的な調停者によって伝達された情報が正確であると判断できるならば，それをもとに和解することができよう．それでは第三者は，どのように中立性を確立しながら情報伝達による調停を成功させることができるだろうか．

(2) ユーゴスラヴィア・アルバニア紛争[3] とコルフ島事件[4]

1913 年，オスマン帝国の崩壊後，アルバニアの建国がロンドン条約で欧州列強によって承認され，同国と隣接国との国境線も決められた．また，隣国ユーゴスラヴィア（当時はセルビア人・クロアチア人・スロヴェニア人王国）は，ヴェルサイユ条約でセルビアを中心に多民族国家として建国が承認され，アルバニアとの国境線は，ユーゴスラヴィアに統合された旧コソヴォとマケドニアのものと，ロンドン条約で定められたものが追認された．ところが，1920 年，アルバニアで政治混乱が発生し，それに付け込んで，領土拡大を目的にユーゴスラヴィア，イタリア，ギリシアの軍隊が同国領域に侵攻した．そこで調停に入った国際連盟理事会は，関係国政府に対してヴェルサイユ条約とロンドン条約で定められた国境線を再確認し，軍隊の撤退を要請した．ユーゴスラヴィアは，アルバニア内に傀儡政権を樹立した既成事実に託けて要請を拒んだが，イタリアとギリシアが要請に応じたため，最終的に撤退に応じた．この案件での理事会の役割は，当事国によって受け入れられていた国際条約が定めた国境線の再確認という情報の伝達であった．同等に重要だったのは，理事会の中立性か，既存の条約内容の確認という恣意の入らな

---

3) ユーゴスラヴィア・アルバニア紛争に関する記述は Steiner（2007, 267）を参考にしている．

4) コルフ島事件に関する記述は Yearwood（1986）を参考にしている．

第 7 章 紛争解決と利益調整　131

い情報伝達であったことと，理事国イタリアにも撤退を要請したことによって確保できたということである[5].

　これと対照的に，コルフ島事件というアルバニアとギリシアの領域に関わる国境問題では，イタリアという第三の大国の不当な圧力が紛争解決を歪めたとされる．アルバニアとギリシアの両政府は，ヴェルサイユ条約で定められた国境線をともに承認せず，再度，ヴェルサイユ条約の管理と国境線の画定の役割を国際連盟から付託されていた大使会議に紛争の調停を要請した．1923年，英仏日伊からなる大使会議は，境界画定のため調査団を派遣しようとしたが，ギリシア政府は，アルバニアと友好関係にあるイタリアが団長を務める調査団は中立性を欠くとして受け入れに反対した．大使会議は，反対をかいくぐるように，調査団に対してアルバニア領から入って国境地帯の調査を開始するように指示した．調査団がコルフ島というギリシア領に侵入した際に，イタリア人の調査団団長を含めた数名が何者かに殺害された．イタリア政府は，犯人はギリシア兵士と決めつけ，謝罪，賠償金の支払い，イタリア人をメンバーとした調査団の受け入れを含んだ最後通牒をギリシア政府に突きつけ，指定時刻を過ぎると，ギリシア政府の応答が十分でないとしてコルフ島に軍事攻撃を決行した．これに対して，ギリシア政府は連盟理事会に紛争審査を要求したが，イタリア政府は連盟理事会でなく，イタリアを含めた第一次世界大戦の戦勝国の会合であった大使会議による調停を要請した．理由は，規約第15条によって，紛争当事国は連盟理事会の紛争審査の議決から除外されるところにあった．イギリスは理事会での審査を主張したが，フランスが自国のルール地方占領との兼ね合いでイタリアに同調したため，理事会は，意見調整

5）　ただし，イタリアは，ユーゴスラヴィアの勢力拡大を懸念してアルバニアを支持しており，自ら撤退に応じてユーゴスラヴィアにも撤退の圧力をかけたいという思惑がイタリア政府にあったことは否定できない．

に失敗し，イタリアの要求を聞き入れて大使会議で決着をつけることを決定した．大使会議は，イタリア政府に軍隊の撤退，ギリシア政府に謝罪，賠償金の支払い，調査団の受け入れを命じ，両政府が同意したため，紛争はエスカレートすることなく終結した．その後，理事会によって設置された特別委員会は，大使会議の調停内容を違法とし，復仇の是非については紛争が付託された理事会の判断としたが，調停案自体が覆ることはなかった[6]．

　上記の両事件は，国境線の確認という情報に関わる問題が原因であった．両事件を比較すると，連盟理事会の中立性が理事会による調停を成功させた要因であることが分かる．ユーゴスラヴィア・アルバニア紛争では，理事会の中立性は理事国と非理事国を同等に扱うことによって確保できた一方，コルフ島事件では，理事国イタリアが自国に有利な大使会議で決着をつけようと圧力をかけ，フランスも外交的理由から同調したため，理事会の判断は中立性を失って，連盟の調停手続きは空洞化した．また，コルフ島事件は，領域主権や安全保障に関わる国境問題は，情報伝達機能によって解決することは難しく，次に検討する分割不可能性問題に発展しやすいことも合わせて示唆している．

3　合意創造による調停

(1) 分割不可能性問題
　たとえ情報非対称性問題が克服できたとしても，対立する紛争当

---

　6)　イギリス外交官ニコルソンは，当初，国際連盟の紛争解決制度に大きな期待を寄せていたが，コルフ島事件を契機に期待は失望に変わったとしている（Yearwood 1986, 559–60）．一般的にも，コルフ島事件は国際連盟の紛争解決の失敗事例として位置づけられている．

事国が争点となっている権利と利益（併せて権益とよぶ）のすべて
を獲得することに固執すれば，情報提供だけで和解を成立させるこ
とはできない．どちらか一方または両方の当事国が対立の焦点とな
っている権益を不可分であると見なすと，対立はゼロサム化し，調
停者がどのような分割案を提示しようとも，当事国は受け入れよう
としないだろう．こうした紛争を解決するには，既存の権益に対し
て，合意を可能にする新たな権益を「創造する」ことが必要となる．
また，当事国が，争点に対して特定の基準を用いて自己の権益を定
義しているとしたら，当事国が固執している基準では互いの権益は
対立するが，別の基準で権益を再定義すると和解を達成できる場合
がある．これは，合意形成を可能にする代替的な基準を発見し，当
事国に権益の見直しを要請して和解を図る争点の「再構築」，また
は「再概念化」という調停手段である．

　すべての紛争当時国が，調停案が提示する権益の配分・創造・再
構築に満足すれば，和解は成立する．不満足であるならば，紛争は
継続することになる．当事国は，調停案を受諾することから得られ
る権益と，拒否して得られるかもしれない期待権益を比較すること
によって調停案の是非を決める．したがって，調停者は，拒否して
得られる期待権益は調停案のそれ以下であることを強調して調停案
に同意するように説得する．こうした分配をともなう調停案は，法
に従うのではなく，双方の目的を勘案して同意が得られるように政
治的に作成され，説得作業もさまざまな交渉術を適用して双方から
同意を引き出す政治力を必要とする．

(2) オーランド諸島紛争 [7] とメーメル紛争 [8]

　1917 年，十月革命で混乱が続くロシアからフィンランドが独立

---

　7)　オーランド諸島紛争の記述は Brown（1921）を参考にしている．

　8)　メーメル紛争に関する記述は Steiner（2007, 356）を参考にしている．

134　　第 2 部　グローバル・ガバナンスと制度

を宣言し，新ソヴィエト連邦政府がこれを承認した．その直後，フィンランド領オーランド諸島に多数居住しているスウェーデン人住民がスウェーデンへの帰属を嘆願した．これに対してフィンランド政府が難色を示したことで紛争が表面化した．国際連盟理事会は，同紛争が地域の問題にとどまらず，連盟の関与が必要な国際問題であるとして調停に入った．理事国の日本も，太平洋諸島を委任統治下に置く思惑があり，オーランド問題に強い関心を示していた．理事会は，国際連盟事務次長新渡戸稲造の発案をもとに，フィンランド政府に同島の領有権を与える代わりに，同島を非武装中立化することによってフィンランド政府による軍事拠点化を牽制しつつ，スウェーデン人住民に対して固有の文化と言語を維持する自治権を約束する内容の調停案を提示した．これをオーランド諸島民とフィンランド政府が受け入れたことによって決着がついた．オーランド諸島紛争の争点は同諸島の帰属であったが，理事会は上記のような争点の再構築を図って和解を成立させた．

　同様に，新生国のポーランドとリトアニアの間で生じた旧ドイツ領のメーメル（現クライペダ）という地域の帰属をめぐる争いも国際連盟理事会の調停で表面的には解決されたが，その真相はやや複雑であった．同地域の住民の大多数がリトアニア人であったことから，リトアニアへの帰属を認めることが妥当であったが，リトアニアが国家建設の途上で政治的に不安定であるという判断から，理事会はメーメルを，フランス人将校を行政官とした委任統治の下に置いた．ところが，1923 年，リトアニア軍が同地を占領したため，これを隣国ポーランドが批判し，リトアニア軍の撤退とメーメルをダンツィし（現ポーランド領グダンスク）のように自由都市とすることを要請した[9]．理事会が設置した委員会は，自由都市化を承認

---

9)　自由都市ダンツィヒは，1939 年にナチス・ドイツに侵攻されるまで国際連盟が任命した高等弁務官によって管理された．

しなかったが，メーメルの港湾施設へのアクセスをポーランドに保証することを条件にして，リトアニアへの帰属を認めるという調停案を提示した．両国が調停案を受諾したことによって紛争は解決に至ったが，連盟がリトアニア軍による占領を追認したという側面は否定できず，一般的に，本件は調停の失敗と捉えられている．

上記の2つの紛争に関わる国際連盟の調停案は，当事国間で権益を配分し，同意を得るというものであった．両事例とも，紛争の対象となった地域の領有権を一方の当事者に与え，自治権または当該地域へのアクセスを他方の当事者に与えるという争点の再構築によって両者の同意を得るものであった．メーメル事件の調停は占領を追認した内容を含んでいたため公正性に疑問があったが，両事案とも，調停は当事国の同意を確保して紛争を平和的に解決した．

4 圧力をともなった調停

(1) コミットメント問題
最後の問題は，停戦合意や和平合意などの当事者間の約束の不履行をどのように防ぐのかである．紛争当事者が調停案に同意しても，それを実行するという信頼可能な約束を交わす決意が当事者に不足していたり，調停案に有効な履行手続きが備わっていなかったりする場合，調停者が積極的に紛争に関与し，自らのパワーや圧力を行使しながら調停案の実施を促すことが求められる．とくに，双方の当事者が相手が裏切って履行しないという疑いを強く感じるとき自身も履行しない可能性が高いため，こうしたコミットメント問題は深刻になる．したがって，紛争の平和的解決を目指す調停者は，同意された調停案が履行されない際に，政治的，経済的な制裁，場合によっては軍事的な制裁を課す用意があることを明示的に伝達しな

ければならない．調停者が国際連盟の理事会や国連の安全保障理事会である場合，十分な圧力をかけるには理事国たる大国の相互協調が必要になる．もし諸大国が異なる紛争当事国に与しているなどして団結できないと，十分な圧力をかけることができず，調停に失敗する可能性が高くなる．

（2）上シレジア紛争 [10] と満州事変

　ヴェルサイユ条約には，ポーランド人が多数を占める旧ドイツ領の上シレジア地方に関して，ドイツ政府の暫定統治を認める一方で，ポーランドへの帰属の是非を問う住民投票を行うことを定める条項が盛り込まれていた．条約交渉の当初，連合国側は上シレジア地方を新生ポーランドに併合させる意向であったが，戦争賠償金の支払いなどのために同地方の石炭資源を確保しておきたいドイツの反対とロイド・ジョージ英首相の後押しで住民投票によって決する条項に変更された．同条項に従って国際連盟の監視下で投票が行われ，結果は予想外に反対票が多数を占めた．この結果を不服としたポーランド系住民が蜂起し，ドイツ政府がドイツ系住民の安全を確保する名目で派兵したため，紛争が激化した．紛争は国際連盟理事会に付託され，理事会は事態の鎮静化を図るため，理事国英仏伊の軍隊からなる国際部隊を同地に派遣した．その一方，理事会では，ドイツの強大化を恐れるフランスと，当該紛争が共産主義の拡大につながることを憂慮したイギリスが対立していたことから，理事会で紛争解決を図るのではなく，委員会を設置して同地方の分割案を作成させた．

　同委員会は，居住分布に応じて上シレジアの3分の1の南東地域をポーランドに，残りの北西地域をドイツに帰属させる分割案を作

10）　上シレジア紛争に関する記述は Steiner（2007, 51–53, 65, 356–57）を参考にしている．

成し，理事会および大使会議の承認を得た．ところが，ポーランド領に多くの資源が埋蔵されていたことから，ドイツは分割案の履行を拒否し，緊張は高まった．英仏は，事態が悪化することを恐れて，国際部隊の駐留と民兵の非武装化を求めて分割案の履行を促し，結果，紛争はようやく収拾に至った．換言すると，連盟理事会は，国際部隊を派遣して分割案の実施を促す約束履行の機能を肩代わりすることになった．ポーランド領になった地域のドイツ人は，国際連盟の少数民族保護の手続きに申請したが（第3章参照），これを内政干渉と受け止めたポーランド政府との間で対立が継続した．

　領土のみならず資源も争点化した上シレジア紛争の解決には，第三者の強力な圧力の行使という政治戦術が必要であった．理事会は，英仏という理事国の軍隊を平和維持部隊として紛争地に派遣し，住民投票と調停交渉が行われる期間，対立するポーランドとドイツの民兵組織の引き離しを実施して混乱の鎮静化を図った．こうした圧力が両紛争当事国の同意を引き出すのに有効だった．一般的に，圧力は，調停側が一枚岩となっていることを必要とするが，上シレジア紛争で英仏両国は異なる目的をもって紛争解決に臨んでおり，必ずしも一枚岩ではなかった．しかしながら，ともに紛争の長期化を避けたい点で一致していたため，調停案に同意するように当事者に圧力をかけることが可能だった．

　対照的に，満州事変やイタリアのエチオピア侵攻に対して，連盟理事会は国際軍の派遣を含めた強硬な姿勢を取れなかった．前者で理事会は，リットン調査団を満州に派遣して報告書を作成させ，日本政府の反対を押し切って報告書を採択した．理事会内には，日本政府に撤退要求を突きつけて連盟の威信を確保するべきだとする強硬な意見があった一方，理事国日本との対立は連盟にとっても不都合であり，日本にとって同意可能な内容にすべきという宥和的な意

見もあったが，最終的な勧告は，二者の意見の中間をとるものとなった．具体的には，満州国を否定するものの，満州における日本の権益を認め，中国との和解を要請しつつ，制裁には一切言及せず日本政府の同意を期待するものであった．しかし，その期待に反し，日本政府は，軍部を中心とした強硬派が満州の政治と経済を不可分なものと考えて勧告の受け入れを拒否し，連盟脱退を決断した．連盟は勧告の実施のための国際軍の派遣や拒否の場合の経済制裁などを盛り込むことができるほど団結していたわけではなかった．換言すると，極東における日本の軍事力が連盟を団結させないほど強力だった．その結果，連盟は日本の軍事的拡張に歯止めを掛けることができず，紛争解決制度をも形骸化させた．

5　紛争解決の政治と法

　以上，1919 年体制で導入された紛争の調停に関わる理論と実践について考察してきた．調停は，主権，政治，対立という現実の障害を前にして，法の制約を受けずに，当事国の同意を得られる和解案を政治的手法によって作成し，紛争の政治的解決を目指すものである．原則的に，パワーを行使しなくても紛争の平和的解決に貢献できる点が調停の本質的な特徴である．本章では，調停には，伝達，形成，操作という機能を通じて，紛争の原因となっている情報非対称性，分割不可能性，コミットメントの問題を解決しつつ，制度で規定しきれない創造性や柔軟性という技巧が要請されることを指摘した．

　ただし，紛争の平和的解決を図るうえで，少なくとも 2 つの問題が浮き彫りとなった．ひとつは，原則に反してパワーの適用に依存しなければならないという，調停の非権力性を揺るがす問題である．とくに，分割不可能性問題やコミットメント問題が表面化した上シ

レジア紛争のような深刻な国際紛争の場合，調停者は，当事者をして特定の権益配分を盛り込んだ調停案に同意させ，または，同意した調停案からの離脱を防止するため，圧力を行使せざるを得ない．このようなケースでは，自前の武力を保有していない国際機関は十分な役割を果たすことができず，多大な影響力をもつ大国に調停の主導権を委ねざるを得ない．ただし，その大国が紛争解決制度に反して行動すれば，制度の信頼性は低下し，調停案への同意を得ることも難しくなる[11]．

　もうひとつの問題は，法に準拠しない政治的紛争解決であるがために，影響力のある大国や特定の国家に有利に働く懸念である．この問題はメーメル紛争と上シレジア紛争で露わとなった．法学者で，国際司法裁判所（ICJ）の判事を務めたローターパクトは，紛争解決における法の不完全性を認識しつつも，政治の影響を強く受ける調停には，法の普遍的適用を妨げ，紛争解決の正統性を崩壊させる危険があることを指摘する（Koskenniemi 2001, 214）．第三国が自国の利益に関係なく中立公正な立場で紛争の解決に尽力することも現実の世界では考えにくく，調停者の提案が一方の当事国の利益や関係する大国の利益に傾斜し，弱者の利益を脅かす懸念は容易に払しょくできない．それが原因で新たな紛争が生じる恐れもある．調停は，柔軟性や同意可能性というメリットがあり，強力な管轄権をもつ司法的紛争解決制度を構築できない国家間関係における実践的な紛争解決制度である．しかし，政治による調停は，政治性ゆえにその正統性が疑問視されることになる．

---

11)　スタイナーは，国際連盟による調停の成功事例を観察して，大国が紛争解決制度に忠実に行動することで，譲歩を迫られる当事国に対して，国際連盟の保証の下で大国のパワーに制限が設けられているという安心感を与え，譲歩を可能にしたと論じている（Steiner 2007, 44-45）．

第8章　国際貿易と政策調整

　戦間期には，世界大恐慌を契機に，国々が自国の雇用を保護しつつ不況から脱出するために，輸入品にかける関税を一挙に引き上げた．相手国も報復として関税を引き上げたため，国々の間で貿易戦争が起こり，世界の貿易量を大幅に縮小させて恐慌を一層悪化させた．倒産や失業によって国々の経済は混乱し，外国への不信感は増幅した．さらに，恐慌のなかでドイツと日本にファシスト政権が誕生し，一足先に同様の政権を樹立させたイタリアとともに，1919年体制のガバナンスを非常に困難にさせた．この戦間期の経験は，平和を維持するには，保護貿易を防止する強力な国際ルールが必要であるという教訓を国々に与えることとなった．

　ただし，国際ルールの強化といっても限界はある．一般的に，主権国家体系で締結される国際ルールは，国家の主権を超越する超国家的な国際法ではなく，その締約国が相互利益に資すると判断し，受け入れに同意したものでなくてはならない．その同意によって，はじめて国際ルールは締約国の行動を調整・規律してガバナンスに資することができる．ただし，国際ルールは，立法・行政・司法機能によって支えられていないため，ハート（2014）の法実証主義論を参照すると，以下のような問題に直面する恐れがあることが分かる．

　第1に，締約国は自発的にルールを受け入れたのであるが，「約束は守らなければならない」（pacta sunt servada）とする規範を十分に内面化させていないため，実際にルールを遵守するかどうかについて確証がない．それに加えて，国家に遵守を促す超国家的な行政機構も存在しない（遵守の問題）．第2に，たいていの国際ル

ールは自己完結的な体系を構成していない．すなわち，ルールは，行動標準を定めた第一次ルールのみからなり，状況の変化に応じてルールの改正を適宜行う手続きを持った第二次ルールを兼ね備えていない．そのため，ルール改正には全締約国が参加する多国間または二国間交渉が必要となるが，もし交渉が開始されなかったり難航したりするならば，必要な改正は行われず，ルールは形骸化し，もはや締約国の相互利益に資するものではなくなってしまう（形骸化の問題）．第3に，通常，国際ルールには，締約国の行動に関する法的評価および締約国間の紛争を仲裁する裁判を行うことができる強力な管轄権をもった司法機能が整備されていない．そのため，複数の締約国がルールに関して食い違った解釈を施した場合，解釈をめぐる紛争を解決することができず，ルールの遵守を確保することは困難となる（仲裁の欠如の問題）．

　これらの問題点は，分権的国際体系において実効性のあるルールを構築することの難しさを示すかたわら，ルールが包含しなければならない諸制度について重要な示唆をも与えている．この点で，本章では遵守問題を効率的に解決してくれる手続き，すなわち遵守手続きの制度設計に関する2つの考え方，執行モデル（enforcement model）と管理モデル（managerial model）を概観する．両モデルは，実際の遵守手続きを客観的に評価するだけでなく，それを設計し，欠陥があれば修復するうえでも役立つ．本章は，執行モデルと管理モデルを形作る論理および具現化する諸制度を分析して，2つのモデルが貿易紛争の防止にどの程度貢献できるか，その可能性と限界について検討する．

142　　第2部　グローバル・ガバナンスと制度

1 執行モデル

(1) 結果の論理

　基本的に，執行モデルは，法の執行によって遵守を確保すること
を意味する．この考え方は，事実，国内社会で実践されている．遵
守問題が刑法に関わるものであるとすると，法律に違反したと疑わ
れる者に対して，検察機関が事実確認を行い，司法機関が法的評価
を実施し，司法の審判は行政機関によってほぼ確実に履行される．
法律の不履行は法的制裁の対象になりうることを国内法で規定して
いる点を考慮すると，国内社会における法の遵守は，公権力に基づ
いた集権的な執行モデルに即して確保されていると解することがで
きる．

　しかし，超国家的な法体系や政府が存在せず，主権国家が並存す
る国際体系においては，集権的な執行モデルを導入する妥当性は低
い．したがって，執行モデルを国際ルールに適用するには，国内社
会で用いられる集権的な履行手続きを分権的な履行手続きに代える
必要がある．分権的な履行手続きとは，主権の平等を前提とし，各
締約国が負う法的義務・負担または権利と利益の均衡に立脚した相
互主義（reciprocity）の原則に基づいたものである．言い換える
と，締約国の合理性判断を前提とし，遵守の期待純便益が非遵守の
期待純便益を上回る状況を確保することによってルールの履行を図
る結果の論理（logic of consequences）に立脚したものである．

　この論理を制度設計に適用するならば，次のようになる．条約義
務の履行を検証するための事実確認や法的評価の役割を各締約国に
委ねる一方，義務の不履行が生じた場合，相互主義の観点から，違
反国に対して対抗措置を課す権利を他の締約国に与えておくという
相互的な牽制を通じて遵守を確保するものとなる．ただし，分権的

第8章　国際貿易と政策調整　143

な執行モデルには，違反を正確に確認できるのか，違反に対してどの程度の対抗措置を規定しておけば，遵守の回復または違反の防止を図れるのか，違反国に対して他の締約国は対抗措置を発動する権利を本当に行使するのかなどの問題が付きまとう．以下では，これらの問題を検討し，分権的な執行モデルの実現可能性と問題点について考える．

(2) 執行モデルの諸制度 [1]

まず，考察を単純化するために，国際ルールが存在しない二国間の政策対立を想定しよう．A・B両国が，自国の関税を引き上げる［保護貿易］と関税をゼロまたは最低のレベルに制限しておくという［自由貿易］のうち，どちらかひとつを選択するという問題に直面しているとする．両国がともに［自由貿易］を選択すれば，関税競争が発生せず，良好な通商関係が維持されるが，両国がともに［保護貿易］を選択すれば，関税引き上げを含んだ貿易紛争が発生し，二国間関係は一挙に緊張する．また，一方が［自由貿易］を選択したにもかかわらず，他方が［保護貿易］を選択したならば，後者は輸入を抑えて輸出を増大できるので貿易黒字を稼ぎ出し，国内生産も拡大して国内産業に利潤と雇用の増加が発生する．前者は，一方的に［自由貿易］を選択することになり，貿易赤字の増加および利潤と雇用の減少に苦しむことになる．しかし，この非対称的な帰結は外在的な調整装置がない状態では安定しない．なぜならば，A・B両国とも利潤，雇用，黒字の拡大を狙って［保護貿易］を選択する誘惑に駆られるため，帰結は，競争的な保護貿易という両国にとって最悪なものに移行するからである．

今度は，［自由貿易］を国際ルールとし，相互主義を遵守理念と

---

1) 執行モデルを解説したものとしては Downs and Rocke（1995）や鈴木（2000, 第 5 章）がある．

144　第 2 部　グローバル・ガバナンスと制度

した無期限の貿易協定が A・B 両国間で締結されたとする．そう
なると，もし仮に B 国がルールに違反して［保護貿易］を選択し
たとするならば，相互主義によって A 国には，受けた被害と同程
度の対抗措置を B 国に課す権利が与えられる．この制度の下で B
国は，直面する選択の短期的結果だけでなく，各選択肢が長期的に
どのような影響を与えるのかを考えて意思決定を行わなければなら
なくなる．この場合，条約が無期限であることから，両国が抱く
「将来の影」（shadow of the future）が遵守の確保を左右する重要
なカギを握る．将来の影とは，国家が将来の国家間関係で得られる
利益を現時点においてどの程度重んずるかを意味する割引因子のこ
とである．どのような意思決定者であれ，多かれ少なかれ将来の利
益を勘案して行動を選択するはずである．

　もし両国が長期的展望をもつ（将来の影が大きい）ならば，将来
の利益を重んじて行動することになるが，短期的展望に陥っている
ならば，目前の利益を重視することになる．両国が長期的展望を有
している場合に限って，各国は，違反国に対して対抗措置を課し，
違反国は，将来の相互遵守から得られる利益が違反による一時的利
益を上回り，自国にとって遵守を継続して選択するほうが得策であ
ると判断するようになる．かくして，長期的展望を共有した両国に
よって遵守が確保され，貿易協定は無事履行される．

　反対に，どちらかあるいは両方の国家が短期的展望に陥っている
ならば，対抗措置の可能性を認識しつつも違反の一時的利益を重ん
じるため，遵守は得られない．国家は，差し迫る経済不況に対処す
るという理由のほかにも，国内産業の利潤や政権維持などという必
ずしも正当といえない理由によっても，短期的展望に傾斜する場合
がある．この際，遵守の確保には違反の便益を相殺する強力な対抗
措置が必要になる．この対抗措置は，相互主義から懲罰主義へと理
念を転換させることになるが，これによって遵守が確保できるとも

限らない．懲罰によって両国の関係が険悪化し，重大な紛争が生じることが予想されるならば，相手国は遵守を確保したくとも，紛争を激化させる懲罰を課すことを見送らざるを得ない．

(3) 1945 年体制の貿易ガバナンス

　ここまで，相手国の遵守状況は客観的に確認できるものとして考察を進めてきたが，国際的な貿易ルールと国家の貿易政策によっては確認がかならずしも容易でない場合がある．たとえば，関税及び貿易に関する一般協定（GATT）では，輸入の急増による国内産業の被害を一定程度に食い止めるために輸入を一時的に制限する，セーフガードとよばれる緊急輸入制限措置が認められていた．ところが，セーフガードを発動できる要件に関する解釈が国々によって異なる場合，ある一国が発動したセーフガードは国内産業の利潤のための不適切なものであると相手国に解釈される可能性があった．また，国々は市場に出回る商品に対して，安全や環境などの観点からさまざまな品質規制を導入していたり，雇用や地域社会の安定という観点から国内産業に補助金を供与していたりする場合もある．これらの商品規制や補助金のなかには，自由貿易の精神から逸脱し，外国からの輸入品に対して差別的な影響を与える「非関税障壁」とよばれるものも紛れ込む．ただし，これらの措置が GATT に違反する不当な輸入制限かどうか客観的に判断することは難しい．

　上記の非関税障壁の問題から，分権的な執行モデルで採用される国家レベルの検証装置（national verification mechanism, NVM）で他国の遵守に関わる正確な情報を入手することは，たとえ情報収集技術が飛躍的に向上した現代であっても容易でない．もしある締約国が本当にルール違反を行っているならば，その証拠を隠そうとするだろうし，たとえ違反を行っていなくとも，主権の観点から自国の貿易政策に関わる詳細な情報を公開することに難色を示すだろ

う．これらの理由などから遵守状況がNVMによって直接的に確認できない場合，相手国は，自由貿易に代わって公正貿易という概念を持ち出し，当該国の遵守状況を間接的に測定する代替的な指標を用いて監視に取り組むかもしれない．この間接的な監視手続きには，代替指標が一定の基準を超えたならば，違反が確認されたとして対抗措置を発動するというトリガー装置が盛り込まれる．代替指標とは，貿易収支の状況，国内企業の経営者の証言などというものである．しかし，貿易収支には外国の通商政策だけでなく，政府の財政状態，技術レベル，企業経営の質などのさまざまな構造的・政策的要因が影響を及ぼすため，貿易収支だけを見てルール遵守の実態を判断することは適切ではない．そのため，実際にはルールに違反していないにもかかわらず，不慮の出来事で代替指標が基準値を超えると，対抗措置が発動されてしまう．

1980年代，アメリカのレーガン政権は「公正貿易」を政策方針として掲げ，貿易収支という尺度を用いて，当時，対米貿易黒字が最も大きい日本を相手取って，鉄鋼，テレビ，自動車，半導体などという日本企業が得意とし，アメリカ市場に大量に輸出していた製品に関して，ダンピングなどを禁止するGATTに違反している疑いがあるとして米商務省に調査を要請した．商務省はアメリカ国内産業寄りの態度をとり，相手国の貿易政策を評価するにあたって間接的なデータを用いて違反の有無を判断する傾向があったとされる．こうした商務省の判断をもとにして米政権は，自動車に関しては日本企業に輸出自主規制を要請し，半導体に関しては日本企業にアメリカ製の半導体を購入するように圧力をかけたとされる．

こうした間接的なデータによるNVMには誤認の恐れがあり，それによって対抗措置やそれに類似した圧力が不当に課される恐れもある．また逆に，どのように振る舞っても対抗措置の発動を受けると認識してしまえば，相手国は遵守の意義を感じなくなってしま

う．こうした事態を防ぎ，遵守を確保するには，遵守状況を中立公正に検証できる国際機関による監視制度が不可欠になる．この問題は，分権的な執行モデルには遵守状況の確認の点で重大な欠陥があることも浮き彫りにしている．

2　管理モデル

(1) 適切性の論理

　国際法学者 A. チェイズと A. H. チェイズは，管理モデルの要諦を，執行モデルが遵守の決定因とする「制裁の脅威でなく，国際条約の締結を可能にした利益の均衡を特定の微視的文脈の中で再構築すること」と定義している（Chayes and Chayes 1995, 5）．このモデルは，各締約国が国際ルールを遵守することが適切であるという認識を共有している場合に遵守体制が整うとする適切性の論理（logic of appropriateness）に依拠した遵守概念を提案している．この論理によると，締約国が遵守を適切な行為であるとみなすには，条約に正統性と透明性が確保されていなければならない（Franck 1990, 24）．

　一般的に条約は，締約国が単に義務の便益と費用を比較衡量した結果として採択するものではなく，共同して相互利益を探求，再定義，発見する創造的過程の所産である．そのため，条約には締約国の相互利益の実現のために構築された実定法としての正統性があるとされる．こうした一般的な解釈に加え，管理モデルは，条約の規範やルールが締約国に受け入れられ，無差別に適用され，最低限の公平性や平等性を有している状態において，条約の正統性は確保されると考える[2]．また，透明性を，条約の規範・ルール・手続きと

---

　2) Franck（1990）は，国際法手続きの正統性について深遠な考察を施しているが，かなり厳格な基準を採用しているため，実際に基準を満たすことは

条約に関わる締約国の政策行動についての知識や情報の入手可能性と定義して，締約国の行動を調整し，締約国の疑心暗鬼を緩和しつつ，違反行動を公表してその防止を図るうえで透明性の大切さを指摘する（Chayes and Chayes 1995, 135–36）.

こうした管理モデルの観点からすれば，締約国が義務の不履行に陥るのは，①条約内容が曖昧であるため，遵守行動と違反行動が容易に区別できない場合，②条約の遵守に必要となる法的・行政的能力が締約国に不足している場合，③条約を取り巻く環境に重大な変化が発生し，条約の正統性が著しく低下した場合などである（Chayes and Chayes 1995, 10）. これらの状況で生じる義務不履行は，制裁されるべき違反行為でなく，むしろ是正されるべき法制度的問題である. にもかかわらず，執行モデルにしたがって対抗措置を発動すれば，対抗措置を被る違反国だけでなく，それを課す発動国にも輸入価格の上昇などの不利益をもたらす. そのうえ，対抗措置は，締約国間の平等原則に反する不当な強制手段であり，制度を支える協力関係を根本から破壊する理不尽な手段でもある（Chayes and Chayes 1995, 29）.

(2) 管理モデルの諸制度

執行モデルと異なる因果律で制度と遵守を結んだ管理モデルは，条約の正統性と透明性を確立し，遵守を確保する諸制度として次のものを提案する.

① 国際機関 分権的な執行モデルで採用される NVM という国家レベルの監視手続きによる履行状況の確認には限界があるため，管理モデルは，それに代わる，独立した監視手続きをも

難しい. この点で基準を緩和した管理モデルは実現可能性を高めている.

つ国際機関の設置を提案する（Chayes and Chayes 1995, 177）．
国際機関が締約国の国際ルールの遵守状況に対して独自の調査
権を与えられた場合，実効性の高い最も強力なもののひとつと
なるが，その運用は国家の主権の制限をともなうため，締約国
の抵抗が予想される．しかし，たいがいの場合，国際機関の機
能的な権限が国家の領域内で支配権力に転化する可能性は低く，
締約国の主権そのものが否定される事態は避けられる．したが
って管理モデルは，国々の利益に相互性がある状況において，
自国の利益の確保を目指す国家は国際機関による監視を自発的
に受け入れるものと考える．

② 紛争解決制度　貿易協定に限らず，どのような条約にも多か
れ少なかれ曖昧なルール，または不完備契約（incomplete
contract）が存在する．こうした問題は，少なくとも次の3つ
の理由で協定に入り込む．第1に，条約の内容について交渉す
る際に，異なる利益や考え方を持つ国々の間で詳細にわたって
合意することは困難である．このような場合，交渉決裂を恐れ
る交渉者は合意を「創造」しなければならない．そこでは利益
の衝突を招く文言の削除または曖昧化が合意形成手段として用
いられる．第2に，条約の規制対象になっていない新たな技術
（たとえば，遺伝子組み換え技術）が条約締結後に開発された
場合，それが条約内容（たとえば，安全基準）に則っているか
どうかの判断はむずかしい．事後的であるが，その条約は不完
備契約となる．第3に，このような将来の不確実性に備えて，
条約に条件付条項や見直し条項が盛り込まれる場合がある．こ
うした予防的措置は，締約国の利益から乖離しないように条約
を維持しようとする工夫である反面，条約自体をアドホックな
ものにしてしまう．これらの原因で生じる不完備契約は，条約
に関する幅広い解釈を可能にしてしまう．紛争解決で少しでも

優位に立ちたい締約国が自国に有利になるように条約を解釈しようとすれば，締約国間に解釈の相違が生じ，条約の遵守体制は揺らぐ．したがって，ルールの確定性の回復には，中立的かつ公正な解釈を提供してくれる司法的紛争解決制度が必要になる．

③　能力強化　最後に，管理モデルは，上記の国際的な遵守手続き以外に，締約国内の法行政能力の向上が遵守の確保に重要であると考える．こうした能力強化（capacity building）は，条約の締結・批准・発効に関わる国内政治行政手続きの整備，国内実施法の法制化，法執行に携わる専門の行政・司法機関の整備，担当官の技能の向上などを含む．国内の遵守基盤を強化することによって，締約国は条約を遵守するという誓約（コミットメント）を対外的に発信できると同時に，締約国の遵守能力が外部から高く評価されることにもつながる．その結果として，締約国間の信頼関係は深まり，条約全体の遵守体制が強化される．

　上記のように管理モデルでは，遵守状況の監視，紛争解決，能力強化に関わる制度によって，遵守を確保しようとする．また，たとえ違反が確認されても，執行モデルが想定する強力な対抗措置を発動させることは意図されていない．むしろ，理想主義のいう法の支配の精神に則り，それを再確認し，強化させるような制度の構築を推奨するのが，管理モデルの本質である．

　ただし，1945 年体制の GATT には，管理モデルに相当する制度は設置されていなかった．まず，GATT では，締約国の経済発展レベルに応じて自由化義務の程度を変更することが許されていた半面，たとえ義務違反が認定されても，違反とされる措置をただちに撤回する必要はなく，他の代償措置を与えたり，対抗措置を甘受し

たりすることによって協定上の譲許のバランスが回復されれば，紛争は解決されたものと考えられていた[3]．また，紛争解決手続きも設置されていたが，手続きの開始および報告書の採択には関係するすべての紛争当事国の同意が必要であるとするコンセンサス方式がとられていた．そのため，小委員会で敗訴の可能性を恐れる当事国は同意しないため，同手続きが紛争解決に効力を発揮することは稀であった．最後に，GATT の事務局に対しても調査・能力強化の任務は与えられていなかった．

3　国際協定と法の支配

　本章では，1945 年体制の貿易ガバナンスを執行モデルと管理モデルという 2 つのモデルから考察した．同ガバナンスに対しては，本書の第 4 章で，柔軟なルールを掲げつつ，締約国の国内社会の安定を勘案しながら漸進的に自由化を進めることに成功したという一定の評価を与えたが，本章での検証から，同ガバナンスは保護主義を解消するうえで決して十分なものでなかったことが浮き彫りとなった．執行モデルからすれば，締約国に政策的裁量の余地を残すルールが GATT に盛り込まれ，権利と義務の関係を不明瞭にして，遵守の客観的な判断や違反に対する対抗措置の発動を難しくさせるという問題があった．また，管理モデルからすれば，遵守を誘発する正統性と透明性を確保し，遵守の調査・評価を支援してくれる国際機関や紛争解決制度を適切に整備していないところに問題があった．両問題とも，締約国が政策的裁量を維持しつつ，強力な国際機関や紛争解決制度の設置を敬遠していた点に共通の原因がある．

---

3)　小寺によると，東京ラウンドで紛争解決手続きに法準拠概念が導入され，世界貿易機関（WTO）は東京ラウンドの流れを受けて法準拠性を格段に強化した（小寺 2000, 89-93）．

これらの欠陥があるにもかかわらず,「埋め込まれた自由主義」と称される 1945 年体制の貿易ガバナンスが成功を収めた背景には,技術レベルが相対的に低く,セーフガードや貿易調整支援政策などによって資本や労働という生産要素の産業間移動を図ることが容易で,国内社会の安定を保ちつつ貿易自由化を進めることができた状況があった.換言すると,技術レベルが低ければ,資本や労働を国際競争力の低い輸入圧迫産業（例えば繊維）から国際競争力の高い輸出産業（電器）に政策を通じて移動させ,失業を防止できる.ところが,技術レベルが徐々に向上し,生産要素の産業間移動が困難になると（例えば,電器産業から人工知能［AI］産業への移動）,セーフガードや貿易調整支援政策という手段は,もっぱら国内産業の保護を目的としてとられるようになり,本章で着眼したルールの遵守問題が深刻化するようになった.この背景には,国際競争で不利な立場に追いやられた比較劣位産業の資本家や労働者が,他の産業に容易に移動できないため,当該産業を政府に保護してもらい,政府も産業保護を認めることで政治献金や選挙での集票効果を狙うという政治的思惑があった.

　したがって,保護主義の排除という共通目的を達成するためには,国々が主権を部分的に制限・共有して,裁量を縮小し,監視・紛争解決制度を強化することが必要となる.実際にも,この教訓に合致するように,1995 年,GATT を継承した世界貿易機関（WTO）では,ルールと紛争解決制度の強化が行われた.すなわち,国際市場取引における法の支配の深化,主権と政治の縮小が目指された.この詳細な経緯については第 3 部第 11 章で論じるが,法の支配の強化がグローバル経済ガバナンスを向上させるかどうかについて考察することがそこでの課題となる.

第 8 章　国際貿易と政策調整　　153

第9章　人権と認識共有

　厳格な法尊重主義派の観点からすれば，ガバナンスに不可欠な国際ルールを実施するうえで，法的拘束力のあるハード・ロー（hard law）の形態をルールに盛り込むことが至極当然である．なぜならば，一般的に，ルールの法的拘束力が高まれば，締約国の遵守を確保してルールの有効性を向上させることになるからである．これが公式主義（formalism）の考え方であり，理想主義が目指す法の支配の原則のひとつでもある．前章では，執行モデルと管理モデルという公式主義に則った遵守概念を分析し，それぞれ法的拘束力のある対抗措置や紛争解決制度の設置を要請するところをみた．

　しかし実際には，多くの国際ルールが，法的に拘束力を有すると定められているにもかかわらず，具体性の低い，曖昧な内容をもっていたり，強力な実施手続きを備えていなかったりする．本書では，こうしたルールを緩やかなルールと定義する[1]．国際条約に緩やかなルールを採用する理由には少なくとも以下の3つがある．

　第1に，参加国が主体的に行動できるように，国際ルールに幅をもたせ，国際的な実施手続きを弱めておきたいと考える場合．

　第2に，国々の国内状況が異なるうえ，状況の変化に応じて国際ルールを適宜変更することも困難であることが予想されるため，参加国が柔軟に対処できるようにルールの具体性を弱めておく必要が

---

1) これと対照的に，法的拘束力をもたないソフト・ロー（soft law）という形態のルールもある．ソフト・ローは，高度に技術的で，頻繁な改正を必要とする金融健全性規制などの政策領域において有効であるとされる．ただしソフト・ローは，本章で非公式の遵守制度と見なすプロセスを作用させることが難しいため，分析の俎上に載せない．

ある場合.

　第3に，国際ルールの有効性を確保するには，できる限り多くの国にルールを受容してもらわなければならず，多様な利益や認識をもつ国々に受容されやすいように，ルールの具体性を低め，実施手続きも弱めておきたい場合.

　一般的に，上記のいずれかの状況において，具体性の低いルールあるいは弱い実施手続きという緩やかなルールが採用されることがある．しかし，緩やかなルールを締結しても，その性質上，国々が遵守する可能性を低めてしまうだけでなく，そもそも遵守する意図のない国家にも国際ルールを受容することを許容してしまう．このような緩やかなルールが多数採用されることになれば，グローバル・ガバナンスの意義は失われる．反対に，たとえ緩やかなルールを採用している場合でも，公法や政治に関わる公式の過程と対照的に，市民や非政府組織（NGO）などが関与する非公式な過程（informal processes）で遵守が確保でき，国々の行動にルールと合致した規則性，安定性，予見性が持続的に発生すれば，健全なガバナンスが成立することとなる．そこで本章では，緩やかなルールを採用しているとされる 1945 年体制の人権ガバナンスをとりあげて，緩やかなルールをもとにしたガバナンスの可能性と問題について考察する.

1　認識的制度の理論

（1）認識と遵守

　一般的に，人間がルールを遵守する重要な理由のひとつとして，「約束事は守らなければならない」という内在的な規範認識がある．通常，国内統治に適用される憲法や実定法という法律には，指令として内在的認識を喚起・強化する効果があるとされる．その背景に

第 9 章　人権と認識共有　155

は，法律は，国民の代表が参加する立法機関で定められ，行政機関で履行され，司法機関で審査されるというように，三権を通して法律に拘束力をもたせる公式の法過程が存在する．その一方，公式の法過程のほかにも，「約束事は守らなければならない」という遵守の規範を醸成するうえで，国々の認識を，当該ルールが示す特定の行動形態に収束させ，遵守の意識を醸成する非公式の社会的過程が働く場合もある．こうした非公式な過程には，社会的学習，遵守に関わる拘束感情，不遵守に対する社会的制裁などという認識的要素が含まれ，緩やかなルールに対しても遵守と有効性を生じさせることがある．

　上記のように，認識を重視する考え方は，主観から独立して存在する事物を受動的に映し出す実在論に対して，観念を通じて主観の側から世界を規定しようとするコンストラクティビズムの観念論に依存する（第1章参照）．この考え方によれば，国々の間で共有される認識は，国々の利益や行動をも構成するため，共有認識で結ばれた国々の間では，共感，相互理解，信頼が醸成され，国際共同体（international community）が形成される．共同体内における国々の行動は，リベラリズムが想定するような利益追求行動ではなく，共有認識に由来する社会的行動となる．その共同体のルールに関しては，「約束事は守らなければならない」という社会化の圧力が強く働くことになる．この場合の国際共同体とは，価値，文化，宗教，慣習などに関わる共通の認識を有する国々の集合である．国際共同体は，共存という共通利害をもった国々によって形成される国際社会（international society）としばしば対比される．国際共同体は，共有認識の紐帯で結ばれた諸国民からなり，国家を超えて人間の社会生活を支えるものである．この意味で，国際共同体によるガバナンスは，ブル（2000）の世界秩序（world order），カントが提唱した世界市民主義すなわちコスモポリタニズム（cosmopoli-

tanism）と近似している．とりわけ，カントが論じた平和共同体
は，コスモポリタニズムという認識を共有し，外国人に内国民待遇
を保証する世界市民法を制定した市民国家からなる（カント 1985,
26-53）．こうした共同体には，遵守の意識を醸成させる認識的制度
（cognitive institution）が包含されていることになる．国際法の遵
守という問題領域では，次の 2 つの認識的制度に関わる理論が提示
されている．

（2）正統性論

　マンハッタン学派とよばれる国際法学の第一人者であるフランク
（1931〜2009 年）は，国際人権法のように実施体制という側面で緩
やかなルールでも，その遵守は，ルールの正統性が誘引となって確
保されるという命題を提示する．フランクは，締約国が遵守を適切
な行為であるとみなすには条約自体が正統性（legitimacy）を包摂
していなければならないと論じ，正統性の源泉として次の 2 つをあ
げる（Franck 1990, 24）．第 1 に，条約には，単に国々が義務の便益
と費用を比較衡量したという結果の論理や権力という強制の論理で
はなく，「一般的に受け入れられた正しい過程に即して採用され運
用されている」という適切性の論理が含まれているとするものであ
る（Franck 1990, 19）．第 2 に，正統性には法手続き的な根拠があり，
その要件を満たす条約が正統性を確保するという法実証主義的な解
釈である．フランクによれば，手続き的な根拠は，①ルールの確定
性・透明性（determinacy or transparency），②ルールの象徴的
な妥当性確認と権威の受諾（symbolic validation or authority ap-
proval），③ルールの凝集性と首尾一貫性（coherence or consist-
ency），④ルールの粘着性と組織化されたルールの階層（adher-
ence or falling within and organized hierarchy of rules）という
ものである（Franck 1990, 52）．

平易に言い換えると，ルールに対する遵守が確保されるには，ルールが明瞭かつ適切で，権威あるものと見なされていることに加え，その実施手続きもルールの内容と合致していなければならないということである．フランクのいう正統性は手続き的公平性と定義され，普遍的価値というようなルールの内容と区別される．第5章第1節で，ルールの規制効果と構成効果を定義したが，フランクのいうルールは，正当付けという構成効果を強くもつ．これは，国際的・国内的手続きを通じてルールの内容が浸透し共有されていれば，ルールに正統性が付与され，ルールに対する遵守が確保されるということを意味する．さらに，普遍的価値が明示的に共有されていない国家間関係にも，正統な手続きを通じてルールに込められた価値を浸透させる可能性をも秘める．

(3) 脱国家的法プロセス論

　フランクの正統な手続きというルールの内部から派生する遵守の誘引と対照的に，国際法学者コー（Koh 1999）は，脱国家的法プロセス（transnational legal process）というルールの外部からの社会的圧力がルールに対する遵守（obedience）を導き出すと論じる．この遵守は，機械的にルールに従う行為であり，義務を感じてルールの内容を実施に移す積極的な行為としての遵守と区別される．脱国家的法プロセスとは，法の実施や解釈だけでなく，波及や内部化をも包含したもので，非公式の手続きを経てルールの遵守を促す過程のことをいう．

　人権ガバナンスには，国連機関を中心とした政府間国際機関，アムネスティ・インターナショナル，ヒューマン・ライツ・ウォッチなどのNGOが多数関与し，国々の人権状況を監視して重大な人権侵害に対しては懸念や批判を表明し，是正に向けて対話や説得を行う．このような非公式のプロセスが繰り返されるならば，人権概念

が徐々に人々の認識のなかに内部化され，遵守が日常化される．コーはプロセスに言及しているものの法の正統性はその内容にあることを強調し，主権の壁が強く意識されている現実のなかで，非公式の社会的プロセスが政治に対して人権保護に取り組ませる手段となると論じる．この脱国家的法プロセスは，コンストラクティビズムが指摘する社会化に近い．すなわち，次節で検証するように，遵守の社会的認識が希薄な地域でも[2]，人権という普遍的価値の普及に社会的役割を見出し，拘束感情を抱く規範起業家としての国家，国際機関，NGOがネットワークを形作り，批判・説得活動を継続的に行う（Keck and Sikkink 1998）．その結果，当該地域の国内団体と連携して，人々の認識を一定の方向に収束させる相乗効果をともなった社会化プロセスが作用する．さらに，人権侵害に対する痛烈な批判が波及効果を呼び，侵害者である政権幹部に恥辱，不名誉，社会的地位の失墜を与え，やがて人権の回復につながる．

　正統性論と脱国家的法プロセス論は，各締約国がルールを遵守することが適切であるという認識を共有している場合に遵守が整うとしつつ，間主観性の働きによって人間の意識に内在する適切性の感情を呼び起こす認識的制度を探求しているところに類似点がある．それは，フランクにしてみれば，正統なルールとその適用手続きであり，コーにしてみれば，ルールの実施過程で活動する国際機関やNGOなどである．手続き的正統性は，ルールの明確化や手続きの正規化によって確保されるわけであるから，具体性と拘束力を高めることで得られるはずである．対照的に，脱国家的法プロセスは，多様な国々の参加を募ってルールの妥当範囲を拡大しつつ，多数の個人や団体の関与を容易にすることで豊饒化できる．比較してどち

---

2) 合理主義でこうした社会的行為を説明するには，その概念的中核である方法論的個人主義からかなり逸脱して選好を再定義する必要がある．

第9章　人権と認識共有　159

らが人権ガバナンスで有効なのかという判断は難しいが，上記のように，少なくとも双方は相互排除的でなく，相乗効果を発揮しつつ共同的に作用する．

　以上，2つの理論は，人間の理性や正義ではなく，正統な法手続きや脱国家的法プロセスに則り，遵守に向けて認識を収束させることによって，法に包含されている普遍的価値を実現させる方途を示している．以下では，1945年体制の国際人権ガバナンスを事例にして，認識的制度がどのように作用したのかについて検証する．同ガバナンスは，世界人権宣言をその根幹として，市民的及び政治的権利に関する国際規約（自由権規約），経済的・社会的及び文化的権利に関する国際規約（社会権規約），人種差別撤廃条約，拷問等禁止条約，子どもの権利条約，女子差別撤廃条約など9つの独立した条約からなる．各条約は，国連憲章第2条第7項で謳われている内政不干渉原則を前提として，任意の参加を募りつつ，各条約の条項にオプト・アウトという留保を認めている．実施手続きにしても人権委員会（現・人権理事会）への報告，審査，評価，勧告に留まるほか，委員会に任命された特別報告者（マンデート保持者）による調査・報告・勧告からなる手続きも備えているが，どちらも違反に対する制裁や対抗措置を包含したものではない．これらの緩やかなルールからなる人権ガバナンスは，指令的な規制効果に乏しいことが懸念されている．

2　1945年体制の認識的制度

（1）人権規範の地域的拡大

　国際法の実施を国内統治と連関させる考え方では，人権法の実施状況は，国内人権法を整備した健全な立憲民主主義国家では良好である一方，そうでない権威主義国家では悪化すると推測される．こ

うした推測に反して，人権規範に乏しい権威主義国家において遵守状況が改善した以下に見る 2 つの事例があり，これらを参考にして，緩やかなルールに対する認識的制度の役割について検討する．

南アフリカ共和国（以下，南ア）では，20 世紀初頭からアパルトヘイトという人種差別政策を，1994 年に廃止するまで一貫して実施してきた．これは選挙権・被選挙権，就業，居住，結婚など政治・経済・社会のあらゆる領域で人種間の分離を図る極端な差別政策であった．国連総会は，1952 年以降毎年，非難決議を採択し続け，1966 年には人道に対する罪として糾弾し，イギリス連邦も南アを強く批判したため，南アは連邦脱退を余儀なくされた．さらに，国際オリンピック委員会も 1964 年大会以降，南ア選手団の出場を禁止するようになった．国連総会や人権委員会は，反アパルトヘイト運動に賛同する多数の国際機関，NGO，個人が結束できるフォーラムを提供し，同運動の継続に寄与した．

しかし，南アは，多くの国際機関からの非難や除名処分に遭いながらアパルトヘイト政策を維持し，豊富な鉱山資源を輸出源として経済的にも繁栄を続けた．その一方で 1960 年代後半，アメリカの公民権運動に呼応して，南アのアフリカ人が決起して組織的な反アパルトヘイト運動を開始するようになった．運動はマンデラらによって主導され，アフリカ民族会議（ANC）や南アフリカ・インド人会議（SAIC）という反アパルトヘイト組織が設立された．白人政権はただちに両会議を非合法化し，マンデラなどの指導者を投獄するが，民衆はソウェトなどの居住区で断続的に蜂起を繰り返すようになった．1984 年，ボータ白人政権は，事態の鎮静化のために人種別三院制議会を設置してアパルトヘイト政策を部分的に縮小したが，反対運動は収まるどころか，むしろ増強していった．1989年に成立したデクラーク政権は，アパルトヘイト政策の廃止を宣言し，ANC と SAIC を合法化してマンデラを釈放する一方，人口登

録法，原住民土地法，集団地域法などの法律を廃止したが，多くの
アパルトヘイト法が残存した．完全撤廃が実現するのは，1994年
に全人種が参加した総選挙によってマンデラが大統領に選出された
後の憲法改正によってであった．新憲法は，国際人権法のうち自由
権規約と社会的規約を人権法典として位置付け，人権法典の解釈に
あたっても国際人権法を参照することを定めた．したがって，南ア
の新憲法には国際人権法の国内実施が強く打ち出されている．

　認識的制度に関するもうひとつの事例として，東欧の共産主義諸
国における民主化が挙げられる．その契機となったのが，1975年，
アルバニアを除いた全ヨーロッパ諸国およびアメリカとカナダの計
35カ国によって設立された全欧安全保障協力会議（CSCE）が東西
緊張緩和を目的として採択したヘルシンキ宣言であった．同宣言は，
法的拘束力はないものの，その第7章で，世界人権宣言を参照しつ
つ，思想，良心，信教の自由と人権の普遍的重要性を認め，その後
の定例会議で実施状況を評価することを定めた．当初，東側諸国の
政府関係者は同宣言の影響を過小評価し，これを受け入れた．とこ
ろが，かれらの予想に反して，宣言に勇気づけられ，抑圧に抗議す
る機会を得た東欧諸国の活動家が政府に対する非公式の監視グルー
プを結成し，市民的自由権を求めた運動を展開し始めた．1982年
には，国際ヘルシンキ人権連盟が結成されて，各国の民間監視グル
ープが連携できるようになると，一地域の運動が他地域に波及する
ようになった．

　1980年代後半，その効果が表れる．東ドイツでは東ベルリン市
民がホーネッカー政権から西ベルリンへの渡航の自由を勝ち取って
ベルリンの壁を壊し，ポーランドではヴァウェンサが率いる労働組
合の連帯，チェコスロヴァキアではハヴェルが率いる市民フォーラ
ムが大規模な民主化運動を展開した．これらの運動が国境を越えて
相乗効果を発揮し，東欧諸国の共産主義政権を次々に退陣させたこ

とによって，民主化に向けた無血革命が地域全体に波及した．その後，新政府の下で欧州人権法が受容され，人権規範が東欧諸国の法構造に定着する道を開いた．

(2) 認識と圧力の相互作用

南アと東欧の事例では，国連総会や国連人権委員会，CSCE という国際機関，アムネスティ・インターナショナルなどの人権 NGO，それ以上に，地域住民が人権法の正統性を信じつつ，脱国家的法プロセスの支援を得て人権侵害を繰り返す政権に対して反対運動を展開した．このような正統性と脱国家性のダイナミズムによって，たとえ緩やかな国際ルールであっても有効性を発揮するようになる．ただし，以下で論じるように，両事例とも，認識的制度と別に，外部からの経済制裁と政治的圧力という要因が同時に作用したことも看取できる．外部の政治経済圧力が人権法の実施を直接的に誘発したわけではないが，南アと東欧の住民が人権状況の改善に向けて行動を起こすことを間接的に支援した．

南アのアパルトヘイト廃止の原因として，国際社会が発動した経済制裁がしばしば挙げられる．1980 年代中盤から欧米諸国は，国内外の反アパルトヘイト運動の要請に応じて従来の建設的関与という弱腰の対応を改め，南アの主要輸出物資である鉱業品まで制裁の対象を拡大し，南アからの投資撤退（divestment）を多国籍企業に呼び掛けるようになった[3]．その理由は，キューバが軍事介入していた南アの近隣国アンゴラから撤退し始め，ソ連や東欧の共産主義政権が不安定となったことを受けて，ANC が共産主義国と連携する懸念が大幅に減退したところにあった．ところが，1986 年以

---

3) 欧米諸国のなかでもアメリカのレーガン政権は経済制裁に最後まで反対していたが，1986 年の連邦議会の議決によって同政権の拒否権は封じられ，アメリカも経済制裁に参加することになった．

第 9 章 人権と認識共有 163

降も南アの貿易量や国内総生産（GDP）に有意な減少は認められず，多くの研究の結果（たとえば Levy 1999），経済制裁の効果は小さいことが判明している．むしろ，就労差別や低賃金によって困窮した被差別住民が労働ストライキや暴動を引き起こして，治安維持経費を高騰させたことのほうが政権にとって打撃が大きかった．企業の撤退も，欧米政府の命令というよりも，南アの政情不安によって事業の継続が危ぶまれるというビジネス上の懸念からであった．

　また，東欧の共産主義政権の崩壊にしても，1980年代初頭から西側ヨーロッパ諸国は，欧州共同体（EC，現・欧州連合［EU］）の統合プロセスのひとつとして外交政策協力を強化し，東側諸国の人権侵害に対して協調的に圧力をかけるようになった．それに加え，欧州人権法を政治経済外交に適用する方針も打ち出され，東欧とEC間の貿易・投資を，東欧の人権保護状況に連動させる政策に転換するようにもなった．これらの新たなECの政策は，東欧共産主義政権に圧力をかけることになった一方，東欧諸国の民衆に対して，民主化運動を高揚させる勇気と誘因を与えた．

3　認識的制度と自由主義諸国の盛衰

　本章では，緩やかな国際ルールの受容と遵守に着眼した．緩やかな国際ルールは，締約国に裁量を与えることで，多様な国内事情を抱える多くの国々に受容され，変化する状況に柔軟に対応できるという利点をもつ反面，国々の遵守を確保できるかどうか不安な面もあわせもつ．もし遵守を確保できなければルールとしての意味がないため，遵守を確保する方途を創造することが必要となり，その検証が本章の課題であった．とりわけ，認識をベースとした遵守の手続きを理論化した正統性論と脱国家的法プロセス論を概観し，南アのアパルトヘイト撤廃と東欧の民主化を事例に考察した．

実態は，両論が想定するよりも複雑であった．国際人権法の手続きや脱国家的法プロセスは，人権 NGO と住民運動が相乗効果を発揮しながら展開され，人権状況の改善をもたらすのであるが，その過程において欧米自由主義諸国の政治経済的圧力が媒介要素として作用した．こうした媒介要素がなく，法手続きと脱国家的法プロセスのみが作用する状況において，人権状況の改善がどの程度実現できるのかという反実仮想の命題については客観的に検証できない．ただし，ほぼ同時期の 1989 年，欧米自由主義諸国の政治経済的圧力という媒介要素が十分に及ばない中国において学生達による民主化運動が活発化したが，共産党政権によって粉砕された．この天安門事件には，自由主義諸国の政治経済的圧力という媒介要素の重要性を看取することができる．

　もし人権の保護という理想に接近するうえで認識的制度が固有の効果を発揮することができるならば，欧米諸国が衰退する局面においても，手続き的正統性または脱国家的法プロセスを通じて人権保護は継続あるいはさらなる改善が見込まれるはずである．反対に，人権改善の大部分が自由主義諸国の政治経済的圧力に起因するもので，認識的制度との関連が希薄であるならば，自由主義諸国の衰退が国際的人権状況の悪化を招くことになる．第 3 部では 1991 年体制に着眼するが，自由主義諸国が相対的に凋落していくなかで，人権ガバナンスにどのような変化が発現するのかについて第 10 章で検討する．

第 9 章　人権と認識共有　　165

第3部 グローバル・ガバナンスの現在

　1991 年にソヴィエト連邦の共産主義政権が崩壊し，冷戦が終結した．それにともなって，イデオロギー闘争という国際ガバナンスの障害が縮小し，理想主義が掲げる調和，法の支配，人権という普遍的価値の実現により一層接近できる期待が高まった．第3部では，この新たなガバナンス体系を 1991 年体制とよび，1945 年体制に，市場と法制度の原理を強化して重要な制度変更が加えられた人権，経済，環境の領域を中心に考察する．この変更を推進したのが冷戦終結後に影響力を強めた西側自由主義諸国であった．一方で，冷戦期に西側自由主義圏と一部の開発途上地域に限られていた，人権や経済の国際ガバナンスが，東側共産主義圏やその他の開発途上地域にも拡大するようになった．これによって，グローバル・ガバナンスという概念も 1991 年体制で実体性をともなうようになった．ところが，この新たな取り組みも，国際連合安全保障理事会内の大国間政治，先進自由主義諸国と途上国の対立，新興国の台頭と自由主義諸国の相対的凋落，市場に内在するリスクなどによって阻まれることになる．第3部では，1991 年体制における人権と難民（第 10 章），貿易と通貨（第 11 章），気候変動（第 12 章）のグローバル・ガバナンスの動向について検証する．これらの政策領域における新たなガバナンスの仕組みはどのようなものか．グローバル化と多様化が進む現代の国際関係のなかで主権や対立という要因をどのように管理しようとしているのか．グローバル・ガバナンスを通じて理想の実現はどの程度可能になりつつあるのか．それとも特定のパワー，特殊利益，偏った認識などが原因で実現は困難になっているのか．これらの問いを念頭に考察を進める．

第 10 章　人権ガバナンス

　冷戦という対立の軛が解けて，人権が至高の価値として広く認められるようになった．1993 年の世界人権会議で採択されたウィーン宣言及び行動計画では，各国の歴史的，文化的，宗教的背景は考慮する必要性は認めるが，人権の普遍性に疑いの余地はないことが明言された．同宣言は，人権を普遍的価値と認める自由主義諸国と，内政干渉としてそれに反対する新興国や途上国の間での最大限の共通理解の所産であった．しかし一方では，社会権と自由権を峻別していた冷戦期の考え方を改め，両者は不可分で，相互に依存・関連するものと再定義する和解も見られた．その結果，人権保護に関わる法の支配の強化が再び試みられ，国際連合諸機関の人権活動を統轄する国連人権高等弁務官事務所（OHCHR）の設置および女性，子供，先住民の権利の保護を定める条約の作成を求めた．

　ところが，冷戦後の人権は，国家の破綻にともなう凄惨な内戦，ジェノサイド（集団殺害），難民の増大などによって，危機的な状況に置かれる事態が多くなっている．カルドー（2003）は，民族集団やテロ組織などの非国家集団を行為者とした内戦やテロリズムを「新しい戦争」と見なし，様変わりした現代の紛争と暴力を管理することがむずかしくなっていると指摘する．第 9 章で論じたように，人権ガバナンスは，正統な法手続きや脱国家的法プロセスという認識的制度を作用させて，人権規範が希薄な地域でもその浸透と共有化を図ることが期待され，1980 年代後半の南アフリカと東欧諸国においてその効果が表れた．冷戦後，内戦や国家破綻などによって人権問題が悪化するなかで，人権ガバナンスはどのように対処しているのだろうか．脱国家型の新しい戦争の原因が国内社会の統治・

治安機能の低下や人民の認識やアイデンティティの問題にあるという複雑な状況で，内政に踏み込んだ新たな制度改革が図られているのだろうか．それとも，主権と内政不干渉の原則に鑑みて，介入的な制度改革を敬遠するようになっているのだろうか．本章では，21世紀型の紛争に苦悩する人権ガバナンスについて考える．

1 「保護する責任」

(1) 新しい戦争への対応

第4章で言及したように，1950年代，国連平和維持活動（PKO）は，国連憲章で定められている集団安全保障が冷戦期の大国間対立によって無力化した状態で，紛争の平和的解決を定めた第6章と平和執行を定めた第7章の間に位置して，停戦の維持を図る国連活動として構築された．活動間で具体的な任務に違いがあるものの，一般的な従来型のPKOは，主権と内政不干渉の原則を重視しつつ，紛争当事国によって締結された停戦協定を前提として，緩衝地帯に停戦監視団または平和維持部隊を配置し，戦闘の停止および侵攻した兵力の撤退を監視・管理することによって，停戦協定の遵守を確保することを目的とするものであった．

ところが，冷戦後，紛争の主要形態が国家間戦争から内戦へと変容したことによって，国連の平和活動が効果的に実施されなくなっていることがしだいに露呈した．この従来型のPKOが有効性を失った主な原因として，2つの制度的欠陥がある．第1に，従来型PKOは平和条約の締結に向けた具体的な交渉手続きを備えていないうえ，紛争当事国もPKOによって支えられた停戦に甘んじるため，持続可能な平和の構築に向けて積極的に取り組もうとしないこと，第2に，従来型PKOは，主権と内政不干渉の原則を重視し，内政干渉にあたる恐れがある人権の保護を任務としないことである．

そのため，冷戦期のレバノンの内戦でも，国連レバノン暫定軍（UNIFIL）が派遣されたにもかかわらず，キリスト教右派組織によるパレスチナ難民のジェノサイドを防止できなかった．

　冷戦後，紛争の形態が変化し，破綻国家で大規模人権侵害が多発する状況で従来型 PKO の欠陥がさらに一層表面化した．こうした紛争形態の変化に対応するように，PKO は多角化の道を歩むことになる．1992 年，国連安全保障理事会首脳会議の要請を受けたブトロス・ガリ国連事務総長は『平和への課題』を提出し，国連の予防外交，平和創造，平和構築，平和維持に関する能力を国連憲章の範囲内で強化し，より有効にする方法を提案した．そのなかで「絶対的・排他的な主権の時代は終わった．その理論は現実にもはや適合していない」と述べて，主権の相対性を指摘した．平和構築は以前から一部の研究者によって提案されていたが，『平和への課題』が平和構築を「紛争の再発を避けるために平和を強化し堅固にする構造を見つけ，支えるための行動」と概念化し，その運用を目指した最初の文書であった．これを受けて，1993 年，国連安保理は「平和の強固な基礎」を作り出すための平和構築活動への支援を議長声明に盛り込み，国連総会も主権平等や内政不干渉などの国連憲章に規定された諸原則と合致させるべきであると留保をつけ加えながらも，「紛争再発を止める新しい環境の創造を目指す発展的な概念」として平和構築を支援することを決議した．さらに，平和関連活動の統合と調整を目指した『国連平和活動に関するパネル報告書』，通称『ブラヒミ報告書』（2000 年）も，「終結していない紛争を軍事的な領域から政治的な領域へと移行させ，その移行を永続的にする」ためには民主的統治の定着が必要であるとして，国連平和維持・平和構築活動における民主化支援の重要性を強調した．

　その一方で，2003 年，国連人間の安全保障委員会も，国連平和支援活動の理念が従来の国家安全保障から人間の安全保障に移行す

170　　第 3 部　グローバル・ガバナンスの現在

ることが望ましいと訴え，実際にも徐々に移行が始まっていること
を評価した．さらに2004年，アナン国連事務総長が呼びかけた
「保護する責任」（responsibility to protect, R2P）でも，人権保護
を義務とした主権のありかたが強調され，ジェノサイド，戦争犯罪，
民族浄化などというかたちで人権が侵害された場合，国連安保理決
議による平和執行とその後の平和構築が必要であるとされている．
「保護する責任」という概念は，カナダ政府が設置した「介入と国
家主権に関する国際委員会」（ICISS）で考案され，2005年に開催
された国連首脳会議で公式の国連制度として採択され，翌年の国連
安保理決議1674号でも追認された．これらの方針に即して，独力
で安全と人権保護を確立できない地域に対して，国連平和活動が強
化され，人権の回復を支援するケースが増加しつつある．これまで，
ダルフール，イエメン，コートジボワール，マリ，スーダンと南ス
ーダンの紛争に適用された国連平和活動の任務を形作った安保理決
議に「保護する責任」が言及されている．

　こうした新たな国連政策の先駆けとなり，その具体的な適用と付
随する問題を考えるにあたって参照された事例が，多民族国家ユー
ゴスラヴィアが瓦解する過程で生じた内戦への対処であった．1992
年，安保理は決議743号を採択して，旧ユーゴスラヴィアの一地域
であるボスニアの内戦で発生した難民の帰還を支援することを任務
とした国連保護軍（UNPROFOR）を同地に派遣した．状況の悪
化を受けて，国際の平和と安全に対する脅威の存在を確認し，平和
執行の一環として保護地区の確保を保護軍の任務に加えた．その一
方で，激化する紛争に対して国連は，地域内に混住するボスニア人，
クロアチア人，セルビア人の再統合は不可能と考え，二者に領土分
割和平案を提案した．和平案は各民族の自決権を尊重し民族間の均
衡と融和を促進する新政治体制の導入を求めるものであった．

　ところが，勢力を拡大していたセルビア人集団はこれを不服とし

第10章　人権ガバナンス　　171

て拒否し，さらなる拡大を図るために他民族への攻撃を強化した．
これに対して国連安保理は，ボスニア住民の安全を確保するため，
航空禁止区域の設置（決議816号），安全地区の設置（決議824号），
安全地区の警護（決議836号）を保護軍の任務に追加したが，軽装
備の保護隊はイスラム系ボスニア人に対する虐殺を阻止できなかっ
た．ブトロス・ガリ国連事務総長は北大西洋条約機構（NATO）
に対して，人権侵害を制止する目的の軍事行動を要請し，それに応
じたNATO軍はセルビア人勢力に対して空爆を行った．その結果，
後退を余儀なくされたセルビア人は，当初拒否していた和平案とほ
ぼ同じものを受け入れた[1]．

　さらに，同様の事態がボスニアの隣のコソヴォ地域でも発生した．
コソヴォもボスニアと同様に旧ユーゴスラビアの自治州であったが，
ミロシェヴィッチ政権の圧政を受けて1991年に住民投票を経て独
立を宣言した．政権は独立を無効として弾圧を強化した一方，アル
バニア人はコソヴォ解放軍（KLA）を組織して抵抗した．1998年，
国連安保理は，国連憲章第7章に言及した決議1199号を採択し，
武力行使の即時停止，和平交渉の開始，難民帰還の支援を命じた．
それとほぼ同時期に，バルカン半島というヨーロッパの「東方」で
の紛争に安全保障上の懸念を抱いたNATOの最高意思決定機関で
ある北大西洋理事会（NAC）が，コソヴォでの紛争と人権侵害を
止めさせるため，空爆を含めた軍事作戦の待機命令（ACT-
WARN）を下した．これらの圧力によって停戦合意が当事者間で

---

1) 同様に国連は，ソマリアの内戦を国際の平和と安全に対する脅威と認識し，
平和執行を任務とした第一次国連ソマリア活動（UNOSOM I）を1992年に
派遣したが，受け入れに同意したはずの関係集団がPKO部隊を攻撃する事
態が発生してしまった．その後，1993年に任務を引き継いだ第二次国連ソ
マリア活動（UNOSOM II）は，PKO隊員を殺害した部族集団の指導者の
逮捕を任務としたため，再び報復攻撃を招いてしまい，平和の回復を遂げる
ことなく，期限切れにより撤退を余儀なくされた．

交わされたが，間もなく破綻した．1999年2月，ランブイエで和平交渉が開催され，コソボ自治区の創設と安全確保のためのNATO軍の駐留を含めた和平案を提示したが，新ユーゴスラヴィア政府は和平案を拒否し，その代わりに，非武装の国連PKO部隊の駐留を要求した．その後，戦闘は継続し，アルバニア系農民に対するジェノサイドの発生を機に，NATO軍は，同年3月，ACT-WARNに従ってユーゴスラヴィア軍や首都ベオグラードを空爆した．このNATOの空爆がユーゴスラヴィア政府にランブイエ和平案を受け入れさせる転機となった．

　空爆後，国連安保理は決議1244号を採択して，和平合意の実施と継続的な平和活動を後押しするように，大半がNATO軍からなるコソヴォ展開軍（KFOR）の設置と国連が主体となる国連暫定行政ミッション（UNMIK）の設置を決めた．このように国連の対応は後手に回った半面，NATOが戦闘とジェノサイドを実質的に止めさせた．ところが，KLAがNATO軍の武力行使を誘発する目的で，コソヴォのセルビア系住民を強制退去させることによってセルビア側を挑発しようとした策略があったことが事後的に判明し，次項で論じる人道的介入の難しさが露呈することとなった．

（2）対抗規範としての人道的介入

　1999年，NATOによる空爆を評価するためにスウェーデン政府はコソヴォに関する独立国際委員会（IICK）を設置した．おもに欧米諸国から専門家を糾合した同委員会は，空爆を「違法だが正当」であると結論づけた（IICK 2000）．その意図は，NATOによるコソヴォ空爆は安保理決議1199号で言及されておらず，新たな決議や国連事務総長の要請にもとづいたものでもなかったため違法である反面，多数のコソヴォ人を迫害から救い，「普遍的人権規範の保護」を成し遂げたことから正当である，というものであった．こ

第10章　人権ガバナンス　　173

うした IICK の判断は，しばしば機能不全に陥る国連の平和執行を，地域機関が代替すべきかどうかについての論争を巻き起こした．NATO の空爆は，「人道的介入」に相当する一方，国連安保理の直接的な決議がないため，手続き的に「保護する責任」に当たらない．人道的介入と「保護する責任」は，人権保護という点で同じ意味をもつのか，どのように違うのか．

　ウィーラー（Wheeler 2000）によれば，特定の国家が人道主義の観点から他国で発生している人権の侵害を止めさせるため，主体的に武力を用いて介入するという行為は，19 世紀の啓蒙思想家ジョン・S. ミルらが描いた「人道的介入」の現代的実践である．介入の目的が，①人道的危機に際しての人権保護である，②他の方策は尽くされ軍事介入が最後の手段である，③使用される武力が事態の深刻さと釣り合いがとれている，④軍事介入に十分な成功の見込みがある，という 4 条件を満たしているならば，介入は人道的介入に相当する．対照的にウォルツァー（2008）によれば，ある国家が他地域で発生している戦争の正邪を判断して，開戦事由に違反して戦争を起こした国家を懲罰する場合，それはグロチウスらの中世法学者が描いた「正義の戦争」に相当する．人道的介入，正義の戦争どちらの見方にしても，NATO の空爆は，帝国主義的な占領ではなく，普遍的価値である人権や正義を目的とした行動であり，国際社会で表面化しつつある連帯主義の表れでもある．本来，NATO は共同防衛によって加盟国と地域の安全という利益を確保することを基本的な目的とするが，認識の変化を受けて普遍的価値をも包含するようになった．

　ただし，こうした人道的介入や正義の戦争を論じるには，特定の国家は自国の利益よりも普遍的価値を重視して行動できるという，かなり強い前提をおかなければならない．コソヴォへの介入を人道的なものとして認めるイグナティエフ（2006）でさえ，介入が地域

の安全の確保というNATOの役割と合致していたからこそ実施できたと言明し，人道的介入の多義性を論じている．さらに，植民地主義を経験した途上国の観点からすると，人道的介入という主権と内政不干渉の原則から逸脱した行動は，文明の進歩の支援を目的とした未開発地域の植民地化を是認したミルの「善良な専制」と重なる．国連事務次長補で，「保護する責任」の起草者のひとりであるサクールは，人道的介入には客観的な基準や透明な手続きが欠けるため，特定の大国が地政学的な目的を達成しようと，人道主義の理念を濫用する帝国主義の可能性を懸念する（Thakur 2016, 416-18）．

(3) 安保理の拒否権政治

　人道的介入と対照的に，「保護する責任」は，国連安保理の決議を確保することによって特定の大国の恣意的な判断を抑制し，客観性，透明性，正統性を確保することを目指す．これは，大国である各常任理事国に拒否権を与えて，特定の大国の専断を封じ，決議された平和執行は理事会の総意であるとする安保理の議決制度に依拠するものである．ところが，この議決制度のパラドックスとして，「国連安保理は集団安全保障を実施する能力を喪失した」というフランクの言辞（Franck 2002, 3）を借りるまでもなく，冷戦後の安保理は，冷戦期と同様に，拒否権政治から脱却できないため平和執行を決定できず，人権侵害を長期化させた事例が散見される．それに加えて，安保理は，1990年代，緊急対応部隊（rapid reaction force）の設置を求めたアーカート提案を棚上げにし，加盟国の分担金の滞納によって財政難に陥っている国連平和活動を救済するための国際税（トービン税）の導入提案をも却下した．その結果，「保護する責任」を肩代わりするはずの国連は重装備をもつことが許されず，重大な脅威に対処できる態勢を整えるに至っていない．

　前々項で検証した旧ユーゴスラヴィア紛争でのNATO軍の軍事

介入も，こうした安保理の硬直性と無力さが背景にあった．重大な人権侵害の防止に大規模な軍事介入が必要な場合，ボスニア紛争で見られたように，国連は NATO などの地域機関にマンデート（委任）せざるを得ない．その結果として，人道的介入が，代替的な人間の安全保障概念として，「保護する責任」と併存するようになる．本来的には，こうした地域機関は特定地域における締約国の安全の確保を目的とした同盟であるため，国連のマンデートは必ずしも自動的に実施されるわけではない．それだけでなく，地域機関が消極的な判断を下す場合や，そもそも地域機関が存在しないところや存在しても十分な能力のないところで「保護する責任」はなおざりになる．

　冷戦後，国家の破綻にともなう人権侵害に対して，国連の平和維持・平和構築活動，「保護する責任」，地域機関による人道的介入という制度化が進んだ．実質的には，国連レベルの「保護する責任」は安保理の大国間調整に依存する一方，人道的介入は地域機関の利益とパワーに依存する．したがって，制度化によって人権保護が自動化されるわけではなく，究極的には道義的な判断に依存するところはグロチウスやミルの時代とさほど変っておらず，制度化の限界を知らしめることになっている．

2　人権ガバナンスの法制度化

　国連平和活動が人間の安全保障を重視するように，冷戦後の世界では，人権保護を強化する観点から国際人権ガバナンスの法制度化（legalization）が進んでいる．その端緒は，1993 年の世界人権会議で採択されたウィーン宣言及び行動計画に見られる．本章の冒頭で触れたように，同宣言では，各国の歴史的，文化的，宗教的背景は考慮する必要性は認めるが，人権の普遍性に疑いの余地はないこ

176　第3部　グローバル・ガバナンスの現在

とが明言され，この精神にもとづいて OHCHR が設立された．
2006 年には世界の人権状況を監視するための国連人権理事会が，
国連人権委員会に代わって総会の補助機関として設立され，人権侵
害の疑いのある国家に対する特別手続きも強化された．同手続きは，
1960 年代に南アのアパルトヘイトなどの人権侵害の監視を目的に
設置されたものであるが，強化された手続きでは，国連人権理事会
が特別報告者（SR）または独立専門家とよばれるマンデート保持
者を任命し，保持者の責任で調査，分析，対話，勧告を行うことが
できるようになった．

　特別手続きは冷戦期にも存在したが，その適用は限定されており，
制度としての発展もほとんど見られなかった．適用が本格化するの
は 1980 年代後半からであり，具体的なテーマをもとにしたマンデー
トを設置して，マンデート保持者を指名するようになった．1985
年には 3 件のマンデートを設置し，1990 年 6 件，1995 年 14 件，
2000 年 21 件，2010 年 33 件というように，人権理事会の発足と特
別手続き制度の強化とともに拡大した．争点ごとの内訳は，2010
年の場合，市民的政治的権利 10 件，社会経済的権利 10 件，少数民
族 8 件，その他（行方不明，投獄，女性差別）5 件である（Alston
2011, 569）．こうした特別手続き制度に対して，アナン元国連事務
総長は「人権保護の最前線で不可欠な役割を演じる宝石」のようで
あると称賛し，辛口の人権非政府組織（NGO）のアムネスティ・
インターナショナルでさえ，特別手続きは新たな法規範や法解釈の
創造を手助けすると評価し，「創造的で柔軟な人権保護の装置」で
あると認めている（Limon and Power 2014）．先住民の権利に関する
専門家助言機関前事務長のチャーターズによると，このように法制
度化された特別手続きは，フランクの正統性論（本書の第 9 章参照）
に依拠しつつ，人権領域における法の支配の向上に寄与している
（Charters 2015, 171）．

ウィーン世界人権会議では，調査団は人権侵害を認定するものであって，政策変更を強要するものではないため，調査団に対するアクセスの保障は比較的容易に受け入れられるとされていた．ところが，特別手続きの実施には対象国政府の同意が必要であることから，人権侵害の可能性の高い国は同意せず，侵害がないことに自信のある国のみが同意するという事態が表面化するようになった．たとえば，ジンバブエ，エリトリア，北朝鮮は特別手続きの調査団の受け入れをほとんど拒否する一方，日本やアメリカなどは承認している．そのため，たとえ特別手続きが法制度化されても，人権侵害の検証と防止は，それ以前と同様に難しいということになる．人権法学者アルストンによると，SR の報告書によって対象国の政策変更が認められた事例は存在するが，その動機はというと，新政権による前政権の人権侵害行為の糾弾，人権保護を条件とした政府開発援助（ODA）の維持，近隣国との関係維持，人権国としての国際的評判の維持などという政治的意図による場合が多い．すなわち，フランクの正統性論が想定する，法手続きを通じて人権規範が浸透して政策変更を導くという過程の有効性には疑義があるということになる．

　その一方で，このような特別手続きの法制度化の動きに対して，アフリカ・グループ，非同盟グループ，イスラム会議は，強力な特別手続きに敵意や干渉性を感じて，むしろ人権状況の改善に向けた政治的協議の比較妥当性を主張している．また，特別手続きのアカウンタビリティ（説明責任）を問題視し，主権を重視しつつ，政治的解決を図る行動規約を特別手続きに適用することを提案している．従前からこれらのグループは，特別手続きの廃止，社会経済的権利の優先，経済社会理事会決議 1503 号（1970 年）にもとづく非公開の政治的協議による問題解決などを主張していた．これに対して自由主義諸国と人権 NGO は，1503 プロセスには制度的な不備が多いと指摘する一方，行動規約も特別手続きの独立性を低下させると

懸念し，人権保護の中立公正性を維持するうえで，特別手続きの政治的独立性，訴追免責，受託者責任が不可欠であると反駁して，両者は真っ向から対立している．今後，人権理事会が締約国に対して継続して批判的な SR の報告書を採択するならば，特別手続きの調査団の受け入れや特別手続きという制度自体に対する支持が縮小する恐れがある．そうなれば人権ガバナンスは行き詰まるため，政治的判断で法制度化に上限を設けざるを得ないということになるのかもしれない．この問題は，国際連盟の少数民族保護に通底する（第3章参照）．

3　難民ガバナンスの拡大と混迷

（1）破綻国家と難民

　同様の問題が難民ガバナンスにもあてはまる．本書の第4章で言及したように，第二次世界大戦後の難民問題は，1945年体制の難民条約，難民議定書，国連難民高等弁務官事務所（UNHCR）などの諸制度を適用して対処された．その成功の原因は，冷戦構造のなかで西側自由主義諸国が敵対する東側共産主義政権の不当性をアピールすべく東側からの難民を積極的に受け入れたところにあった．ところが，冷戦後は様相が一変する．東欧諸国の共産主義政権が瓦解したことにより，ロシアなどを除く多くの東欧諸国で民主主義政権が誕生し，市民的・経済的自由が少なからず保障されるようになった．そのため，西側に移動する東欧人は少なくなった一方で，権威主義体制のもとで抑圧を強化し，貧困や暴力が絶えない地域から脱出しようとする人々は増加傾向にある．さらに追い打ちをかけるように，冷戦期に東西両陣営からの経済援助で維持されていた政権が援助の打ち切りで財政難に陥るようになると，反政府集団の攻勢によって内戦が発生し，そのような破綻国家から戦禍や迫害を逃れ

第 10 章　人権ガバナンス　179

るために難民も多く発生するようになった.

　冷戦期に採択された難民条約や難民議定書は，難民の救援を謳っているものの，増大する受け入れ国の負担を締約国間でどのように配分するのかについての規定をもたない．負担問題を打開するには難民議定書を超える義務の設定が必要であることは歴然としている．UNHCR は，難民条約 50 周年を記念して 2000 年から，難民の処遇に関する負担配分についてのグローバル協議を，締約国，NGO，専門家を糾合して行い，その結果，2002 年に「保護への課題」（Agenda for Protection, AfP）を採択するに至った．そのなかで参加国は，難民条約の理念を尊重しつつも，その規定が状況の変化に対応しきれないことを認め，実際の難民問題と既存のガバナンスの乖離を埋めるために包括的行動計画（CPA）とよばれる持続可能な多国間の解決策の作成を模索し始めた．「保護への課題」は，ターゲットを絞った開発援助（TDA）と二次移動（ISM）に焦点を絞った一方で，市民的・政治的権利をベースとした「有効な保護」を強調した．しかしながら，帰還を主な解決策として負担の増大に歯止めをかけたい先進国と，社会経済的権利をベースとした「有効な保護」を強調しつつ，第三国定住を含めた包括的な解決策を講じて，先進国から財政支援を引き出したい途上国との間で対立が深まった．協議では両者が歩み寄ることなく，「第三国定住の理解に関する多国間枠組み」（2004 年）という拘束力のない曖昧な合意の採択が限界だった．この背景には，2 つの深刻な側面をもった現代の難民問題がある.

(2) 一時避難の制度的原因

　ひとつの側面は，先進諸国が，途上国からの難民申請を却下する傾向を強めていることである．ベッツ（Betts 2011）によれば，理由は次のようである．①冷戦の終結で西側諸国の優位性を示す必要は

180　　第 3 部　グローバル・ガバナンスの現在

なくなったため，政治的配慮による難民救援の必要性は縮小した．②貧困地域からの難民の多くは経済的思惑からの移民であると考えられ，政治的迫害による難民として救援することは難しい．③冷戦後に発生している難民の職業上の熟練度は低いため，かれらを労働力として欲する事業者は比較的少ない．④かれらの多くはキリスト教圏外の出身であるから，定住を受け入れても地域社会に順応することが難しく，定住後の民族間対立と地域社会の混乱を避ける．

　基本的に，難民問題には，避難国での帰化，第三国定住，帰還（送還）という3つの解決法があるが，上記の理由から，帰化と第三国定住が困難になっている．そのため，2つの結果が生じている．第1に，帰還による難民問題の解決が日常化している．避難民が難民の資格を得れば，ノン・ルフールマン原則（第4章参照）が適用されるため，締約国は法的にかれらを強制的に送還できなくなる．避難国での帰化および第三国定住が難しいという状況において，難民資格を得た者は第1次避難国に長期間留まる恐れがある．これを避けるために第1次避難国の政府が難民の認定基準を厳格化して，避難民を本国へ帰還させている事例が増えている．そのなかに難民条約で保護すべき難民がいるならば，帰還は結果的に本人の意思に反した「強制送還」になる．この問題は，強行規範としてノン・ルフールマン原則を強化しても，難民の救援につながらないことを意味している．

　第2に，一時避難の地域において定住国が決まらない多数の難民が長期間生活するという事態もあわせて発生している．ノン・ルフールマン原則は，難民条約で義務化される一方で，難民申請の受理と定住の承認は締約国の判断に任される．この二重性のために，避難民は難民申請を行っても，定住希望国が難民として受け入れを拒否する場合があり，かれらは行き先を失っている．さらに，母国において迫害の恐れがあるため，一時避難をしている地域の政府は，

第10章　人権ガバナンス　181

ノン・ルフールマン原則によってかれらを強制送還することはできない．その結果，一時避難国で難民キャンプが設置され，滞在が長期化している．こうした避難民は劣悪な環境での避難生活を余儀なくされ，なかには不満を抱えて過激化する若者もいる．難民キャンプを管轄する政府に，避難民に対して国籍，雇用，医療，教育，食糧などを与える義務はなく，国際機関やNGOが支援を肩代わりしているのが実情である．

（3）国内避難の制度的原因

　現代の難民問題のもうひとつの側面は，人権侵害が発生している国家の領域内で避難している人々，いわゆる国内避難民（IDP）の増加である．2017年6月時点で世界各地のIDPの総数は約2800万人にのぼる[2]．第1節でふれたボスニア紛争では，ユーゴスラヴィア軍とセルビア民兵によって迫害されたボスニア住民やコソヴォ住民が大量に発生したが，IDPとなったかれらは，国連安保理によって設置された地区においてUNPROFORの保護を受け，UNPROFORの警護の下で活動するUNHCRによる食糧と生活物資の補給を得た．これは，UNHCRの従来の任務であった国外保護と異なる国内保護（in-country protection）の任務ということになる．このような国内保護というかたちをとるIDP救援の任務は，UNHCRの上部機関である国連総会の決議で認められた．

　これは，事実上，難民の定義を拡大することになった．IDPを含めた難民の広い定義は，ボスニア紛争以前から2つの地域によって提起されていた．そのひとつである，アフリカ統一機構（OAU，2002年からアフリカ連合［AU］）による「アフリカにおける難民問題特有の状況を規律するOAU条約」（OAU難民条約，1969年）

---

2)　Internal Displacement Monitoring Centre（www.internal-displacement.org/database/）のホームページの資料を参照．

では，難民とは「外部からの侵略，占領，外国による支配，または
その出身国もしくは国籍国の一部もしくは全部における公の秩序の
著しい混乱のために，出身国または国籍国の外に避難する場所を求
めて，その常居所を去ることを余儀なくされたすべての者」とされ，
ラテンアメリカ 10 カ国が採択したカルタヘナ宣言（1984 年）では，
難民とは「生命，安全または自由が，一般化した暴力，外部からの
侵略，内戦，大規模な人権侵害または公の秩序を著しく乱す他の事
情によって脅かされた者」とされた．つまり，この 2 つの定義は，
「迫害を受けるおそれがあるという十分に理由のある恐怖」がなく
とも，侵略や占領，内戦に代表される人災を理由として，居住地か
ら逃れることを余儀無くされた人々をも「難民」に含める．

その一方，難民の定義拡大については慎重な姿勢もある．そもそ
も難民条約では，難民は迫害された地域から国外に自力で逃亡して
安全な領域に留まっていることを想定していた．国境を越えた人々
だからこそ，難民条約という国際条約の適用対象となった．ところ
が，IDP は国内に留まっていることから，基本的に条約の管轄に
入らない．これを前提とすると，国際機関が IDP を支援するとい
うことは，人権保護の一部でありながら，主権と内政不干渉の原則
に抵触する可能性をはらんでくる．

本書の執筆時点で，シリア領域内はシリア政府軍と反政府軍の間
で戦闘が続き，無政府状態となっている．前者はロシアによって支
援され，後者はアメリカによって支援されているというように，シ
リア内戦は冷戦期の代理戦争の様相を呈している．安保理は，シリ
ア内の約 600 万人の IDP に対する国境の外からの支援の任務を
UNHCR に与えたが，UNPROFOR や NATO 軍からなる KFOR
のような地上部隊を派遣できていないなかで，直接的な救援活動は
不可能になっている．また，先進国が難民問題の解決策として考え
ている送還が IDP を増加させていることも懸念される．内戦地域

第 10 章　人権ガバナンス　183

から安全を求めて国外に脱出しても，送還が難民問題解決の有効な
方策として位置づけられ，難民認定が難しくなっている状況では，
結局，意思に反して送還されてしまう．送還が予想されるならば，
そもそも危険を冒して国外脱出する意味はない．したがって，増加
しているIDPは，難民認定基準厳格化の結果でもある．

4　人権ガバナンスの可能性と限界

　以上，冷戦の終結によって世界は対立という軛から解放され，人
権ガバナンスの制度改革が進められていることについて考察した．
本章で着眼した3つのガバナンスの改革は，人権と法の支配という
理想に接近する制度的工夫であり，おもに国連事務総長および国連
人権理事会やUNHCRなどの国連機関によって推進された．

　ただし，3つのガバナンスの改革は，国連の平和執行，人権状況
の改善，難民救援の強化を図ることを目的とした一方，国家間の対
立を表面化させ，競合する概念を惹起させた．国連平和活動におけ
る「保護する責任」は，破綻国家における大規模人権侵害の防止を
目的に安保理決議にもとづく国連政策として立案されたが，その実
践は，冷戦期と同様に，拒否権発動を含めた安保理政治によって左
右され，場合によっては地域機関の政治判断による人道的介入で代
替される．さらに，人権ガバナンスも，人権侵害の疑義がある対象
国に調査団を派遣し，対話，法解釈，勧告を行う特別手続きを法制
度化してきたが，調査団の受け入れは任意であるし，手続きに関し
ても敵対性や内政干渉を懸念する新興国や途上国から反発を買って，
SRの活動を制限する行動規範を設置する対案も示されている．さ
らにまた，難民ガバナンスは，冷戦の終結後，内戦の激化とともに
増え続ける一時避難民やIDPという新たな問題に直面し，増大す
る難民救援の負担の配分をめぐって多国間協議に着手したが，負担

を縮小しつつ帰還を解決策としたい先進国と，第三国定住を中心とした包括的解決策を講じながら財政支援を引き出したい途上国の溝は縮まっていない．その結果，ノン・ルフールマン原則と定住拒否の狭間で，一時避難民と IDP の増加が見られる．

　一般的に，制度改革は，対立，政治，主権という現実の壁を乗り越え，目的を達成するために行われる．しかし，本章で考察したように，冷戦後の人権領域における制度改革は，行動を強力に規律し，人権保護を自動化したわけではなかった．「保護する責任」の実施，特別手続きの調査団の受け入れ，難民の負担配分のどれも義務化されなかった点に鑑みると，制度改革は国々の主権に抵触しないように配慮して行われたことが窺える．したがって，制度改革に限界がある状況において，目的の達成に政治判断が必要となるところは改革前とさほど変わりがない．

第 11 章　経済ガバナンス

　冷戦期，東西イデオロギー対立で世界経済は分断されていた．西側先進諸国と発展途上地域の一部に限られていた貿易・通貨ガバナンスは，冷戦の二極体系における勢力均衡とそれに関連したアメリカの覇権の影響を強く受けていた．こうしたリアリズムの見方は，国際経済システムを政治の一部分とするという点で，自由主義が理想とする市場の原理に符合しない．リベラリズムの視点からすると，そもそも市場経済は，私有財産権，職業選択の自由，言論・表現の自由，結社の自由を保障する法の支配のシステムを基盤とし，本質的に政治権力の介入を嫌うものである．リカードは，物品の取引は国境を越えて自由に行われるべきもので，それを阻害する関税・非関税障壁という政府の介入は，比較優位にもとづく効率的な交換を阻害すると考えた．ハイエク（1986）も，市場が競争，分業，交換を通じて市場参加者の間に協調関係を樹立していくには法や慣習などの一般的知識の支配が必要不可欠であるとして，市場経済における法の支配の重要性を強調した．リカードやハイエクといった自由主義者は，市場の形成・発展および国際協調と平和の確保は，保護主義や重商主義などという政治介入を排して，自由契約や自由貿易を法の支配の下で保障する体制が必要となると論じる．

　この自由主義に対抗する有力な考え方のひとつにポラニー（2009）のものがある．ポラニーの所論では，市場経済の発達は，それに必要な制度改革の社会的費用をうまく内部化できる強力な国家を必要とし，国家も前近代的な封建社会を変革するために市場経済を必要としたというように，市場経済の発達と国家の形成は不可分の関係にある．近代化前，経済は国家社会に埋め込まれ，産業の

生産物は政治を通じて国家内で再分配されていた．近代化後，市場は自立性を高めて国家社会から遊離したことで，再分配が貨幣取引に置換され，利潤動機が人間生活を席巻するようになった．しかし，たとえ発達した市場であっても国家のさまざまな制度や規制を必要とし，国家の外部に置かれることはない．このポラニーの考え方では，市場は国家社会における優位性を高めながらも，つねに政治の内側にある．

　1990年代初頭，国際対立の原因のひとつであった冷戦が終結して，国際経済ガバナンスは政治的分断や覇権と決別し，真に市場原理に合致したものに移行する機会を迎えた．この転換によって，1991年体制の経済システムは，政治的影響を縮小し，法の支配と市場原理を一層強めたものに移行するのか．それとも，たとえ改革が一時的に行われたとしても政治に依存し続けることになるのだろうか．これらの問いに答えるため本章では，1991年体制の貿易・通貨ガバナンスの動向を分析する．

1　新自由主義の貿易・通貨ガバナンス

(1) WTOと法の支配

　「埋め込まれた自由主義」の限界　第8章で述べたように，1945年体制で貿易の自由化を目指した関税及び貿易に関する一般協定（GATT）という制度は，西側諸国の戦後復興とその後の経済成長を支援した．「埋め込まれた自由主義」と称されたように，国内社会の安定を確保しながら，貿易の自由化を鉱工業製品という限定された領域で漸進的に促した．1990年代には，世界貿易機関（WTO）に転換を図って，従前に比べ強力かつ広範に貿易の自由化を進めることになる．そのひとつの原因は，転換前のGATTが制度的に疲弊したことにあった．詳しくは次のようである．

1950〜1960年代の多角的交渉でGATT締約国は関税譲許をおも
に鉱工業製品について行った．GATTの貿易ガバナンスが1950年
代から1960年代にかけて成功を収めた背景には，当時の技術レベ
ルが相対的に低く，GATTで認められていたセーフガードや貿易
調整支援政策によって，資本や労働という生産要素の産業間移動を
図ることが容易で，国内社会の安定を保ちつつ貿易自由化を進める
ことができた状況があった．ところが，先進国を中心に技術レベル
が徐々に向上し，生産要素の産業間移動が困難になると，セーフガ
ードや貿易調整支援政策という手段は，もっぱら国内産業の保護を
目的としてとられるようになった．

　1970年代になると，2つの石油危機による経済不況が引き金とな
って，締約国の多くは，GATTの制度的欠陥をついて，製品規制，
政府調達，関税手続きなどを操作した非関税障壁の設置，補助金や
反ダンピング課税の濫用，輸出自主規制や輸入自主拡大などの管理
貿易手続きをとって自国産業の保護に奔走し，世界的不況を一層悪
化させてしまった．この事態を打開するために，締約国は東京ラウ
ンドを通じて非関税障壁の制限に乗り出し，補助金，原産地表示，
反ダンピングなどに関して「コード」と呼ばれる補助協定を
GATTと別に作成した．補助協定はGATTの実体的規律を強化し
たが，希望する国のみが加入する任意協定の形をとったため，協定
ごとに締約国は異なり，結果的に締約国の権利義務関係はバランス
を失った．さらに，各補助協定に協定と紛争解決手続きの運用に当
たる委員会が設置され，これらの委員会と締約国団本体との間の法
的関係は明確にされなかったため，GATTと補助協定からなる貿
易体制は法的に大変複雑になった（小寺2000，17）．1980年代には，
東京ラウンドで規制されなかった輸出自主規制，輸入自主拡大，反
ダンピング課税などの管理主義的手段が蔓延し，GATT体制は疲
弊していった．すなわち，「埋め込まれた自由主義」を理念とした

188　第3部　グローバル・ガバナンスの現在

GATT で，社会的安定性の維持を目的として認められていた手続きが特定国内産業の保護のために濫用される事態が発生した．

　ところが1990年代前半，GATT 体制は大転換期を迎えることになった．締約国はマラケシュ協定を採択してウルグアイ・ラウンドを終結し，1995年1月，WTO を GATT に代わる国際貿易体制の中核的組織として発足させた．ウルグアイ・ラウンドでは，従来GATT の規律対象でなかったサービスや知的財産をもその規律の対象に収める規律拡大および通商規律と紛争解決手続きの強化を推し進める規律強化が実現された．2つの改革は，市場経済と法の支配の理念に即して行われたように見えるが，実際は政治が影響を及ぼした．

　規律拡大　今日の貿易では，金融，保険，通信，運輸などというサービスに関わる取引が約2割を占め，サービス部門の自由化なくしては国際貿易全体の活性化を推進することは難しくなっている．ウルグアイ・ラウンドでは，サービス貿易に関する一般協定（GATS）が締結され，GATT の基本原則がサービスにも適用されることになった．しかし，内国民待遇原則を言語，文化，慣習などの影響が強く残るサービスに適用することは難しく，加盟国が指定する分野についてのみ適用することになった．これを補完する意味で，関係法令の公表を求める「透明性」および外国事業者の市場参入を妨げる規制の撤廃を求める「市場アクセス」が新たな原則として導入された．

　知的財産権の保護に関しては世界知的所有権機関（WIPO）が管轄機関として存在し，パリ条約やベルヌ条約が特許・商標や著作権の保護を目的に締結されている．しかし，これらの条約を締結している国には限りがあり，たとえ締結していても保護のレベルや手続きが締約国の国内法に委ねられていたりして国際的に統一性がないのが実情であった．WTO では，知的所有権の貿易関連の側面に関

第11章　経済ガバナンス　　189

する協定（TRIPs 協定）が締結され，広範な知的財産権の保護義務，知的財産権侵害に対する効果的な救済措置の提供義務，他の協定と同様の手続きによる紛争解決義務を加盟国に課している．

　日本の米や欧州連合（EU）の共通農業政策（CAP）に象徴されるように，事実上，GATT 体制下の農業貿易に自由化原則は適用されず，保護主義が野放しになっていた．ウルグアイ・ラウンドでは，この状況を打開するために，社会的安定性に配慮しながら農業貿易の自由化を漸進的に行っていく方策が合意された．具体的には，補助金，クォータ（数量制限）の関税化，関税率の段階的削減が決定された一方，食品の安全性を確保するための衛生植物検疫措置の適用に関する協定（SPS 協定）が導入された．また，市場を開放する措置として最小輸入数量（ミニマム・アクセス）を設けることも義務づけられた．

　規律の拡大の裏には先進国と途上国の政治的駆け引きがあった．GATT 体制では，コンセンサス方式を実質的な意思決定ルールとしてきたにもかかわらず，多角的交渉で経済大国はその巨大な市場規模をテコとして利用して自らに有利な合意を獲得した．ウルグアイ・ラウンドも例外でなく，アメリカと EU 諸国は，自らが比較優位を持つサービス貿易や知的財産権への規律拡大を合意に含めて，輸出の拡大を狙った．一方，途上国は，先進国が主張する TRIPs 協定，GATS，貿易に関連する投資措置に関する協定（TRIMs 協定）に難色を示す一方，繊維や農業の分野において先進国の大幅な自由化を望んでいた．しかし，アメリカの提案によるシングル・アンダーテーキング（後述）のため，交渉が決裂した場合，農業・繊維の分野でまったく自由化が進まない状況が生じる可能性があったことから，途上国は条件付で，GATS と TRIPs 協定への規律拡大を受け入れて，農業・繊維分野での限定的な自由化を先進国に了承してもらわざるを得なかった．アメリカと EU 諸国は，合意形成を

困難にするコンセンサス方式を廃することも考慮したが，同方式が合意に正統性を与え，合意形成を促進してくれるならば，主要国が合意内容に影響力を発揮できる限り，コンセンサス方式を変えないこととした．

規律強化　暫定的に適用されてきた GATT には事務局の設置や組織に関する規定はなかった．世界的な経済政策立案における一貫性を向上させるためには，国際通貨基金（IMF）や世界銀行との関係を強化する必要があり，GATT も条約上明確な設置根拠を持った国際機関となるべきであるという理由から，正式な国際機関として WTO が設立され，GATT の諸規定は WTO が管理する諸規定に置き換えられた．

GATT 体制では，締約国の経済発展のレベルに応じた自由化義務の調整や，補助協定への不参加を容認していた．その結果，コード参加国は最恵国待遇原則によって，そのコードを受諾していない国に対しても厳格な義務を負うことになって，権利義務関係のバランスが崩れる可能性が生じた．ウルグアイ・ラウンドでは，従来の補助協定に加え，衛生植物検疫，繊維，貿易関連投資措置，船積み前検査，原産地規則，セーフガードに関して補助協定が新たに作成され，一般協定と新旧補助協定をあわせてシングル・アンダーテーキング（単一の約束事）とし，WTO に加盟しようとする国はそれら全ての協定を受諾しなくてはならないとした．

GATT 体制では，紛争解決手続きとして GATT 本体に定められていた手続きのほか，各補助協定にも独自の手続きが定められていた．そのため，紛争案件が複数の協定に関係している場合，紛争当事国が自国に有利な裁定を確保しやすい協定を選ぶというフォーラム・ショッピングが生じて，事態が紛糾した．WTO では個々の紛争手続きを統合して包括的な紛争解決手続きが定められ，その結果，WTO の紛争解決手続きは国内裁判手続きに限りなく近くなった．

第 11 章　経済ガバナンス　191

具体的には，GATT 紛争解決手続きは小委員会（パネル）のみからなる一審制であったが，WTO では上級委員会を加えた二審制となり，小委員会の裁定が不服ならば上級委員会において決着をつけることが可能になった．さらに，手続きの効率化を促すために，小委員会・上級委員会の設置や報告書の採択は，紛争解決機関（DSB）の全加盟国が反対しない限り自動的に行われるというネガティブ・コンセンサス方式が採用された．また裁定の不履行に関しても，仲裁小委員会の決定を経て対抗措置の発動がほぼ自動的に承認されるようになったことで，履行を確保する手続きも強化された．

　紛争解決制度が法制度化された背景には，政治的駆け引きがあった．GATT 後期のアメリカは，貿易赤字を継続的に計上し，自国産業が疲弊するなかで，公正貿易の概念と報復措置を備えた通商法 301 条によって単独行動主義を強めていた（公正貿易に関しては第 8 章参照）．アメリカの報復の矢面に立たされた黒字国の日本とヨーロッパ主要国は，アメリカの単独行動主義に歯止めをかける思惑から，貿易紛争を，アメリカの政治的判断でなく WTO の紛争解決制度で処理することを提案した．紛争解決制度が掲げる法の支配に対して反対の立場をとりづらいアメリカ政府は，301 条を廃止しないが封印することを条件に提案に同意した．

　加盟国の拡大　東欧で共産主義体制が崩壊し，新たに構築された国々で資本主義または国家資本主義が導入されたことを受け，これらの国々を WTO に参加させる動きが強まった．これらの国々および中国の加盟は WTO 成立と同時に行われたわけではなく，WTO 成立後，加盟申請があった国を対象に審査のうえ加盟の可否が決められた．WTO の基本的ルールとして，非市場主義国の加盟には，市場経済の導入が条件とされている．ところが，中国とロシアという，かつて自由貿易体制に反旗を翻していた大国を加入させることで，欧米主導の国際貿易体制に正統性を付与して真の意味でこれを

192　第 3 部　グローバル・ガバナンスの現在

グローバル化しつつ，中ロが保有する豊富な労働力や天然資源を自国や世界の経済の拡大に役立てたいという政治経済的思惑が欧米諸国で強くなった．こうした思惑が両国に対する安全保障上の懸念を上回り，加盟条件は緩和された．その結果，中ロを含め，加盟国は160カ国に上り，WTOは，名実ともにグローバル貿易ガバナンスに進化した．その半面，WTOは極めて多様な参加国からなる貿易機関となった．

(2) 通貨体制と市場

G7協調とその歪み　貿易と同様に，通貨の領域においても市場原理にもとづいた制度化が進展していく．1970年代に，固定相場制に代わって導入された変動相場制は為替管理と政策調整による政治の部分を残していたが，1990年代に入ると，管理と調整に関わる政治は一時的ながら縮小されていく．

第8章で論じたように，1945年体制の国際通貨ガバナンスであるブレトンウッズ体制は，冷戦構造を背景にした，主権と政治をベースとした通貨ガバナンスであった．同体制でアメリカは，ドルを世界の基軸通貨とし，供給と信用のジレンマ（トリフィンのジレンマ）という制約のなかでドルの信用をドルと金の交換を保証することで確保した．この金ドル本位制によって米政府は，強力な通貨発行特権を獲得した一方，その権限を利用することによって，日本や西欧諸国から商品を輸入して同盟国の戦後復興を支援しつつ，自国および同盟国の安全を保障するグローバル規模の軍事外交政策の展開を図った．1960年代後半になると，金ドル本位制は，それを支えていたアメリカ経済の相対的凋落とドルの国外流出，日本や西ドイツなどの経常収支黒字国の通貨切り上げ拒否によって維持が困難となり，1971年，米ニクソン政権によって金とドルの交換停止が決められた．その後，主要国はキングストン合意を採択して（1976

第11章　経済ガバナンス　193

年），固定相場制を変動相場制に移行させた．本来，変動相場制の
為替レートは，市場の自己矯正能力を生かして柔軟に変動して国際
経済の安定に資するものである．しかし，さまざまな政治的思惑に
よって変動相場制の為替レートは管理されることになった．

　第1に，1980年代になっても継続する冷戦を背景に，アメリカ
は自由主義陣営の盟主として，共産主義の脅威から自国や同盟国の
安全を保障するのに必要な大規模な軍事力を保有しなければならな
かった．また，基軸通貨ドルの信用を維持するためにドルを大幅に
減価させることを避ける必要もあった．当時のレーガン政権（1981
〜1989年）が（軍事的に）強いアメリカと強いドルを目指したの
は，この理由からであった．結果として，ドル高および米政府の財
政赤字が慢性化し，アメリカの経常収支は悪化する傾向にあった．
経常収支の悪化を食い止めるには財政赤字を縮小すればいいのだが，
軍事力の維持や国内社会の反発を考えると難しく，政権はドルの減
価を図ることに専念することになる．だが，これもまた基軸通貨の
信用の維持という点で限界があった．したがって，市場原理を重視
した変動相場制といえども，こうしたジレンマの中においてドルと
他の主要通貨の間で為替レートの調整を図る必要があった．

　第2に，変動相場制の下で，アメリカ以外の主要国にも金融政策
の自律性が確保されるようになった．これは，固定相場制で義務づ
けられていた平価の維持という縛りから金融政策が解放されたから
であった．具体的には，不況や失業などの国内経済問題を早急に解
決したい主要国は，金融政策を緩和することによって，自国の生
産・雇用・所得の回復を図る裁量を行使できるようになった．原則
的には，各国が同時に同程度の金融緩和を行えば，通貨の減価を生
じさせず，為替レートの変更を招かないはずである．しかし，緩和
の程度や実施時期に差異が生じれば，為替レートに変更をもたらす．
また，ある主要国が国内の不況を克服するために，為替市場への介

入によって自国の通貨の減価を意図的に創出して外国に「不況・失業の輸出」という負の外部効果を発生させると，外国政府もそれを黙認するわけにはいかず，為替レートの是正を要求するようになる．したがって，両国は互いに負の外部効果の被害を防止するために，交渉を通じて為替変動にレファレンスという一定の幅を設定することに合意して，実際の為替レートがレファレンス内に収まるように互いの政策を調整し，為替の安定化を図るようになった．

　基軸通貨の信用の確保と為替の安定化という2つの目標を達成するための手段は，政治的取引であった．国内的には，通貨金融政策を担う中央銀行が政策決定に政府の意向を取り入れられるように，中央銀行の独立性を低い水準に留め，対外的には，主要国間で政策調整・為替協調を交渉するフォーラムとして先進7カ国（G7）の会合が設置された．G7のもうひとつの側面は，アメリカ経済の相対的凋落が見え始めた同時期に，基軸通貨ドルを支えて「覇権後」の国際通貨体制の安定を図るという役割を演じることであった．そのG7を舞台とした調整の代表的な帰結が，プラザ合意（1985年）やルーヴル合意（1987年）であった．前者は過度のドル高を抑制し，後者は行き過ぎたドル安を是正することを目的とした．したがって，G7によって支えられた国際通貨ガバナンスも，従前の金ドル本位制と固定相場制と同様，政治性をはらんだ，管理された変動相場制（managed float）を敷くことになった．ただし，レファレンスの設定は，為替市場を安定化させる半面，市場原理に反するうえ関係国政府の金融政策を拘束することになるため，各国政府の反発を招きやすい．自国の経済社会状況に応じて柔軟な政策運営を行いたいという政府の観点からすると，政策裁量を縮小するレファレンスは不都合であるため，その設定にはつねに対立がともなった．しかしながら，G7による為替管理は，西側同盟の根幹である基軸通貨ドルの威信と主要国経済の安定を確保する目的で行われ，レフ

第11章　経済ガバナンス　　195

ァレンスの設定にかかる合意は，G7諸国間の政治的結束が強い冷戦期にうまく確保できた．

完全変動相場制への移行　ところが，冷戦後には共通の脅威の消滅によって結束が緩み始め，レファレンスにかかる対立が鮮明となり，合意形成は難しくなった．その結果，変動相場制は政府間調整から市場調整という完全変動相場制に移行することになる．貿易体制がGATTから法の支配を強化したWTOに移行したように，通貨体制も，管理された変動相場制から本来の市場ベースの純粋な変動相場制に転換したのであった．為替の自由化にともなって，国境を越えた資本移動を制限していた資本規制も意義を失い，大幅に削減されるようになった．こうした制度改革を促す主体は，G7諸国政府だけでなく，IMFや世界銀行という国際金融機関，民間金融機関，多国籍企業も含まれ，先進国のみならず新興国や途上国に対しても働きかけた．ウィリアムソン（Williamson 1989）によると，ワシントンDCを拠点とする国際金融機関であるIMFと世界銀行は，米財務省と連携してワシントン・コンセンサスという新自由主義の政策合意を推奨したとされる．そのなかには，競争的為替レートの導入，資本規制の撤廃（IMF協定第8条）の早期実現，均衡財政，比例課税，自由貿易，規制緩和，民営化などが含まれる．

　国際金融取引の活性化を目論んだ民間金融機関，投資家，多国籍企業も通貨金融システムの自由化を好んだ．金融アクターたちは為替変動に対する金融技術の発達や国際投資によって以前ほど変動を忌避しなくなる一方で，政治介入は市場機能を狂わせ，非効率な結果をもたらすとして強く批判するようになった．時を同じくして，クリントン政権，ブレア政権，コール政権，シラク政権，橋本政権など新自由主義の経済理念を掲げた政権が主要先進国で台頭し，自由化を要請する金融利益を政策に反映させやすい政治環境が整った．これらの政権は市場原理を利用して市場効率性を高める構造改革を

進めるなかで，為替管理や資本規制の縮小にも取り組んだ．その結果として，国境を越えた直接・間接投資という国際資本移動が大幅に増加し，貿易の自由化とともに経済のグローバル化が進展することになった．国際資本移動の自由化は資本供給の効率性を向上させ，途上国を含めた多くの国々に成長の機会を与えた．その半面，ラインハートとロゴフ（2011）によれば，資本逃避のリスクも高めて，通貨危機や金融危機の蓋然性も高めることになる．1990年代に生じたメキシコのペソ危機，アジア通貨危機，ロシア経済危機などはその帰結の一部とされる．これらの通貨・金融危機のガバナンスに対する影響は次節で詳述する．

　以上，1990年代に生じた貿易と通貨のガバナンスの変化を追跡した．1990年代，貿易と通貨はともに自由化と市場原理の傾向を強くすることになった．1990年代の自由化は，ハイエクが論じるような市場原理や法の支配に依拠した本質的で不可逆的なものというよりも，むしろ，ポラニーが指摘するような，政治に由来する偶発的な帰結であった．WTOの規律拡大は，先進国と途上国の間のサービス貿易・知的財産権と農業貿易自由化の交換，規律強化は，アメリカと日欧の間の準司法的紛争解決手続きの設置と公正貿易の停止の交換，加盟国拡大は，欧米と中ロの間のWTOの正統性の向上と労働力・資源の交換であった．通貨ガバナンスにおける為替管理の撤廃は，冷戦終結と金融情勢の変化によってレファレンスの設定が主要国の利益に見合わなくなったことが原因であった．このように，1990年代の自由化と法制度化が国々の相互利益によるものであるならば，政治の潮流が変わることによって自由化や法制度化は退行する可能性があると推察できる．

第11章　経済ガバナンス　197

2 政治への回帰

(1) WTO から FTA へ

　2000 年代に入ると，多国間主義という WTO の基本原則が二国間主義や地域主義によって揺らぐ事態が発生している．GATT 第24 条は，関税同盟あるいは自由貿易協定（FTA）の締結を容認し，FTA との連携によって貿易を拡大することを想定している．この根拠は，FTA が，協定国間の貿易を増大させると同時に，非協定国の協定国に対する取引量も増大させるという貿易創造効果（trade creation effect）を生じさせるところにある．この貿易創造効果によって，FTA は WTO を補完することが期待されている．また，FTA を重視している WTO 加盟国は，WTO 法では自国の個別事情に柔軟に対応できないと考え，特定の国々と，サービス貿易・投資の自由化，知的財産権の保護などの項目を備え，WTO 法を超えた内容をもつ FTA を締結している．また，WTO の多角的通商交渉は，多様な選好を持った多数の締約国がコンセンサス方式によって合意しなければならず，妥結まで長時間を要する．さらにまた，WTO の拡大によって加盟国の利益の差異が拡大し，第 8 章で言及した制度的工夫によって政策調整を行うにもグローバル規模ではほぼ不可能であるため，利益が近似した特定の国家を相手にしなければ貿易協定を締結できないという交渉面の現実がある．以上の理由から，FTA によって自由化できるところから自由化していくという交渉上の合理主義が意味をもつようになった．

　実際に，金融危機によって国々の経済が停滞するなかで，FTA締結を活発化させ，輸出拡大を経て景気浮揚を図ろうとする国々の取り組みが勢いを増している．その結果，2017 年 2 月の時点で，WTO に報告されている FTA 総数は 432 に上り，アメリカ，EU，

韓国などの貿易量の 30% 以上が FTA を通じたものとなっている（経済産業省 2017, 280-83）．こうした状況から，将来，FTA の影響は一層拡大するものと予測できる．

　ところが，FTA は内容によっては，協定国間の貿易量を増大させる代わりに，非協定国の協定国に対する貿易量を縮小するという貿易迂回効果（trade diversion effect）を生じさせることもある．協定外の国々に対する関税を高いレベルに据え置いたり，原産地規則を導入することによってこの効果を巧みに創出すれば，市場占有をめぐる経済競争において外国企業を排除し，自国企業を有利な立場に立たせようとする経済戦略が可能になる（Grossman and Help-man 1999）．このような FTA の貿易迂回効果が相対的に強くなった場合に，FTA が WTO を代替するようになることが懸念されている．すなわち，FTA は協定国間の貿易を活性化する一方，協定国と非協定国の間の貿易を抑制する．また，排他的であるからこそ，特定の WTO 加盟国と FTA を締結するインセンティブが発生するようになる．経済学者バグワティ（Bhagwati 1999）はこうした点を挙げて，FTA の台頭は世界貿易を複雑化・非効率化するという「スパゲッティ・ボウル現象」を発生させるだろうと警告している．

　リアリズムは，貿易に「安全保障の外部効果」があることを指摘して，貿易は安全保障利益を共有する同盟国の間で拡大するが，敵対関係にある国家間では低く抑えられると推測する．冷戦期，対立する西側諸国と東側諸国の間の東西貿易は同効果を勘案して厳しく抑制されていた．この観点からすると，冷戦終結後，WTO が東欧諸国，中国，ロシアの加盟を容認した理由は，東西対立が消滅して貿易の安全保障の外部効果を懸念する必要がなくなったところにある．ところが，上記の国々の加盟を承認した後，低いと考えられていた安全保障リスクが徐々に拡大し，友敵関係が複雑化している．もし WTO 加盟国が，安全保障上，敵対する国家に貿易利益や経済

成長の機会を与えたくないと考えれば，その国家と積極的にWTO
の多角的通商交渉を進めたり，FTAを締結したりすることを控え
るはずである．このような加盟国が増えれば，全加盟国が新たな通
商交渉で合意したり，FTAで満遍なく結ばれたりすることは難し
くなる．たとえば，中国が推し進めている東アジア包括的経済連携
（RCEP，東南アジア諸国連合（ASEAN）10カ国，中国，日本，
韓国，インド，オーストラリア，ニュージーランドの計16カ国）
のFTA案と，オバマ米政権やシンガポールなどが推進し，日本政
府も参加した環太平洋経済連携協定（TPP）はそれぞれ競合する
内容を内包し，うまく連携しない恐れがある[1]．

　貿易交渉の比重が法の支配を目指したWTOから，国家の裁量が
より大きいFTAに移行するにしたがって，戦前のようなブロック
経済の防止を目的としたグローバル貿易ガバナンスの多国間主義の
基本原則が希薄化しつつある．その結果として，表面的には世界の
貿易量に有意な減少はないものの，その基底にあるガバナンスは
FTAによって断片化され，貿易にも国家間の政治的対立が持ち込
まれることが懸念されている．

(2) G7 から G20 へ

　前節で指摘したように，1990年代中盤になると，管理された変
動相場制の自由化によって，主要国を中心に資本規制が緩和され，
通貨・金融の自由化が一挙に進んだ．結果として，直接投資および
間接投資が大幅に増大し，経済成長の機会を多くの国々に提供する

---

[1]　2017年1月にアメリカ大統領に就任したトランプは，公正貿易と「アメ
　リカ第一主義」を政策綱領として掲げ，支持層の白人労働者と国内製造業を
　支援する目的で，雇用の海外流出を招くとして多国間FTAを批判し，TPP
　への不参加および既存のFTA内容の大幅な見直しを公言した．そのため，
　本書執筆時点において，TPPは未発効のままとなっている．

ことになったが，自由化の反動として，通貨の急激な下落をもたらす通貨危機や，金融機関の連鎖的破綻を誘発する銀行危機の頻度が増加するようにもなった．1990年代前半には，イギリスとメキシコの通貨危機，1990年代後半にはアジア通貨危機，日本の銀行危機，ロシア経済危機，そして2008年9月には，米投資銀行リーマン・ブラザーズの破綻を皮切りにアメリカとヨーロッパで大規模な金融危機が発生した（世界金融危機）．これらの金融危機の処理を通じて，国際金融システムの政治性はさらに一層強化されることになった．欧米の政権は，不良債権を抱えた民間金融機関の救済に専念し，産業再生機構などによる不良債権の買い取りや債務超過を解消するための公的資金の注入を断行した．さらに，金融危機後は，早期に景気回復を実現するため，中央銀行の独立性に疑義を生じさせながらも財政出動，量的緩和の継続，通貨安の誘導を図った．ただし，すでに大量の財政赤字を抱え，資産価格の下落によって家計，企業，銀行のバランス・シートが悪化している状況において，先進国の景気回復には限界があった．

　一方，自国の金融システムに大きな支障がなかった新興国は，いち早く不況を克服して成長を回復し始めた．そのため，先進国が引き起こしたデフレ圧力を縮小し，世界経済を安定成長に軌道修正してくれることが新興国に期待されるようになった．さらに，危機の奥底にある世界的な経常収支の不均衡も，貿易黒字を拡大しつつある新興国の政策協力なしでは調整できない状況になった．急成長を遂げている新興国が世界の経済パワー構造を大きく変革しつつあるなかで，G7を中心としたグローバル経済ガバナンスが，実際の経済パワー構造に見合わなくなったことが明白となった．

　かくして，世界経済における新興国の重要性と既存の通貨ガバナンスの調整能力の限界によって，先進7カ国に12の新興国とEUを加えたG20が，新たなガバナンスの主要フォーラムとして登場

するようになった．2008年11月，G20首脳会議がワシントンで開かれ，その後，ロンドン，ピッツバーグ，トロント，ソウルでも矢継ぎ早に開催された．一連の会合を通じてG20各国首脳は，危機脱却を目的とした財政・金融緩和政策への約束を互いに確認したかたわら，金融システムの健全化策として，新たな銀行自己資本比率規制（バーゼルIII）などの個別金融機関を対象としたミクロ健全性規制（prudential regulations）の取りまとめと金融システム全般のマクロ健全性規制の作成に着手した．その結果，危機の収束という短期的なG20のミッションは一定の成功を収めた．

　G20をフォーラムとした新たなガバナンスは，通貨切り下げや保護貿易の応酬によってガバナンスを崩壊させてしまった大恐慌期と大きく異なる結果をもたらした．しかしながら，G20には，G7よりも多様な認識や利益が組み込まれ，安全保障面でも対立している国々が含まれる．したがって，金融危機後のG20協調は，制度から安定的に導出されたというよりも，むしろ国々の利益がアドホックなかたちで一致した帰結にほかならなかった．そのなかでも新興国がG20の協調緩和に協力的であった裏には，自国内に多数の貧困民を抱え，これらの人々に雇用を提供してくれる経済成長こそが政権の正統性（performance legitimacy）となっている事情があった．新興国は成長戦略の柱として輸出志向の工業化を進めており，輸出先である北米・ヨーロッパの経済回復を後押しして，輸出市場を確保することを期待した．一方で，新興国は，アメリカがG20に期待する経常収支不均衡の是正に協力的ではなかった．2010年11月，不均衡問題を重要議題として開催されたG20ソウル首脳会議で，米オバマ政権は経常収支の不均衡幅を国内総生産（GDP）の4%以内に収めるというレファレンスの導入を提案したが，中国やドイツという黒字国の猛反対を呼び起こしてしまい，むしろアメリカの赤字の最大の原因である自国の放漫財政を国際批判

の矢面に晒すこととなった．その後の会合で，相互監視を通じて各国が是正努力をするという確認を取り付けるのがやっとだった．

　さらに，G20のうち中国やロシアなどの新興国は，ドル体制という通貨ガバナンスの根幹が互恵的というより，むしろ基軸通貨国をより手厚く利する非対称的な効果を生んでいると主張し，複数の主要通貨を基調としたIMFの特別引出権（SDR）の拡大利用を提案するようになった．このような脱ドルが一部の国々によって主張されている半面，ドルに代わる，広範な信認を得た通貨が現れていないのも事実である．一般的に，基軸通貨は，世界の膨大な経済取引の媒介となり得る流動性，多数の通貨との交換可能性，準備通貨としての保有価値という諸条件を満たし，多くの国々によって利用されることでさらにその価値を高めるというネットワーク外部性を通じて，国際金融界でその有用性が広く認知されたものでなくてはならない（第6章第1節の国際標準に関する議論を参照）．現時点で，これらの条件を満たす通貨は米ドルに限られている．欧州単一通貨ユーロは政府債務問題によって域内通貨同盟に亀裂が入って信用を大幅に下落させてしまい，中国人民元は為替操作の疑義があり，円は日本経済の停滞のなかで世界的地位を低下させている．このように，代替通貨の不在によってドル体制が継続するという奇妙な安定状態が生じている．

　その半面，金融危機によってG7が主導するガバナンスの疲弊が表面化し，ドル体制を脅かすグローバル不均衡は，多様な国々を包含するG20によってしか調整できなくなっている．冷戦期の通貨に関わる調整は，政策スタンスの近い西側G7諸国が担っていたため比較的容易だったが，中国とロシアなどが参加するG20となると，その多様性から調整は極めて困難である．表面的には，冷戦終結を機に，西側諸国と一部の発展途上地域に限られていた従前の国際経済ガバナンスは，新興国を取り込んで真のグローバル・ガバナ

第11章　経済ガバナンス　　203

ンスに進化したのであるが，その内部の意思決定には，国際連合安全保障理事会で見られるような大国間調整が持ち込まれることになった.

3 制度の断片化と頑強性

冷戦終結後，新自由主義の気運が高まり，市場経済の自律性と効率性が喧伝され，貿易と通貨のガバナンスでは市場原理と法の支配が強化された. ところが，客観的に市場原理の実現や権利の保障と見なされる制度改革にしても，法の支配でなく，政治取引によるところを本章では垣間見た. さらに，21 世紀初頭でも，その政治性は，貿易と通貨のガバナンスの両方で一層強化されている. いまや貿易政策の根幹となっている FTA を締結するにあたり国々は，比較優位や経済効率性という観点からだけでなく，FTA の貿易迂回効果を利用して，ライバル企業やライバル国家を不利にする経済戦略を展開し，貿易ガバナンスの断片化をもたらしている. 通貨に関しては，金融危機の発生とその処理の過程で政治性を濃厚にさせたうえ，先進国に新興国を加えた G20 をガバナンスのフォーラムとして利用することになり，大国間調整が経済の領域でも重みを増している. したがって，グローバル経済問題が政治と一体化し，その解決は政府間交渉を通じて行われる機会が拡大している. ただし，20 世紀初頭とは異なり，第二次世界大戦後に構築された貿易・通貨制度が本章で言及した改革を経てグローバル経済ガバナンスをかろうじて支えている. その結果，第 6 章で指摘した大国間政治における「G ゼロ後の世界」という，どの国も責任をもってグローバル問題に対処しない無責任状態が経済の領域で深刻化して大恐慌を引き起こす事態に，制度的歯止めが掛けられている.

第 12 章 環境ガバナンス

　1991 年体制の最大の特徴は，地球環境問題に関するガバナンスが人類の喫緊の課題として盛り込まれているところにある．これは，本書で考察した歴史的体制にない新たなガバナンスの取り組みであり，その構築と実施に関わる理想と現実が本章の課題となる．環境問題は，歴史的ガバナンス体系の構築をもたらした戦争や人権蹂躙を直接ともなっていないが，環境破壊によって自然界だけでなく，人類にも死傷者や疾病を含めた多大な被害を引き起こすことに変わりはない[1]．環境ガバナンスのなかでも，地球気候変動の防止に関わるものが現代グローバル・ガバナンスにとって象徴的なものである．一般的に，地球環境資源は，世界の国々，人々，その他あらゆる生命体によって共有されるコモンズ（commons，共有地）あるいは共有資源（CPR）として知られている．この観点からすると，安定した地球気候という価値もグローバル・コモンズのひとつとして考えられる．

　地球気候に対して温暖化などの変動を引き起こす温室効果ガス（GHG）は，コモンズを傷つける公共悪（public bads）ということになる．GHG は，石油や石炭などの化石燃料の燃焼などによって大気中に排出される二酸化炭素などの物質であるが，その燃焼過程では，発電，工業生産，輸送，冷暖房などという人間の経済・社会生活に欠かせない恩恵が付与される．こうした両義性をもった GHG は，程度の差こそあれ，すべての国や地域の民間・公的活動から排出される．現在の技術レベルでは，GHG の排出量は経済成

---

1)　北大西洋条約機構（NATO）のストルテンベルグ事務総長は，2017 年 7 月 9 日の演説で気候変動を安全保障問題のひとつと考えていると表明した．

長率と正の相関にあるため，その抑制は経済停滞を招くと考えられることに加え，化石燃料に代わる持続可能エネルギーや排出量を効率的に削減してくれる環境装置も高価で十分に普及していない[2].
こうした状況において，安定した地球気候というグローバル・コモンズを保護するには，GHG削減に関わるルールをできるだけ多くの国々に受容させて世界規模の規制体系を構築することだけでなく，コモンズの重要性に関する認識を共有する共同体を形成することも要請される[3].

　その第一歩として，1992年，環境と開発に関する国際連合会議（リオ・サミット）で，気候変動問題の解決を目的として協議することを定めた気候変動枠組条約（UNFCCC）が155カ国の参加で締結され，その実施条約の作成に向けて締約国会議（COP）が毎年開催されることになった．その成果として1997年のCOP3京都会議で採択された京都議定書は，UNFCCCの最初の実施条約となった．同条約は，気候変動防止に専念した国々からなる共同体というよりも，むしろ多様な利益や認識を持つ国々からなる国家連合であった．京都議定書の制度設計者たちは，多様な国々の間での認識共有が困難であることを承知しつつ，企業や個人に対してGHGの削減に経済合理性を感じさせるインセンティブの装置を京都メカニズムとして構築した．

　ところが，京都メカニズムには制度上の不備があったうえ，削減義務を免れた新興国や途上国の経済成長が著しいことから，採択後

---

[2]　2000〜2015年の期間，日本を除く先進21カ国で経済成長が続くなかでもGHG排出量が減少するという分離（decoupling）が見られた．しかし，世界的にはこの限りではない．

[3]　コモンズの保護に共有認識が必要である点は，Ostrom（1990, 205–07）を参照．オストロムによれば，共有認識は規律遵守に関わる期待費用・便益に影響を及ぼす．

も地球全体の GHG 排出量は増え続けた．京都議定書の削減目標の達成が危ぶまれるなかで，GHG 排出量は 2008 年の世界金融危機によって一時的に減少したが，2010 年には 3% という高い上昇率が記録された[4]．議定書の後継協定を議題とした COP17 ダーバン会議（2011 年）では，議定書を暫定的に延長しつつ，主要な排出国に削減義務を課し，2020 年に発効する新協定に向けた交渉を開始することを盛り込んだダーバン合意が採択された．これを受けて 2015 年にパリ協定が締結され，その結果，2020 年以降，署名した 195 カ国（2017 年 7 月現在）が自主的な数値目標を掲げて削減に取り組むことになる．パリ協定は，すべての国が GHG 削減に参加することを表明した画期的な条約であるが，その主軸である数値目標自体には法的拘束力が与えられていない．したがって，数値目標は第 9 章で言及した緩やかなルールにあたると考えられる．それを遵守させるための制度は，誓約と評価（pledge and review）およびそれに付随する社会的プロセスであるとされ，市場原理に立脚した京都議定書と本質的に異なる．それでは，京都議定書とパリ協定という実施条約は気候変動ガバナンスにどのような意義と効果をもつのだろうか．気候変動ガバナンスは地球環境の保護という普遍的価値を追求することを目的としているが，主権，政治，対立という現実の壁にどのように対処しようとしているのだろうか．本章では気候変動ガバナンスの制度と問題について考察する．

---

4) United Nations Framework Convention on Climate Change, "Community Building for New Insights in Climate Science and Global Environmental Change Research"（http://unfccc.int/resource/docs/2011/smsn/ngo/298.pdf）.

1 グローバル・コモンズとルール

(1) コモンズとフリーライド問題

　気候変動ガバナンスの制度と問題について検証する前に，コモンズの性質について明らかにする必要がある．生物学者ハーディンは，『サイエンス』誌の論文「コモンズの悲劇」（Hardin 1968）で，コモンズと称される有限の環境資源に対して，人間がもたらす人口増加と経済活動の拡大は破壊的な影響を与えていると指摘した．とくに経済活動は，産業革命以降，市場の「見えざる手」の下での私的利益追求による社会的厚生の達成という自由主義思想によって正当化され，地球環境を危機に追いやっていると警鐘を鳴らした．一般的に，環境資源を保護しようとする供給サイドには，だれがそれを保護（供給）しようと，保護がもたらす恩恵から特定の国家や個人を排除できないという非排除性の性質がある．そのため，自国は保護責任を負わないが，他国に保護責任を押し付けるというフリーライド問題が発生しやすい．そのうえ，コモンズはその有限性から，それが枯渇または劣化する前に可能な限り多く確保しておきたいという消費サイドにおける競争をも激化させる（過剰消費）．このような非排除性と競争性をもったコモンズは，準公共財（impure public goods）ともよばれ，その確保は極めて困難であると考えられている（Ostrom and Ostrom 1977）．かくして，保護責任の放棄と過剰消費をもたらしやすいコモンズの特性が「コモンズの悲劇」を招く．

(2) コモンズの保護と気候変動の問題

　こうした環境問題は，コモンズの保護を目的としたガバナンスの不可能性を意味するものではない．本書の観点からすると，コモン

ズの保護は，法の支配と国際調和を前提として，コモンズを傷つける有害物質の生産・消費を削減または禁止する強力なルールとその実施を客観的に監視する手続きや紛争解決制度を兼ね備えたグローバル・ガバナンス体系を構築・実施すれば可能となるはずである．ところが，気候変動問題は，さらに以下の3つの課題を内包しているため，従来型のガバナンスによる対処が難しくなる．

　第1に，GHGの排出源は世界各地に遍在するため，できる限り多くの国が規制体系に参加することが地球レベルのGHG削減に不可欠となるはずであるが，国によって気候変動に対する敏感性やGHGを削減する能力が異なり，気候変動問題の解決に対する国々の積極度も大きく異なる（非対称性問題）．第2に，気候変動問題は，現代においてその影響は徐々に表面化しているが，20年後，50年後，100年後という未来にもっと深刻な問題を引き起こすことが予想されるものである．それに関連して，GHGの排出削減はすぐさま地球気候の安定化に寄与するものではなく，その効果は長期的かつ不確実である．そのため，現世代は，高い費用がかかる地球気候というコモンズの保護を将来の世代に先送りしたいという誘惑に駆られやすい（世代間フリーライド問題）．第3に，気候変動を引き起こすGHGは，経済・社会活動から生じ，人間社会と密接に関連しているため，効率的に排出削減を図る環境技術が普及していない状況で削減を図ろうとすれば，経済的負担が過大となることが懸念される．とくに途上国は，気候変動の防止は，19世紀の産業革命の時代から化石燃料を利用して工業化を進め，その恩恵を受けてきた先進国の歴史的責任であると主張しつつ，義務の「公平性」の観点から，今後自国が経済成長していくうえでその足かせとなるGHG排出規制を受容することに強い難色を示している（南北対立）．

　すなわち，地球気候というコモンズの保護は，一般的な国家間フ

第12章　環境ガバナンス　209

リーライド問題だけでなく，非対称性，世代間フリーライドによる
保護責任の放棄，公平性をめぐる南北対立も加わることで，極めて
困難なグローバル問題となっている．それらを解決しながら，
GHG 削減を実施する国際的な取り組みが，気候変動ガバナンスの
核心となる．

2　京都メカニズムとその挫折

(1) 法と市場原理

　気候変動ガバナンスの最初の実施協定となった京都議定書は，
1997 年，COP3 京都会議で合意され，127 カ国と欧州連合（EU）
の批准を得て（2004 年 11 月 18 日），2005 年 2 月 16 日に発効した．
議定書は，温暖化とそれにともなう海面上昇，局地的な大雨や干ば
つなどの原因となる GHG の排出の削減を目指すものであった[5]．
まず，締約国を，法的削減義務を負う附属書 I 国（OECD 諸国と
一部の東欧諸国）と，法的削減義務を負わない非附属書 I 国（途上
国）に区分し，前者に対して，2008 年から 2012 年までの間（第 1
約束期間）に，1990 年の排出量から少なくとも 5% 削減すること
を求めた（第 3 条）．さらに，議定書は，市場原理に則って義務履行
を支援する装置（柔軟性措置）として，排出権取引（ET）（第 17
条），クリーン開発メカニズム（CDM）（第 12 条），共同実施（JI）
（第 4 条）を京都メカニズムとして規定した．

　3 つのメカニズムの内容は次項で詳述するが，それぞれ，前章で
言及したハイエクの所論に則った市場原理を最大限に利用した排出

---

5)　京都議定書附属書に GHG として，二酸化炭素（CO_2），メタン（CH_4），
亜酸化窒素（N_2O），ハイドロフルオロカーボン類（HFCs），パーフルオロ
カーボン類（PFCs），六フッ化硫黄（SF_6）という 6 種の物質が記されてい
る．

第 3 部　グローバル・ガバナンスの現在

枠の取引を GHG 排出削減の主要制度と定め，市場アクターが取引コストを削減するために最も環境負荷の小さい効率的な生産技術を採用する誘因を形成することを目指した．企業や個人が利潤を目的に行動するなかで GHG 削減に合理的なインセンティブを見出す仕組みであるという点で，京都メカニズムは法と市場原理を有機的に統合した試みであると言える．また，国際調和を前提とし，国境を越えて削減効率のよい地域を選択して GHG を削減してかまわないという削減の無国籍性を前提とした柔軟な制度でもある．その一方で，第 10・11 章で考察した人権や経済のガバナンスと同様，京都議定書も政治性を内包するものであった．

(2) 京都メカニズムの政治性と問題点

　法と市場原理に則ったメカニズムの導入は，1990 年代の国際政治における新自由主義の台頭と無縁ではなく，ポラニーの所論に通底する．まず，交渉ではクリントン米政権の反対により炭素税をベースとした税制アプローチは排除された．炭素税は，GHG の環境負荷を相殺する程度の税を汚染物質（化石燃料）の使用に賦課するピグー税のひとつであり，最も効率的に GHG を削減するインセンティブを市場アクターに与える制度として知られている（Nordhaus 2006）．しかし，市場原理を信奉する米政権には，量的規制とならんで政府による市場介入の大きい制度と見なされた．この点で 3 つの京都メカニズムは，市場アクター同士の取引を通じて GHG 削減に取り組むもので，政府介入が最も小さい，市場原理に適った制度であると映った．しかし，京都メカニズムには少なくとも次の 4 つの欠陥があり，GHG 削減に十分な効果を発揮できなかった．

　第 1 に，京都議定書は，第 1 約束期間の削減目標を提示したが，その後の計画については触れておらず，長期的な気候変動問題に対処するには近視眼的であり，結果的に世代間フリーライド問題を放

第 12 章　環境ガバナンス　211

置することになった.

　第2に，京都メカニズムのひとつである ET は，「汚染者負担原則」（polluter-pays principle）に即して，割当量を上回った附属書I国に他国から排出枠を買う義務を課す一方，割当量を下回った附属書I国に排出枠を売る権利を与え，両者の間で取引を行わせることを通じて削減義務の履行を促進するものである．これは，排出権価格が十分に高ければ，市場アクターに取引コストを削減させる強い誘因を発生させることができるが，カギとなる排出権価格が不安定であるという欠点を抱えている．実際に，ET は，EU で排出権取引スキーム（ETS）として実施されているが，東欧諸国がホット・エア（余剰排出枠）を抱えていることで排出権の需給バランスが崩れ，排出権価格が低迷している．そのため，有効な削減誘因が発生せず，期待された取引効果を発揮していない．

　第3に，CDM も同様に取引を基盤とした制度であり，削減義務を負う先進国（附属書I国）が義務のない途上国（非附属書I国）に対して，技術・資金などの支援を行って GHG を削減し，または吸収量を増幅する事業を実施した結果，削減できた排出量の一定量である認証排出削減量（CER）を前者の GHG 排出量の削減分の一部に充当することができる制度である．端的に言うと，CDM は，先進国が環境技術に乏しい途上国で GHG 削減プロジェクトを実施し，それに参加することで排出権を購入できる一方，削減義務を負っていない途上国での GHG 削減を可能にすることで，非対称性問題や公平性をめぐる南北対立に対処しようとするものである．ところが，CDM には，①途上国に独自の削減努力を行う誘因が発生しない，②CDM プロジェクトにおいて認証される GHG 排出削減は，そのプロジェクトを実施しなかった場合の排出削減に対して追加的な排出削減を行う（第12条5（c））という反実仮想的推論を実行しなければならない（World Bank 2010, 265），③CER を得ようとする

国と供与しようとする国の両方にプロジェクトの削減効果を過大評価する誘因が生じる，④認定手続きが煩雑で不透明である，などという問題がある（Hepburn 2009）．また，実際のところ CDM プロジェクトは，削減義務を負っていない一方で経済成長の著しい新興国に集中したため，プロジェクトの削減効果を上回る新興国の排出増加によって，その潜在的効果は相殺されてしまった（European Environmental Agency 2011, 25–33）．

　第4に，CDM とよく似た基本構造をもつ JI も，同様の諸問題を抱えるうえ，環境プロジェクトを受け入れる市場経済移行国（たとえば，東欧諸国）に削減義務はあるものの，経済的混乱からGHG 排出が急減したため，それから生じた大量のホット・エアと排出削減単位（ERU）が同じ経済統合機構（たとえば EU）内の先進国に売却された．その結果，先進国および地域統合機構全体が独自の削減努力をしなくても義務を達成できることになった．そこで，COP7 マラケシュ会議（2001年）でまとめられたマラケシュ合意は，売りすぎを防止するため，附属書I国に認められた排出枠の 90% または直近の排出量のうち，どちらか低い方に相当する排出枠を常に留保することを義務づけた．しかし，この規程も，先進国が複数の移行国から余剰排出枠を得ることによって相殺されてしまうため，その効果は判然としていない．

　以上，京都メカニズムの問題点を指摘したが，法と市場原理を適用するという当初の考え方は，制度を構築・実施する際の政治によってさらに形骸化した．東欧諸国のホット・エアを当てにして削減義務の軽減を図ろうとした EU 諸国，共通だが差異のある義務原則を楯に削減義務を免れた新興国，議定書交渉を主導しておきながら批准を怠ったアメリカ，第2約束期間から離脱したカナダ，オーストラリア，ロシア，日本などというように，制度の有効性を損なう国家行動が散見された．当初，地球気候というコモンズの保護で危

第12章　環境ガバナンス　　213

惧された国家間・世代間フリーライド問題，南北対立，非対称性問題の解決は行き詰まった．

　その結果，直近の UNFCCC 資料によると，京都議定書は明確な効果を発揮できておらず[6]，二酸化炭素に換算した大気中の GHG 濃度は上昇し続け，20 世紀初頭の 230 ppm 程度から，2009 年には 440 ppm に増加している[7]．COP15 コペンハーゲン会議（2009 年）で合意された，重大な気候変動を生じさせないとされる平均気温上昇幅 2℃ 以内を維持するためには，GHG 濃度を 450〜550 ppm 程度にとどめておかなければならないが，現在の上昇ペースでいくと，世紀末に倍増して 750 ppm になることが予想されている（Helm 2009, 11-12）．京都議定書の後継協定を議題とした COP17 ダーバン会議は，各国の意見に大きな隔たりがあったため収拾がつかず，2015 年までに法的削減義務を含んだ新協定に合意し，2020 年に発効させるという曖昧な約束を取り付けて閉幕した．COP18 ドーハ会議（2012 年）では京都議定書の第 2 約束期間（2013〜2020 年）が設定され，残った締約国は，自主的目標を掲げて GHG 排出の削減に個別に取り組むことになった．

3　パリ協定の意義

（1）認識と緩やかなルール

　京都議定書の挫折によって，国々は新たなガバナンスの仕組みを模索することになった．一般的に，環境ガバナンスを構成する共同体は，環境問題は深刻であり，その原因が人間行動にあるとする根源的認識を共有する国家や市民社会からなっている．ただし，たと

　6）　GHG 排出の動向は UNFCCC のホームページ（http://unfccc.int/ghg_data/ghg_data_unfccc/items/4146.php）に適宜掲載されている．

　7）　ppm は parts per million の略であり，100 万分の 1 を意味する．

え国々が根源的認識を共有していても，当該問題をどのような方策で解決すればいいのかということについての手段的認識で一致しているとは限らない．気候変動問題でも，京都議定書の市場メカニズム，パリ協定の自主削減目標のほかにも炭素税や量的規制というものもあるし，さらにそれぞれの手段の内部にもだれがどの程度の削減を行うのかに関わる詳細な手続きもある．手段によって気候変動防止効果や国々に与えられる便益・費用が異なることから，国々は様々な観点から，合理的あるいは適切な手段を選ぼうとする．究極的には，根源的認識と手段的認識の両方の国家間での共有がガバナンス体系を一貫性と実効性のあるものにするカギを握る．

　気候変動に関しては，気候変動に関する政府間パネル（IPCC）が作成した評価報告書がCOPに提出され，京都議定書（第2次評価報告書），マラケシュ合意（第3次評価報告書），バリ行程表（第4次評価報告書）などの策定に寄与してきた．IPCC報告書は，最も信頼できる科学的知見の集大成である一方，締約国の政府代表によって精査されたものでもあるため，ほぼすべての締約国の間で共有されている根源的認識を示すものであると言っていい．その一方，評価報告書は，GHG削減のための制度や政策に関わる提言を記載しておらず，COPの交渉担当者に制度・政策設計に関わる手段的認識の収束を委ねている．

　ただし，気候変動に対する国々の敏感性やGHG削減能力に違いがあることから，GHG削減の制度と政策に関する国々の手段的認識を収束させることは，根源的認識を共有している国々の間でも容易ではない．ポスト京都議定書を立ち上げる国際交渉でも，改めて気候変動問題についての両認識の収束が図られた．COP15コペンハーゲン会議でコペンハーゲン合意が採択され，①共通だが差異のある責任という原則の下，各国の能力に即して気候変動に迅速に対処する強い政治的意志，②産業革命前を基準とした地球の平均気温

第12章　環境ガバナンス　　215

上昇は 2℃ を上回るべきではないとの科学的見解を確認したうえで，公平の原則と持続可能な発展を念頭に，気候変動に対処する長期的な協調行動を強化し，③途上国に対する資金援助などが盛り込まれた．COP16 カンクン会議（2010 年）では，ポスト京都議定書の作成をめぐる対立が先鋭化したため，交渉はしばらくの間停滞し，気候変動ガバナンスの姿は茫洋としていた．COP17 ダーバン会議では，すべての締約国に法的削減義務を課す新協定を 2020 年までに発効させるという合意が得られたが，削減スキームや工程表などの詳細部分は今後の締約国会議に委ねるというように交渉課題の先送りが相次いだ．

COP19 ワルシャワ会議（2013 年）では，国々が個別の数値目標を掲げて削減に自発的に取り組むこと，2020 年施行を前提に削減計画を COP21 パリ会議（2015 年）に提出することが合意され，自主削減という，これまでと違う新たな方向性が打ち出された．これを受けて，2014 年 11 月，米中首脳会議で最大排出国のアメリカと中国がそれぞれ個別の数値目標を掲げることに初めて合意し，同年 12 月に開催された COP20 リマ会議では，米中と途上国を含めた 195 カ国による行動計画の提出が要請された．この一連の交渉過程で，気候変動の深刻さを認め，平均気温上昇を 2℃ 以下に抑えるという根源的認識の収束はほぼ達成されたが，各国が独自の削減手段を選びつつ個別に作成する数値目標に表れているように，手段的認識に十分な収束は見られていない．

(2) パリ協定と脱国家的法プロセス

COP21 パリ会議において，提出された行動計画をもとにパリ協定が締結された（2016 年 11 月発効，2017 年 6 月時点で 195 カ国が批准）．その主な内容は次のようである．①世界共通の目標として平均気温上昇を 2℃ 以下に抑えることを掲げ，1.5℃ に抑える努力

をすること（第2条），②緩和（mitigation）として，すべての国が
自主削減目標（nationally determined contributions, NDC）を作
成し，5年毎に提出・更新，実施状況を報告し，評価を受けるとい
う誓約と評価方式（第4条）を導入すること，③京都議定書で定め
られた吸収源，市場メカニズムを活用すること（第5・6条），④適
応（adaptation）として，すべての国が気候変動に対する適応計
画を作成・実施・更新し，報告書を提出すること（第7条），⑤気候
変動の悪影響に関連した損失・損害を回避，最小化するために協力
的に行動，支援すること（責任・補償は除外）（第8条），⑥緩和・
適応を支援するための先進国の資金提供の継続と途上国の自主的資
金提供（2020年までに合計1000億ドル）（第9条）を定めている．

　パリ協定の最も重要な成果は，長期的な視野に立ってコペンハー
ゲン合意にある2℃以下の平均気温上昇に抑えるための十分な
GHG削減を実現するための規制体系への広範な参加を確保したと
ころにある．この点でパリ協定は，世代間フリーライド問題に一定
の対処を施したことになり，先進国のみに削減義務を課し，義務の
期間を限定した京都議定書からの前進であった．広範な合意の背景
には，国々の異なる社会経済状況や削減能力に対して一様の削減ル
ールを策定することへの強い反発があるなかで，締約国がNDCを
個別に作成することを容認して，非対称性問題と南北対立の解決を
目指す狙いがある．

　ただし，削減目標の調整が国家間で行われていないことから，
2016年までに提出されたNDCを総合すると，共通目標の2℃を
上回る2.7℃となることが判明しており，今後の更新過程で，共通
目標を達成できるNDCに置き換えることが課題となっている．そ
のうえ，自主目標の実施手続きとして，違反に対する制裁条項をも
たない誓約と評価という緩やかなルールが導入されているため，
NDCが本当に実施されるのかどうか確証がない．したがってパリ

第12章　環境ガバナンス　　217

協定では，国家間フリーライド問題が十分に解決されておらず[8]，化石燃料に代わる持続可能エネルギーの広範な普及が見込めない状況での気温上昇が容認されており，気候変動に対する適応策と被害対策を講じる準備を進めることを促しているとも読める．

しかしながら，多様な国々の間にも社会性を創発させて，緩やかなルールに一定の効果を発揮させることが期待され，それがパリ協定の存立基盤となっている．第9章で国際人権法に関わる脱国家的法プロセスについて論じたが，パリ協定でも同様の認識的制度に相当する誓約と評価の手続きを通じて，当該国が不十分なNDCを提出した場合や目標を達成できなかった場合に，公表と非難（naming and shaming）という社会的圧力が発生し，社会的責任感情と社会的制裁を惹起させて行動を正すことが期待される．この非公式の脱国家的法プロセスでは，国際的に連携する企業，地方自治体，非政府組織（NGO），市民団体，認識共同体がガバナンスの主役を演じることになるだろう．

4 気候変動ガバナンスの転換

地球気候変動防止に対する国際社会の取り組みは，グローバル・ガバナンスの壮大な実験である．その実施条約である京都議定書では市場メカニズムが導入され，パリ協定では認識的制度が試されようとしている．京都議定書が十分な成果を上げられないなかで，パリ協定によってGHG排出の放置という無秩序からの脱出は最低限達成できた．その本質は，締約国が気候変動を事実として認識する

---

[8] 2017年1月に就任したアメリカのトランプ大統領が，オバマ前政権によって締結されたパリ協定から離脱することを決定した．このアメリカの決定が他の締約国の離脱を誘発することになれば，国家間フリーライド問題が深刻化する懸念がある．

一方で，国際的誓約として個別に NDC を定め，脱国家的法プロセスと社会的な協働作業を通じて誓約を実施するというものになる．こうした緩やかなルールと認識的制度は，国々の手段的認識がいまだに収束していない状況におけるグローバル・ガバナンスの実践的な方途のひとつなのであろう．

　その一方，脱国家的法プロセスを除く，パリ協定の核心である NDC の作成・実施自体は，195 カ国が参加しているとはいえ，グローバル・ガバナンスというよりもナショナル・ガバナンスに限りなく近い．NDC と誓約と評価を主要制度とするパリ協定は，義務としての国際ルールを作成して国々の行動を律し，客観的な監視・紛争解決手続きで遵守の確保を目指すという伝統的な国際ガバナンスの形態とは本質的に異なる．本書の第 1 部で概観したように，伝統的な国際ガバナンスは，中世以降，大戦争や人権蹂躙の経験を通じて，国々が一定の行動ルールを義務として策定・遵守することが再発防止に不可欠であることを，根源的にも手段的にも認識したため樹立できた．もし仮に，近未来，パリ協定による気候変動ガバナンスが失敗するとするならば，同ガバナンスを伝統的なガバナンスの形態に転換させて再生するには，問題の緊急性と甚大性を国々に知らしめ，強力なルールを問題解決の手段として認識させる大規模な環境劣化のシナリオが必要になるのかもしれない．

終 章　グローバル・ガバナンスの将来

1　グローバル・ガバナンスと外交

　分権的な国際体系のなかで，国々が明示的または暗黙裡に一定の約束事に同意し，国家の管理下でそれを執行する．こうした基本的な考え方から出発した国際ガバナンスは，立法，行政，司法を包含した国内類推を適用したものではないが，上記の過程を通じて公式・非公式のルールの体系を構築して実施される．本書で着眼したどの歴史的体制も，世界憲法や世界政府を想定せず，主権，政治，対立という現実の障害のなかでガバナンスの構築と実施を目指すものであった．その背景には，国際の平和，協調，繁栄を樹立するためには，法やルールによる国家行動の規律・調整を通じて，国家間の武力紛争，貿易紛争，人権蹂躙，環境破壊を防止しなければならないという共通の認識があった．

　このような認識が国家間で共有されたのは，ほぼ一貫して人権蹂躙や貿易紛争を含んだ大戦争の後であった．ナポレオン戦争後の19世紀初頭には，初めて条約によって勢力均衡の維持，革命運動の抑制，国際河川の航行の自由化，奴隷貿易の禁止などを定めた1815年体制が構築された．さらに，第一次世界大戦後の1919年体制では，集団安全保障，紛争解決，民族自決，難民の救援などに関わるルールが定められ，第二次世界大戦後の1945年体制では，集団安全保障，貿易の自由化，通貨の安定的交換，人権の保護，難民の救援，民族自決などが定められた．時代とともに政策領域は拡大し，参加国も増加した．

　国々の同意を得，ガバナンス体系を構築する際には外交がふんだ

んに利用された．外交は主権を超えるのではなく，主権国家間の合意を目指す．そのため，外交を通じて締結される条約は，国際協調の所産であり，出発点でもある．もちろん，サンピエール，ルソー，カントらが描いた平和計画のような普遍的価値を盛り込んだ世界憲法が存在し，それにもとづいてガバナンス体系の構築が行われたわけではない．むしろ，合意内容に国々の思惑が入り込む余地は残され，国々は，合意される条約の内容と実施手続きが自国にもたらす影響を予想して，外交を通じて自国に有利な条約を締結しようとした．したがって，外交は国際社会ではなく，国家の利益を代弁することを要請され，外交官もこうした二重性のなかで歴史的ガバナンス体系の構築に向けた交渉に携わった．その結果，理想の実現を託されたガバナンスは，その構築と実施の過程において主権によって制約され，主権に付随する政治と国家間対立に苦悩することになった．1815年体制では，主権の尊重が約束されながらも勢力均衡維持などのための国際介入は容認され，1919年体制では，戦争の防止や人権の尊重が謳われながらも，集団安全保障のための国際常備軍の提案や人種差別禁止の提案は却下され，民族自決も委任統治の隠れ蓑となって形骸化した．さらに1945年体制でも，強力な人権保護や貿易の自由化は敬遠され，国家に裁量の余地が少なからず残された．

2　制度化の作用と反作用

その一方で，グローバル・ガバナンスは，主権，政治，対立によって制約されながらも，的確な制度を構築すれば，それらを管理しつつ，国々の行動の規律と調整を図ることが可能となることが次第に分かってきた．第2部では，各歴史的ガバナンス体系の特徴的な制度を抽出し，リアリズム，リベラリズム，コンストラクティビズ

222　終章　グローバル・ガバナンスの将来

ムという 3 つの実証論を手掛りにして制度分析を試みた．それらの制度は，① 1815 年体制の国際介入や 1945 年体制の冷戦二極体系の安定化などに適用された大国間調整，② 1919 年体制で実施された紛争調停，③ 1945 年体制でルール遵守のために用いられた執行モデル，管理モデル，正統な法手続き，脱国家的法プロセスなどであった．これらの制度は，試行錯誤と学習を経て磨きがかけられ，主権や対立によってガバナンスの実施が難しい状況でも国々の行動を不完全ながら規律・調整することに成功した．分析では，成功要因の解析を行った．

第 3 部で着眼した 1991 年体制では，1945 年体制を部分的に修正してガバナンス体系が強化された一方，冷戦の終結を機に，ロシア，中国，東欧諸国などの参加を得て，真にグローバルとなった．具体的には，人権，貿易，通貨，環境という領域で，「保護する責任」，特別手続き，国内避難民（IDP）救援と機関間連携，貿易規律の深化・拡大を図った世界貿易機関（WTO），非管理化された変動相場制，温室効果ガス（GHG）削減の市場メカニズムなどが導入された．こうした法制度化は，冷戦後の世界の象徴であるグローバル化に拍車をかける要因となっており，欧米諸国が標榜する自由主義にその規範的基盤があった．ただし，過去と同様に，冷戦後の法制度化も普遍的価値にもとづいたトップダウンの法創造の帰結ではなく，法制度化を進めた外交に国際立憲主義の権能が授権されたわけではなかった．

そのため，21 世紀初頭の世界では，法制度化とグローバル化の潮流に対して，断片化（fragmentation）や非公式化（deformalization）という対抗的な動向も表面化するようになった．具体的には，「保護する責任」に対する地域機関へのマンデートと人道的介入，WTO に対する自由貿易協定（FTA），GHG 削減の市場メカニズムに代わる自主削減目標（NDC）などという動きである．

終 章　グローバル・ガバナンスの将来　　223

このような断片化や非公式化がガバナンスの新たな制度として並存
している背景には，多様な国々の間で合意・実施体制を確立するこ
とが難しくなっており，それを補完する手続きが必要となっている
ことがある．しかしながら，断片化と非公式化は，政治性や対立を
含んだ動きの帰結であることに加え，ガバナンス体系の平等性，首
尾一貫性，透明性を低減させ，正統性や有効性を損なう要因となる
ことも懸念されている．

3 カントの教訓

　最後に，将来に向けたガバナンスの本質的な課題を挙げて本書を
締めくくる．歴史を通じてガバナンスの制度は格段に向上した．し
かし，制度が高度化したからといって，制度がもたらす帰結を一意
に特定できるわけではないし，必ず理想に接近できるわけでもない．
基本的に，制度はルールの体系であり，人間の行動に一定の制約を
与えるものであるが，各実証論が指摘するように，制度を取り巻く
パワー，利益，認識によって，制度がどのように利用されるのか，
どのような帰結をもたらすのかが決まる．

　詰まるところ，制度と帰結の間には政治という人間の判断が介在
する．こうした人間の判断が重要となるところはカントの時代とあ
まり変わらない．カントは，『永遠平和のために』の付録１で，平
和計画の下で行動する人間の判断に関して道徳的政治家と政治的道
徳家という２つの類型を提示して，平和計画が必ず計画通りに実施
されるわけではないことを論じた．前者の道徳的政治家は，政治の
諸原理を道徳と両立させることができると考え，現実を直視しつつ
目的として定めた理想や道義を着実に追求しようとする者である．
これと対照的に，後者の政治的道徳家は，理想や道徳を政治家の私
的な利益になるように改造して追求するペテン師である．したがっ

224　終 章　グローバル・ガバナンスの将来

て，平和計画に関わる国法，国際法，世界市民法という問題は，政治的道徳家にとっては「技術的課題」(problema technicum) であるが，道徳的政治家にとっては「道徳的課題」(problema morale) および「国政の知恵の問題」として受けとめられる．実際に，どちらの行為者が平和計画の実施を主導するかは経験的問題であり，制度で特定できるものではない．

　21世紀初頭の現代に立ち返ると，人権保護，難民救援，環境保護に献身的に取り組む政府職員，国際機関のスタッフ，非政府組織（NGO）のメンバーが多数存在する．かれらに対してカントが示した教訓は，客観的に道徳と政治の間に全く争いは存しないことを信じ，道徳的政治を原則として純粋実践理性の正義を求めて努力すれば，目的は達成される，ということである．最後に，グローバル・ガバナンスを学ぶ学徒に対してカントが残した教訓は，知恵という，物事をありのまま把握し，真理を見極める認識力を涵養しつつ，ガバナンスの実相を理解・説明する確かな洞察力の習得に努力する，ということである．こうした2つの努力が結実していけば，真のグローバル・ガバナンスの課題は次第に解決され，その目標にたえず接近することになろう．

参考文献

アイケングリーン，バリー．2010.『グローバル・インバランス』畑瀬真理子・松林洋一訳，東洋経済新報社.

――.2012.『とてつもない特権――君臨する基軸通貨ドルの不安』小浜裕久訳，勁草書房.

アイケンベリー，ジョン．2003.『アフター・ヴィクトリー――戦後構築の論理と行動』鈴木康雄訳，NTT 出版.

明石康．2006.『国際連合――軌跡と展望』岩波新書.

有馬純．2016.『精神論抜きの温暖化対策――パリ協定とその後』エネルギーフォーラム.

有賀貞．2010.『国際関係史――16 世紀から 1945 年まで』東京大学出版会.

飯田敬輔．2007.『国際政治経済』東京大学出版会.

イグナティエフ，マイケル．2006.『人権の政治学』添谷育志・金田耕一訳，風行社.

石塚勝美．2011.『国連 PKO と国際政治――理論と実践』創成社.

井上達夫．2012.『世界正義論』筑摩選書.

入江昭．2000.『二十世紀の戦争と平和』増補版，東京大学出版会.

ウォルツ，ケネス．2010.『国際政治の理論』河野勝・岡垣知子訳，勁草書房.

――.2013.『人間・国家・戦争――国際政治の 3 つのイメージ』渡辺昭夫・岡垣知子訳，勁草書房.

ウォルツァー，マイケル．2008.『正しい戦争と不正な戦争』荻原能久監訳，風行社.

大芝亮・山田哲也・藤原帰一編．2006.『平和政策』有斐閣.

大矢根聡編．2013.『コンストラクティビズムの国際関係論』有斐閣.

岡義武．2009.『国際政治史』岩波現代文庫.

緒方貞子．2003.『難民支援の現場から』集英社新書.

押村高．2010.『国際政治思想――生存・秩序・正義』勁草書房.

オルソン，マンサー．1983.『集合行為論』依田博・森脇俊雅訳，ミネルヴ

ァ書房.

カー, E. H. 2011. 『危機の二十年——理想と現実』原彬久訳, 岩波文庫.

加藤俊作. 2000. 『国際連合成立史——国連はどのようにしてつくられたか』東信堂.

加藤雄大. 2013. 『環境外交——気候変動交渉とグローバル・ガバナンス』信山社.

カルドー, メアリー. 2003. 『新戦争論——グローバル時代の組織的暴力』山本武彦・渡部正樹訳, 岩波書店.

川原彰. 1994. 『東中欧の民主化の構造——1989 年革命と比較政治研究の新展開』東信堂.

カント. 1985. 『永遠平和のために』宇都宮芳明訳, 岩波文庫.

キッシンジャー, ヘンリー. 1976. 『回復された世界平和』伊藤幸雄訳, 原書房.

——. 2016. 『国際秩序』伏見威蕃訳, 日本経済新聞出版社.

ギャディス, ジョン・ルイス. 2002. 『ロング・ピース——冷戦史の証言「核・緊張・平和」』五味俊樹他訳, 芦書房.

ギルピン, ロバート. 1990. 『世界システムの政治経済学』大蔵省世界システム研究会訳, 東洋経済新報社.

キンドルバーガー, チャールズ. 1982. 『大不況下の世界——1929〜1939』石崎昭彦・木村一朗訳, 東京大学出版会.

クラーク, イアン, アイヴァー・B. ノイマン. 2003. 『国際関係思想史——論争の座標軸』押村高・飯島昇藏訳者代表, 新評論.

クリプキ, ソール・A. 1985. 『名指しの必然性——様相の形而上学と心身問題』八木沢敬・野家啓一訳, 産業図書.

グローチウス. 1972. 『戦争と平和の法』一又正雄訳, 酒井書店.

クーン, トーマス. 1971. 『科学革命の構造』中山茂訳, みすず書房.

経済産業省. 2017. 『通商白書 2017』経済産業省.

小泉康一. 2015. 『グローバル時代の難民』ナカニシヤ出版.

高坂正堯. 1978. 『古典外交の成熟と崩壊』中央公論社.

河野勝. 2002. 『制度』東京大学出版会.

小寺彰. 2000. 『WTO 体制の法構造』東京大学出版会.

コヘイン, ロバート. 1998. 『覇権後の国際政治経済学』石黒馨・小林誠訳,

晃洋書房.

斉藤孝. 2015.『戦間期国際政治史』岩波現代文庫.

佐々木雄太. 2011.『国際政治史──世界戦争の時代から21世紀へ』名古屋大学出版会.

サン‐ピエール. 2013.『永久平和論』1・2, 本田裕志訳, 京都大学学術出版会.

シェリング, トーマス. 2008.『紛争の戦略──ゲーム理論のエッセンス』河野勝監訳, 勁草書房.

篠原初枝. 2010.『国際連盟──世界平和への夢と挫折』中公新書.

ジャクソン, ジョン. 1990.『世界貿易機構』松下満雄訳, 東洋経済新報社.

神余隆博編. 1997.『国際平和協力入門』有斐閣.

鈴木範久編. 2007.『新渡戸稲造論集』岩波文庫.

鈴木基史. 2000.『国際関係』東京大学出版会.

───. 2007.『平和と安全保障』東京大学出版会.

スミス, アダム. 2000-01.『国富論』(一)～(四), 水田洋監訳・杉山忠平訳, 岩波文庫.

盛山和夫. 1995.『制度論の構図』創文社.

関谷昇. 2003.『近代社会契約説の原理──ホッブズ, ロック, ルソー像の統一的再構成』東京大学出版会.

芹田健太郎. 2003.『地球社会の人権論』信山社.

タック, ロバート. 2015.『戦争と平和の権利──政治思想と国際秩序：グロチウスからカントまで』萩原能久訳, 風行社.

月村太郎. 2006.『ユーゴ内戦──政治リーダーと民族主義』東京大学出版会.

トゥーキュディデース. 1966-67.『戦史』上・中・下, 久保正彰訳, 岩波文庫.

戸田山和久. 2005.『科学哲学の冒険』NHKブックス.

中川淳司. 2013.『WTO──貿易自由化を超えて』岩波新書.

中西寛. 2003.『国際政治とは何か──地球社会における人間と秩序』中公新書.

中山裕美. 2014.『難民問題のグローバル・ガバナンス』東信堂.

ニコルソン, H. 1968.『外交』斎藤眞・深谷満雄訳, 東京大学出版会.

西村邦行. 2012. 『国際政治学の誕生——E. H. カーと近代の隘路』昭和堂.

野家啓一. 2015. 『科学哲学への招待』ちくま学芸文庫.

ハイエク, F. A. 1986. 『市場・知識・自由——自由主義の経済思想』田中眞晴・田中秀夫訳, ミネルヴァ書房.

ハート, H. L. A. 2014. 『法の概念』第3版, 長谷部恭男訳, ちくま学芸文庫.

ヒューム. 2011. 「勢力均衡について」『道徳・政治・文学論集』田中敏弘訳, 名古屋大学出版会, 268-276.

ヒンズリー, ハリー. 2015. 『権力と平和の模索——国際関係史の理論と現実』佐藤恭三訳, 勁草書房.

福井聡. 1999. 『南アフリカ 白人帝国の終焉——ポスト・アパルトヘイトと民族和解のゆくえ』第三書館.

福富満久. 2014. 『国際平和論』岩波書店.

ブル, ヘドレー. 2000. 『国際社会論——アナーキカル・ソサイエティ』臼杵英一訳, 岩波書店.

——. 2010. 「グロティウス的な国際社会概念」H. バターフィールド・M. ワイト編『国際関係理論の探究——英国学派のパラダイム』佐藤誠監訳, 日本経済評論社, 43-70.

ブレマー, イアン. 2012. 『G ゼロ後の世界』北沢格訳, 日本経済新聞出版社.

細谷雄一. 2012. 『国際秩序——18 世紀ヨーロッパから 21 世紀アジアへ』中公新書.

ホッブズ. 1982-92. 『レヴァイアサン』(一)〜(四), 水田洋訳, 岩波文庫.

ポラニー, カール. 2009. 『[新訳] 大転換——市場社会の形成と崩壊』野口建彦・栖原学訳, 東洋経済新報社.

本間浩. 1990. 『難民問題とは何か』岩波新書.

マゾワー, マーク. 2015a. 『国際協調の先駆者たち——理想と現実の 200 年』依田卓巳訳, NTT 出版.

——. 2015b. 『国連と帝国——世界秩序をめぐる攻防の 20 世紀』池田年穂訳, 慶應義塾大学出版会.

メリルス, J. G. 2008. 『国際紛争処理概論』新版, 長谷川正国訳, 成文堂.

最上俊樹. 2001. 『人道的介入——正義の武力行使はあるか』岩波新書.

モーゲンソー．2013.『国際政治——権力と平和』(一)〜(三)，原彬久監訳，岩波文庫．

柳原正治．2014.『グロティウス』清水書院．

山田高敬・大矢根聡編．2011.『グローバル社会の国際関係論』新版，有斐閣．

山本吉宣．2008.『国際レジームとガバナンス』有斐閣．

ラインハート，カーメン，ケネス・ロゴフ．2011.『国家は破綻する——金融危機の 800 年』村井章子訳，日経 BP 社．

リカード．1981.『経済学及び課税の原理』竹内謙二訳，千倉書房．

ルソー．1978.「フィロポリス氏への手紙」「サン＝ピエール師の永久平和論抜粋」「永久平和論批判」「戦争状態は社会状態から生まれるということ」『ルソー全集』4，宮治弘之訳，白水社，297-310，311-350，351-368，369-388.

ロック，ジョン．2010.『完訳 統治二論』加藤節訳，岩波文庫．

ワイト，マーティン．2010.「国際理論はなぜ存在しないのか」「勢力均衡」H. バターフィールド・M. ワイト編『国際関係理論の探究——英国学派のパラダイム』佐藤誠監訳，日本経済評論社，1-24，169-200.

渡辺昭夫・土山實男編．2001.『グローバル・ガヴァナンス——政府なき秩序の模索』東京大学出版会．

Alston, Philip. 2011. "Hobbling the Monitors: Should UN Human Rights Monitors Be Accountable?" *Harvard International Law Journal* 52 (2): 561-649.

Bentham, Jeremy. 1981. "Principles of International Law." *The Works of Jeremy Bentham*, Vol. 2. Oxford: Clarendon Press, 535-571.

Bercovitch, Jacob, ed. 2002. *Studies in International Mediation*. Basingstoke: Palgrave Macmillan.

Betts, Alexander, ed. 2011. *Global Migration Governance*. Oxford: Oxford University Press.

Bhagwati, Jagdish. 1999. "Regionalism and Multilateralism: An Overview." In Jagdish Bhagwati, Pravin Krishna, and Arvind Panagariya, eds., *Trading Blocs: Alternative Approaches to Preferential Trade Agreements*. Cambridge, Mass.: MIT Press, 3-32.

Blau, Peter M. 1963. "Critical Remarks on Weber's Theory of Authority." *American Political Science Review* 57 (2): 305–316.

Brown, Philip Marshall. 1921. "The Aaland Islands Question." *American Journal of International Law* 15 (2): 268–272.

Charters, Claire. 2015. "The Legitimising Effect of Coordination between Relevant International Institutions and the Harmonisation of the Rights of Indigenous Peoples." *Arizona Journal of International and Comparative Law* 32 (1): 169–182.

Chayes, Abram, and Antonia H. Chayes. 1995. *The New Sovereignty: Compliance with International Regulatory Agreements*. Cambridge, Mass.: Harvard University Press.

Clark, Ian. 2005. *Legitimacy in International Society*. Oxford: Oxford University Press.

Clavin, Patricia, and Jens-Wilhelm Wessels. 2005. "Transnationalism and the League of Nations: Understanding the Work of Its Economic and Financial Organisation." *Contemporary European History* 14 (4): 465–492.

Comte, Auguste. 1875. *System of Positive Polity*, translated by Frederic Harrison. London: Longmans, Green, and Co.

Constant, Benjamin. 1988. "The Liberty of the Ancients Compared with That of the Moderns." *Political Writings*, translated and edited by Biancamaria Fontana. Cambridge: Cambridge University Press, 308–328.

Downs, George W., and David M. Rocke. 1995. *Optimal Imperfection? Domestic Uncertainty and Institutions in International Relations*. Princeton: Princeton University Press.

European Environmental Agency. 2011. *Greenhouse Gas Emissions in Europe: A Retroactive Trend Analysis for the Period 1990–2008*. Copenhagen: European Environmental Agency.

Fearon, James D. 1996. "Rationalist Explanations for War." *International Organization* 49: 379–414.

Fitzgerald, Michael R., and Allen Packwood, eds. 2013. *Out of the Cold: The Cold War and Its Legacy*. New York: Bloomsbury.

Franck, Thomas M. 1990. *The Power of Legitimacy among Nations*. New York: Oxford University Press.

——. 2002. *Recourse to Force: State Action against Threats and Armed Attacks*. Cambridge: Cambridge University Press.

Gaddis, John Lewis. 1986. "The Long Peace: Elements of Stability in the Postwar International System." *International Security* 10 (4): 99–142.

Ghervas, Stella. 2017. "Balance of Power vs. Perpetual Peace: Paradigms of European Order from Utrecht to Vienna, 1713–1815." *The International History Review* 39 (3): 404–425.

Gilady, Lilach, and Bruce Russett. 2002. "Peace-Making and Conflict Resolution." In Walter Carlsnaes, Thomas Risse, and Beth A. Simmons, eds., *Handbook of International Relations*. London: Sage, 392–408.

Grossman, Gene M., and Elhanan Helpman. 1999. "The Politics of Free-Trade Agreements." In Jagdish Bhagwati, Pravin Krishna, and Arvind Panagariya, eds., *Trading Blocs: Alternative Approaches to Preferential Trade Agreements*. Cambridge, Mass.: MIT Press, 299–334.

Gulick, Edward, V. 1955. *Europe's Classical Balance of Power*. Ithaca, N.Y.: Cornell University Press.

Hardin, Garrett. 1968. "The Tragedy of the Commons." *Science* 162: 1243–1248.

Helm, Dieter. 2009. "Climate-Change Policy: Why Has So Little Been Achieved?" In Dieter Helm and Cameron Hepburn, eds., *The Economics and Politics of Climate Change*. Oxford: Oxford University Press, 9–35.

Hepburn, Cameron. 2009. "International Carbon Finance and the Clean Development Mechanism." In Dieter Helm and Cameron Hepburn, eds., *The Economics and Politics of Climate Change*. Oxford: Oxford University Press, 409–429.

Hertslet, Edward. 1875. *The Map of Europe by Treaty: Political and Territorial Changes since the General Peace of 1814*. London: Butterworths.

Hoopes, Townsend, and Douglas Brinkley. 2000. *FDR and the Creation of the U.N.* New Haven: Yale University Press.

Hudson, W. J. 1980. *Australia and the League of Nations.* Sydney: Sydney University Press.

IICK (Independent International Commission on Kosovo). 2000. *The Kosovo Report.* Oxford: Oxford University Press.

Jarrett, Mark J. 2013. *The Congress of Vienna and Its Legacy.* London: Tauris.

Keck, Margaret E., and Kathryn Sikkink. 1998. *Activists beyond Borders: Advocacy Networks in International Politics.* Ithaca, N.Y.: Cornell University Press.

Kennedy, David. 1987. "The Move to Institutions." *Cardozo Law Review* 8 (5): 841–988.

Kennedy, Paul. 2007. *The Parliament of Man: The Past, Present and Future of the United Nations.* New York: Vintage.

Keohane, Robert O., and Joseph S. Nye, Jr. 2000. "Introduction." In John D. Donahue and Joseph S. Nye, eds., *Governance in a Globalizing World.* Washington, D.C.: Brookings Institution Press, 1–41.

Kindleberger, Charles. 1981. "Dominance and Leadership in the International Economy." *International Studies Quarterly* 25 (2): 242–254.

Klemann, Hein A. M. 2013. "The Central Commission for the Navigation on the Rhine, 1815–1914: Nineteenth Century European Integration." ECHR Working Paper, Erasmus University Rotterdam.

Knutsen, Torbjørn L. 1997. *A History of International Relations Theory*, 2nd ed. Manchester: Manchester University Press.

Koh, Harold Hongju. 1997. "Why Do Nations Obey International Law?" *Yale Law Journal* 106: 2599–2659.

——. 1999. "How Is International Human Rights Law Enforced?" *Indiana Law Journal* 74 (4): 1397–1417.

Koskenniemi, Martti. 2001. *The Gentle Civilizer of Nations: The Rise and Fall of International Law, 1870–1960.* Cambridge: Cambridge University Press.

——. 2006. *From Apology to Utopia: The Structure of International Legal Argument.* Cambridge: Cambridge University Press.

Krasner, Stephen D. 1991. "Global Communications and National Power: Life on the Pareto Frontier." *World Politics* 43 (3): 336–366.

Lake, David A. 2009. *Hierarchy in International Relations.* Ithaca, N.Y.: Cornell University Press.

Langhorne, Richard. 1981–82. "The Development of International Conferences, 1648–1830." *Studies in History and Politics* 2 (2): 61–92.

Lauterpacht, Hersch. 1934. "Resort to War and the Interpretation of the Covenant during the Manchurian Crisis." *American Journal of International Law* 28: 43–60.

——. 1970. "The League of Nations." In E. Lauterpacht, ed., *International Law, Being the Collected Papers of Hersch Lauterpacht*, Vol. 3. Cambridge: Cambridge University Press, 575–588.

Levy, Philip I. 1999. "Sanctions on South Africa: What Did They Do." *American Economic Review* 89 (2): 415–420.

Limon, Marc, and Hilary Power. 2014. *History of the United Nations Special Procedures Mechanism: Origins, Evolution and Reform.* Versoix, Switzerland: Human Rights Group.

Martinez, Jenny S. 2008. "Antislavery Courts and the Dawn of International Human Rights Law." *Yale Law Journal* 117: 550–641.

Mearsheimer, John 1994–95. "The False Promise of International Institutions." *International Security* 19 (3): 5–49.

Nordhaus, William D. 2006. "After Kyoto: Alternative Mechanisms to Control Global Warming." *American Economic Review* 96 (2): 31–34.

Oppenheim, Lassa. 1919. *The League of Nations and Its Problems.* London: Longman.

Osiander, Andreas. 1994. *The States System of Europe, 1640–1990: Peacemaking and the Conditions of International Stability.* Oxford: Clarendon Press.

Ostrom, Elinor. 1990. *Governing the Commons: The Evolution of Institutions for Collective Action.* New York: Cambridge University Press.

Ostrom, Vincent, and Elinor Ostrom. 1977. "Public Goods and Public Choices." In E. S. Savas, ed., *Alternatives for Delivering Public Services: Toward Improved Performance*. Boulder, Colo.: Westview Press, 7–49.

Princen, Thomas. 1992. *Intermediaries in International Conflict*. Princeton: Princeton University Press.

Raustiala, Kal. 2005. "Form and Substance in International Agreements." *American Journal of International Law* 99 (3): 581–614.

Rendall, Mathew. 2006. "Defensive Realism and the Concert of Europe." *Review of International Studies* 32 (3): 523–540.

Rich, Paul. 1995. "Alfred Zimmern's Cautious Idealism." In David Long and Peter Wilson, eds., *Thinkers of the Twenty Years' Crisis*. Oxford: Oxford University Press, 77–99.

Ruggie, John Gerard. 1991. "Embedded Liberalism Revisited: Institutions and Progress in International Economic Relations." In Emmanuel Alder and Beverley Crawford, eds., *Progress in Postwar International Relations*. New York: Columbia University Press, 202–234.

———. 1998. *Constructing the World Polity: Essays on International Institutionalization*. New York: Routledge.

Schattschneider, E. E. 1935. *Politics, Pressures and the Tariff: A Study of Free Private Enterprise in Pressure Politics, As Shown in the 1929–1930 Revision of the Tariff*. New York: Prentice-Hall.

Schlesinger, Stephen. 2003. *The Act of Creation: The Founding of the United Nations*. New York: Basic Books.

Schroeder, Paul W. 1994. *The Transformation of European Politics, 1763–1848*. Oxford: Clarendon Press.

Slaughter, Ann-Marie. 2004. *A New World Order*. Princeton: Princeton University Press.

Steiner, Zara. 2007. *The Lights That Failed: European International History 1919–1933*. Oxford: Oxford University Press.

Thakur, Ramesh. 2016. "The Responsibility to Protect at 15." *International Affairs* 92 (2): 415–434.

Thierry, Hubert. 1990. "The European Tradition in International Law: Georges Scelle." *European Journal of International Law* 1: 193–209.

Touval, Saadia, and I. William Zartman. 1985. *International Mediation in Theory and Practice*. Boulder: Westview Press/Foreign Policy Institute, School of Advanced International Studies, Johns Hopkins University.

Tucker, Nancy Bernkopf. 2005. "Strategic Ambiguity or Strategic Clarity?" In Nancy Bernkopf Tucker, ed., *Dangerous Strait: U.S.-Taiwan-China Crisis*. New York: Columbia University Press, 186–212.

Vattel, Emer de. 1844. *The Law of Nations*. London: Stevens & Sons.

Wæver, Ole. 1998. "Insecurity, Security, and Asecurity in the West European Non-War Community." In Emanuel Adler and Michael Barnett, eds., *Security Communities*. Cambridge: Cambridge University Press, 69–118.

Webster, Charles K. 1931. *The Foreign Policy of Castlereagh, 1812–1815*. London.

——. 1933. *The League of Nations in Theory and Practice*. New York: Houghton Mifflin.

Wendt, Alexander. 1999. *Social Theory of International Politics*. Cambridge: Cambridge University Press.

Wertheim, Stephen. 2011. "The League That Wasn't: American Designs for a Legalist-Sanctionist League of Nations and the Intellectual Origins of International Organization, 1914–1920." *Diplomatic History* 35 (5): 797–836.

——. 2012. "The League of Nations: A Retreat from International Law?" *Journal of Global History* 7: 210–232.

Wheeler, Nicholas J. 2000. *Saving Strangers: Humanitarian Intervention in International Society*. Oxford: Oxford University Press.

Wight, Martin. 1966. "The Balance of Power." In Herbert Butterfield and Martin Wight, eds., *Diplomatic Investigations: Essays in the Theory of International Politics*. London: Allen & Unwin, 149–175.

Williamson, John, ed. 1989. *Latin American Readjustment: How Much*

Has Happened. Washington, D.C.: Institute for International Economics.

World Bank. 2010. *World Development Report 2010: Development and Climate Change*. Washington, D.C.: World Bank.

Yearwood, Peter J. 1986. " 'Consistently with Honour': Great Britain, the League of Nations and the Corfu Crisis of 1923." *Journal of Contemporary History* 21 (4): 559–579.

Zimmern, Alfred. 1936. *The League of Nations and the Rule of Law*. London: Macmillan.

あとがき

　本書は，歴史的・現代的なグローバル・ガバナンス体系に対して国際関係学の諸理論を適用して考察した理論書である．したがって，本書は，特定のガバナンス体系を詳細に分析することを目指す歴史書とは，必然的に概念，構成，記述などの面で異なる．他方，国際関係理論を適用した分析は，20世紀以降の事象を扱うことが一般的になっており，本書のように中世や近世を含むことは稀である．こうした学問の状況で本書は，歴史家と理論家の異なる守備範囲を架橋しつつ，理論の有用性を検証することを目的とした．加えて，ガバナンスに関する理想主義と，その実効性を現実的な人間モデルの観点から厳しく検証しようとする実証主義とを関連づけることも視野に入れて，グローバル・ガバナンス研究を社会科学の一分野として位置づけることを狙った．振り返ると欲張り過ぎた感もあるが，本書の題材であるグローバル・ガバナンスの全体像とその変容を理解・説明するには，本書で採用した包括的なアプローチが効果的であると考えた．

　本書は，私が代表を務め，理論と分析を主眼とした2つの共同研究の成果をベースに作成された．本書で見てきたように，中世から現代にかけてガバナンス体系を観察すると，大きな変化があったことが浮き彫りとなる．時代の変遷とともに，ガバナンスへの参加地域は拡大し，その政策領域も多岐にわたるようになった．これらの変化は，新たなグローバル問題を国家間交渉のアジェンダに載せつつ，問題解決に資する斬新な制度を提案した外交の所産であった．私は，こうしたガバナンスと国家行動の関係性を，「グローバル・ガバナンスの変容と国家行動の政治経済分析」と題される共同研究，

日本学術振興会科学研究費補助金基盤研究（A）（2014〜2017年度）で考察した．また，第3部では，21世紀初頭のグローバル・ガバナンスの制度的動向として，断片化と非公式化という現象を指摘したが，この点に関する考察は，ガバナンスの制度と参加のジレンマを分析の射程に入れたもうひとつの共同研究，基盤研究（B）「国際ガバナンスにおける提携形成と制度設計の政治経済分析」（2011〜2013年度）で行った．

　これらの共同研究を通じた切磋琢磨がなければ，私自身研究者として成り立っていない．ここに，共同研究に積極的に参加してくださった，岡田章先生，石黒馨先生，飯田敬輔先生，石田淳先生，多胡淳先生，栗崎周平先生，小浜祥子先生に，改めて感謝を申し上げたい．共同研究のほかにも，多様なガバナンス体系を本書に盛り込むことができたのは，京都大学大学院法学研究科において私が指導を担当した大学院生が手掛けた研究課題によるところが大きい．岩波由香里さん（現・大阪市立大学准教授）の国連平和維持活動研究，西村邦行さん（北海道教育大学准教授）のE. H. カー研究，中山裕美さん（東京外語大学講師）の難民研究，柳蕙琳さん（京都大学助教）のFTA研究，宇治梓紗さん（D3）の環境条約研究，アンドリュー・レヴィディスさん（ケンブリッジ大学PD），土井翔平さん（D3），沈家銘さん（D2）の東アジア政治経済研究というように多岐にわたる．また，学部生も大学院生に優るとも劣らず，多様な問題意識を私が担当する法学部演習科目に持ち込んで，私の知見を拡張してくれた．とくに，国際政治経済学だけでなく国際法に興味を持つ学生が多く集まったことから，本書でもそれを反映して関連する国際法研究を取り込んでいる．本来，研究と教育は連続したものである．本書のあとがきを執筆しつつ，それぞれがシナジー効果を通じて豊饒化することを再認識している．

　本書の出版に当たっては，東京大学出版会の奥田修一さんに，同

出版会からの前 2 作に引き続き大変お世話になった．読者の視点に立った指摘で本書の作成をうまく誘導してくださったことに深く感謝したい．最後に，本書の作成期間中，つまらない週末を過ごすことになった家族にも謝しておきたい．

　　2017 年 9 月 1 日

　　　　　　　　　　　　　　　　　　鈴木　基史

人名索引

ア 行

アイゼンハワー（Eisenhower, Dwight D.）　84

アナン（Annan, Kofi）　171, 177

アレクサンドル 1 世（Aleksandr I）　41, 46

アンリ 4 世（Henri IV）　14

イグナティエフ（Ignatieff, Michael）　174

ヴァッテル（Vattel, Emer de）　20, 21

ウィーラー（Wheeler, Nicholas J.）　174

ウィルソン（Wilson, Woodrow）　54, 55, 64, 65, 124

ウェブスター（Webster, Charles K.）　125

ウォルツ（Waltz, Kenneth N.）　80-82

ウォルツァー（Walzer, Michael）　174

オースティン（Austin, John）　23

オッペンハイム（Oppenheim, Lassa）　59

カ 行

カー（Carr, E. H.）　56, 70, 71

カサン（Cassin, René）　85

カスルリー（Viscount Castlereagh ［Robert Stewart］）　40, 45, 108

カポディストリアス（Kapodistrias, Ioannis）　46

カルテンボーン（Kaltenborn von Stachau, Karl）　41

カルドー（Kaldor, Mary）　168

カント（Kant, Immanuel）　18, 19, 224, 225

キッシンジャー（Kissinger, Henry）　81, 82, 120

ギルピン（Gilpin, Robert）　93, 113

キンドルバーガー（Kindleberger, Charles P.）　93

クリューバー（Klüber, Johann Ludwig）　22

グロチウス（Grotius, Hugo）　10-12, 21, 24, 29

ケネディ（Kennedy, David）　57

ゲンツ（Gentz, Friedrich von）　40, 41, 108

コー（Koh, Harold Hongju）　158, 159

コンスタン（Constant, Henri-Benjamin）　32

コント（Comte, Auguste）　32

サ 行

サクール（Thakur, Ramesh）　175

サンピエール（Saint-Pierre, Charles-Irénée Castel de）　13-17, 41, 59

ジマーン（Zimmern, Alfred）　124

スターリン（Stalin, Iosif V.）　73, 79

スミス（Smith, Adam）　29, 32

セレ（Scelle, Georges）　56

ソレル（Sorel, Albert）　41

タ 行

タレーラン（Talleyrand-Périgord, Charles-Maurice de）　40, 115

チャーチル（Churchill, Winston）　73, 108, 119

トゥキディデス（Thucydides）　24, 27

ナ 行

ナンセン（Nansen, Fridtjof）　68

ニコルソン（Nicolson, Harold） 63
新渡戸稲造 135

ハ 行

ハイエク（Hayek, Friedrich A.） 186, 197
バーク（Burke, Edmund） 43
バグワティ（Bhagwati, Jagdish） 199
ハーツレット（Hertslet, Edward） 40
ハマーショルド（Hammarskjöld, Dag） 84
パーマストン（Viscount Palmerston [Henry John Temple]） 48, 115
ヒューバー（Huber, Max） 57
ヒューム（Hume, David） 26
ブトロス・ガリ（Boutros-Ghali, Boutros） 170, 172
フランク（Franck, Thomas M.） 157, 158, 175
ブルジョア（Bourgeois, Léon） 62
ベッツ（Betts, Alexander） 180
ベンサム（Bentham, Jeremy） 23, 31, 64
ホッブズ（Hobbes, Thomas） 15, 24
ポラニー（Polanyi, Karl） 186, 187, 197

マ 行

マキャヴェリ（Machiavelli, Niccolò） 24
マンデラ（Mandela, Nelson） 161, 162
ミル（Mill, John Stuart） 174, 175
メッテルニヒ（Metternich, Klemens von） 40, 45, 46, 52
モーゲンソー（Morgenthau, Hans J.） 26, 27, 81

ラ 行

リカード（Ricardo, David） 32, 186
リシュリュー（Richelieu, Armand Jean du Plessis de） 10, 11
ルーズヴェルト，エレノア（Roosevelt, Eleanor） 85
ルーズヴェルト，フランクリン（Roosevelt, Franklin D.） 68, 72, 73, 79, 108
ルソー（Rousseau, Jean-Jacques） 15
ロイド・ジョージ（Lloyd George, David） 61, 62
ローターパクト（Lauterpacht, Hersch） 58, 59, 140
ロック（Locke, John） 1, 2, 24, 29, 110

事項索引

ア 行

新しい戦争　168
アパルトヘイト　87, 161-163
アフリカにおける難民問題特有の状況を規律するOAU条約(OAU難民条約)　182
アフリカ民族会議(ANC)　161
アーヘン会議　43
安全保障の外部効果　199
一時避難　181
イデオロギー対立　73
委任統治　64
ウィーン最終議定書　41-44, 50, 116, 118
ウェストファリア秩序　2, 3, 110
ウェストファリア平和　2, 10
ヴェルサイユ条約　66, 131, 132, 137
ヴェローナ会議　47, 115
「埋め込まれた自由主義」　92, 153, 187
ウルグアイ・ラウンド　189-191
『永遠平和のために』　18, 224
『永久平和論』　14
衛生植物検疫措置の適用に関する協定(SPS協定)　190
王権神授説　1
欧州連合(EU)　14, 164
汚染者負担原則　212
オーランド諸島紛争　134
温室効果ガス(GHG)　205

カ 行

会議外交　41, 43, 45, 114, 116
開戦事由　12
開戦法規　21
過剰消費　208
ガバナンス　3

カルタヘナ宣言　183
間主観　34
関税及び貿易に関する一般協定(GATT)　92, 103, 146, 151, 187-191
環太平洋経済連携協定(TPP)　200
カント的文化　35
管理モデル　142, 148-152
気候変動に関する政府間パネル(IPCC)　215
気候変動枠組条約(UNFCCC)　206
基軸通貨　93, 193, 194, 203
規制効果　99, 100, 102, 103, 158
北大西洋条約機構(NATO)　83, 172-176
北ドイツ関税同盟　50
規範　34, 35
キューバ・ミサイル危機　120
強行規範　99
共産主義　73
強制送還　181
共同実施(JI)　210, 213
京都議定書　206, 207, 210, 211, 214, 215, 218
京都メカニズム　206, 211-213
共有資源(CPR)　205
共和制国家　16, 18
拒否権　76, 79, 80, 101, 118, 175
ギルド制　29
緊急輸入制限　→セーフガード
銀行危機　201
銀行自己資本比率規制　202
金ドル本位制　93, 193
クリーン開発メカニズム(CDM)　210, 212, 213
経験主義　29

245

経済金融機関（EFO） 63, 70
経済的・社会的及び文化的権利に関する
　国際規約（社会権規約） 85
結果の論理 143
権威 112
権威主義 31, 74
権力 →パワー
公共悪 205
公式主義 154
構成効果 36, 99, 100, 102, 104, 158
公正貿易 147, 192
交戦法規 21
公表と非難 218
国益 26
国際介入 104
国際機関 149, 150, 152
国際共同体 156
国際刑事裁判所（ICC） 4
国際資本移動 197
国際社会 156
国際通貨基金（IMF） 93, 191, 196
国際標準 111, 113
国際貿易機構（ITO） 91
国際連合（国連）
　──安全保障理事会（安保理） 75-77,
　　101, 118, 171-173, 175, 176
　──経済社会理事会 78
　──憲章 73, 74, 76, 77, 118, 169
　──事務総長 77, 78
　──総会 76, 77, 84, 85, 182
国際連盟
　──規約 55-59, 65, 125
　──理事会 125, 131-133, 135, 137,
　　138
国際連盟協会（LNU） 125
国際連盟難民高等弁務官事務所 68
国内避難民（IDP） 182, 183
国内保護 182
国内類推論 3, 95

『国富論』 30
国連 →国際連合
国連人権委員会 77, 85, 86, 163
国連人権高等弁務官事務所（OHCHR）
　168, 177
国連人権理事会 177
国連難民高等弁務官事務所（UNHCR）
　77, 88-90, 179, 180, 182, 183
国連人間の安全保障委員会 170
国連平和維持活動（PKO） 4, 83-85, 169,
　170, 172, 173
国連保護軍（UNPROFOR） 171, 182
コソヴォに関する独立国際委員会
　（IICK） 173
国家資本主義 192
国家レベルの検証装置（NVM） 146,
　147
国家連合 17
固定相場制 93, 194
個別的自衛権 →自衛権
コミットメント問題 129, 136
コモンズ 205, 208
「コモンズの悲劇」 208
コルフ島事件 132
根源的認識 215
コンストラクティビズム 33, 103, 104,
　156
コンセンサス方式 152, 190, 191

サ　行
再概念化 134
最恵国待遇原則 92
再構築 134
サービス貿易に関する一般協定（GATS）
　189, 190
サマーセット対スチュワート事件 51
三十年戦争 10, 11
G7 123, 195, 196, 201, 203
「G ゼロ後の世界」 123, 204

G20 201-203

自衛権

　個別的—— 76

　集団的—— 76, 80, 83

ジェノサイド 67, 170, 173

四国同盟 43

自主削減目標（NDC） 217

市場 30

市場アクセス 189

自然状態 1, 24

自然法 11, 12, 16, 21, 23, 29, 34, 99

執行モデル 142, 143, 152

実証主義（実証論） 22, 37, 38, 70

資本規制 196

資本主義 73

市民的及び政治的権利に関する国際規約
　（自由権規約） 85

社会契約 13, 29

社会権 168

社会権規約 →経済的・社会的及び文化
　的権利に関する国際規約

自由権 1, 28, 29, 110, 168

自由権規約 →市民的及び政治的権利に
　関する国際規約

集合財 110, 113

重商主義 31, 74

集団安全保障 14, 59, 60, 76, 80, 101, 169

集団的自衛権 →自衛権

自由貿易協定（FTA） 198-200

十四カ条の（平和）原則 54, 55, 63

主権 2, 20, 104, 170

主権平等（原則） 2, 5, 17, 110

手段的認識 215, 219

準公共財 208

遵守 158

上シレジア紛争 137

少数民族保護 65-67

常設国際司法裁判所（PCIJ） 62, 66, 124,
　125, 127

情報非対称性（問題） 128, 130

条約該当事由 47, 115

将来の影 145

植民地主義 31

シングル・アンダーテーキング 190,
　191

人権 20

新興国 201-203

新自由主義 196, 211

神聖同盟 42, 47

神聖ローマ帝国 10, 12

信託統治 77

人道的介入 99, 174-176, 184

数量制限 92

スエズ危機 84

スパゲッティ・ボウル現象 199

スムート・ホーリー関税法 63

正義の戦争 174

清教徒革命 24

生産要素の産業間移動 153, 188

政治 20

政治的道徳家 224

制度 99

正統性（論） 157-159, 177, 178

政府間主義 109, 111, 113

政府なきガバナンス 3, 95

誓約と評価 207, 217

勢力均衡 12, 13, 22, 25-27, 40, 48, 49, 55,
　80-83, 94

勢力圏 114, 116-122

世界銀行 191, 196

世界金融危機 201

世界市民法 18

世界人権宣言 85, 88

世界政府 21

世界大恐慌 141

世界秩序 156

世界貿易機関（WTO） 4, 153, 187, 189-
　193, 198-200

——紛争解決手続き 192
絶対王政 39, 40, 45-49
瀬戸際外交 →ブリンクマンシップ
セーフガード(緊急輸入制限) 92, 146, 153, 188
全会一致(原則) 59, 60, 75
『戦争と平和の法』 11
専門機関 78, 88, 90
戦略的曖昧性 121
相互主義 143

タ 行

対抗措置 145, 147, 149, 152
大国間調整 114, 116, 118, 119
第三国定住 181
大使会議 132
大西洋憲章 73, 90, 91
第二次パリ条約 42, 43
代理戦争 83, 118
多極体系 81
多国間主義 200
多国間制度 91
脱国家的プロセス 78
脱国家的法プロセス(論) 158, 159, 218, 219
炭素税 211
断片化 200, 223, 224
地域的取極 76
知的所有権の貿易関連の側面に関する協定(TRIPs協定) 190
仲裁 126-128
調整問題 111
調停 126-129
通貨危機 201
通商法301条 192
通約不可能性 106
定言命法 19
抵抗権 29
適切性の論理 35, 148

「鉄のカーテン」 119
ドイツ関税同盟 50
東京ラウンド 188
統治 1, 2
『統治二論』 1
道徳的政治家 224
同盟 81, 101
透明性 189
特別手続き 177, 178, 184
特別引出権(SDR) 203
特別報告者(SR) 87, 177
取引問題 128
トリフィンのジレンマ 193
奴隷貿易禁止 43, 50, 51
トロッパウ会議 45, 114
トロッパウ通達 46

ナ 行

内国民待遇(原則) 18, 92
内政不干渉(原則) 2, 5, 66, 86, 169
ナントの勅令 11, 67
南北対立 209, 217
難民議定書 89, 179
難民の地位に関する条約(難民条約) 88, 89, 179
二極体系 80-83, 94
二重の機能 57
日米安全保障条約 83
認識的制度 157, 165, 168, 218, 219
ネオリアリズム 80
ネットワーク外部性 203
農業貿易の自由化 190
能力強化 151
ノン・ルフールマン原則 88, 89, 181, 182, 185

ハ 行

排出権取引(ET) 210, 212
ハーグ国際平和会議 124

覇権　27, 28
覇権安定論　94
覇権国　93, 112, 113
覇権秩序　94
破綻国家　170, 179
ハード・ロー　154
パリ協定　5, 207, 215-218
パワー（権力）　23, 25, 112
　　──闘争　25, 26, 73
パワー構造の不随現象　101, 122
『万国法』　20
ヒエラルキー　27, 112
比較優位　32
東アジア地域包括的経済連携（RCEP）
　　200
非関税障壁　146, 188
ピグー税　211
非公式化　223, 224
非政府組織（NGO）　87, 155, 158, 218
非対称性問題　209, 217
非武装中立化　135
フォーラム・ショッピング　191
フォンテーヌブローの勅令　67
不完備契約　150
負の外部効果　195
プラザ合意　195
『ブラヒミ報告書』　170
フランス国際連盟協会（AFSDN）　125
フリーライド（問題）　17, 82, 110, 111,
　　113, 208
　　世代間──　209, 217
ブリンクマンシップ（瀬戸際外交）　119,
　　120
ブレトンウッズ体制　70, 92, 93, 193
分割不可能性（問題）　129, 133
分業と交換　30, 32
紛争解決（制度）　124, 125, 150, 152
紛争解決機関（DSB）　192
紛争の平和的解決　75, 84

分離　206
平和強制連盟（LEP）　61, 125
平和執行　75, 84, 171-173, 175
『平和への課題』　170
ヘルシンキ宣言　121, 162
変動相場制　193, 194, 196
　　管理された──　195
貿易迂回効果　199
貿易創造効果　198
貿易調整支援政策　92, 153, 188
貿易に関連する投資措置に関する協定
　　（TRIMs協定）　190
法制度化　176
法の支配　20
保護主義　74
「保護する責任」　171, 174-176, 184
「保護への課題」　180
ホット・エア　212, 213
ホッブズ的文化　36

マ　行
マラケシュ協定　189
満州事変　138
「見えざる手」　30, 208
ミニマム・アクセス　190
民主主義　31, 32, 74, 90, 91
名誉革命　1, 46
メーメル紛争　135
モントリオール議定書　5
モンロー主義　60, 61, 64, 117

ヤ　行
ユーゴスラヴィア・アルバニア紛争
　　131
輸出自主規制　147, 188
ユトレヒト講和条約　13
輸入自主拡大　188
ユーロ　203
「四つの自由」　72, 87

事項索引　　249

「四人の警察官」 79, 108

ラ 行

ライバッハ会議　45, 46, 114
ライン川航行中央委員会　44, 49
リアリズム　23, 24, 101, 102, 113, 186, 199
『リヴァイアサン』　24
理想主義（理想論）　19, 33-35, 37, 38, 71
リベラリズム　28, 29, 102, 186
ルーヴル合意　195
冷戦　80-83, 90, 94, 118, 119, 193, 194
レファレンス　195, 196

ワ 行

ワシントン・コンセンサス　196

AFSDN　→フランス国際連盟協会
ANC　→アフリカ民族会議
CDM　→クリーン開発メカニズム
CPR　→共有資源
DSB　→紛争解決機関
EFO　→経済金融機関
ET　→排出権取引
EU　→欧州連合
FTA　→自由貿易協定
GATS　→サービス貿易に関する一般協定
GATT　→関税及び貿易に関する一般協定
GHG　→温室効果ガス
ICC　→国際刑事裁判所
IDP　→国内避難民

IICK　→コソヴォに関する独立国際委員会
IMF　→国際通貨基金
IPCC　→気候変動に関する政府間パネル
ITO　→国際貿易機構
JI　→共同実施
LEP　→平和強制連盟
LNU　→国際連盟協会
NATO　→北大西洋条約機構
NDC　→自主削減目標
NGO　→非政府組織
NVM　→国家レベルの検証装置
OAU 難民条約　→アフリカにおける難民問題特有の状況を規律する OAU 条約
OHCHR　→国連人権高等弁務官事務所
PCIJ　→常設国際司法裁判所
PKO　→国連平和維持活動
RCEP　→東アジア地域包括的経済連携
SDR　→特別引出権
SPS 協定　→衛生植物検疫措置の適用に関する協定
SR　→特別報告者
TPP　→環太平洋経済連携協定
TRIMs 協定　→貿易に関連する投資措置に関する協定
TRIPs 協定　→知的所有権の貿易関連の側面に関する協定
UNFCCC　→気候変動枠組条約
UNHCR　→国連難民高等弁務官事務所
UNPROFOR　→国連保護軍
WTO　→世界貿易機関

著者略歴
1959 年　岐阜県に生まれる.
　　　　サウス・カロライナ大学 Ph.D.
現　在　京都大学公共政策大学院・法学研究科教授.

主要著書
『国際関係』(東京大学出版会, 2000 年)
『平和と安全保障』(東京大学出版会, 2007 年)
『国際紛争と協調のゲーム』(共編, 有斐閣, 2013 年)
Globalization and the Politics of Institutional Reform in Japan (Edward Elgar, 2016)
Games of Conflict and Cooperation in Asia (共編, Springer, 2017)

グローバル・ガバナンス論講義

2017 年 10 月 19 日　初　版

［検印廃止］

著　者　鈴木 基史

発行所　一般財団法人　東京大学出版会

代表者　吉見 俊哉

153-0041 東京都目黒区駒場 4-5-29
http://www.utp.or.jp/
電話　03-6407-1069　Fax 03-6407-1991
振替　00160-6-59964

印刷所　株式会社理想社
製本所　牧製本印刷株式会社

Ⓒ 2017 Motoshi Suzuki
ISBN 978-4-13-032226-3　Printed in Japan

JCOPY 〈(社)出版者著作権管理機構　委託出版物〉
本書の無断複写は著作権法上での例外を除き禁じられています. 複写される場合は, そのつど事前に, (社)出版者著作権管理機構 (電話 03-3513-6969, FAX 03-3513-6979, e-mail: info@jcopy.or.jp) の許諾を得てください.

鈴木　基史著	国 際 関 係 社会科学の理論とモデル2	四六・2800 円
鈴木　基史著	平 和 と 安 全 保 障 シリーズ国際関係論2	四六・2500 円
飯田　敬輔著	国 際 政 治 経 済 シリーズ国際関係論3	四六・2500 円
松原　　望編 飯田　敬輔	国際政治の数理・計量分析入門	A 5・3000 円
山影　　進著	国 際 関 係 論 講 義	A 5・2800 円
有賀　　貞著	国 際 関 係 史 16 世紀から 1945 年まで	A 5・3600 円
入江　　昭著	二十世紀の戦争と平和 [増補版]	四六・2400 円
ニコルソン著 斎藤・深谷訳	外　　　　　　　　　交	四六・2800 円

ここに表示された価格は本体価格です．ご購入の
際には消費税が加算されますのでご了承下さい．